国际汉语教学资源丛书

2009年北京语言大学教育教学改革重点项目 AZ200903

MW01278319

图解
基础汉语语法
Chinese Grammar
with Illustrative PICTURES

Tujie Jichu Hanyu Yufa

主 编　姜丽萍
编 者　于天昱
　　　　郭姝慧
　　　　任丽丽

Printed in China

高等教育出版社·北京
HIGHER EDUCATION PRESS　BEIJING

图书在版编目（CIP）数据

图解基础汉语语法/姜丽萍主编. —北京：高等教育出版
社，2010.3（2013.4重印）

ISBN 978-7-04-028430-0

I.①图… II.①姜… III.①汉语—语法—对外汉语教学—教学参考
资料 IV.①H195.4

中国版本图书馆CIP数据核字（2010）第011635号

策划编辑 梁 宇 王 群　责任编辑 王 群　封面设计 彩奇风　版式设计 刘 艳
责任绘图 杨 柳　责任校对 王 群　责任印制 朱学忠

出版发行	高等教育出版社	咨询电话	400-810-0598
社　　址	北京市西城区德外大街4号	网　　址	http://www.hep.edu.cn
邮政编码	100120		http://www.hep.com.cn
印　　刷	北京鑫丰华彩印有限公司	网上订购	http://www.landraco.com
开　　本	787×1092		http://www.landraco.com.cn
印　　张	22.25		
字　　数	576 000	版　　次	2010年3月第1版
购书热线	010-58581118	印　　次	2013年4月第4次印刷

本书如有印装等质量问题，请到所购图书销售部门调换。　ISBN 978-7-04-028430-0

版权所有　侵权必究
物 料 号　28430-00

07200

前 言

　　语法教学一直以来是对外汉语教学的重点和难点。说它重要是因为学习汉语离不开汉语的各类词和句子组成的成分以及各种句型等。说它难是因为语法算是语言中一个比较抽象、术语较难理解的现象，尤其对初级阶段的外国汉语学习者来说，如何对他们进行有效的语法教学，是这些年来学界一直在探讨但又没有很好解决的问题之一。

　　2001年8月，国家汉办在北京组织召开了"首届国际对外汉语教学语法研讨会"，并于2003年出版了论文集《对外汉语教学语法探索》，从中我们可以看到，学者们普遍关注语法教学中的语法表达问题，如"注释一种语法现象要有针对性"（刘月华）、"教学语法的特质之二是：简明与可操作"（崔希亮）、"对所教的内容必须作简化处理"（卢福波）、"理论语法如何在具体的语法教学中得到形象的表述"（金立鑫）、"对教学语法的介绍重在实用，解决表达的需要"（吕文华）等。同时，近年来还出版了一些专门针对对外汉语语法教学的专著，如卢福波（2002）《对外汉语教学实用语法》、李晓琪（2005）《现代汉语虚词讲义》、张宝林（2006）《汉语教学参考语法》、朱庆明（2007）《现代汉语实用语法分析》等。可以说，专家学者们越来越注重语法表达的简明、具体、形象、实用和可操作。另外，近年来出版的此类教材也越来越注重语法解释的简明形象性，除了文字解释、外文翻译外，还采用图画、公式、表格和示意图等形式。

　　纵观这些研究成果，我们发现学界越来越重视形象、直观地表述语法，目的是使学生理解、掌握和运用汉语语法。但是我们发现这些研究还存在一定的局限性，主要表现在：（1）语法专著虽然具有较强的针对性，但还是有较明显的本体研究的特点，如注重语法体系和布局，语法表达形式相对单一，主要是文字叙述且用词较难，语法术语较多等；（2）有些教材的语法解释虽然有图片、图表、公式等表达形式，但也只是散见于个别语言点中，而且有些图片的释义形象性较差；（3）这些成果只适用于教师的教，不利于学生的学；（4）虽然，有学者已从"图解"的角度阐释汉语语法但是所涉及的语言点较少，图解形式也比较单一。

　　随着汉语国际推广事业向纵深发展，学生构成更加多元化，解决语法难教难学的问题迫在眉睫，进一步深入地探讨有利于学习者理解、掌握和运用的语法表达形式已经成了学界关注的焦点之一。目前，还没有兼顾"教""学"两用的，尤其是便于学生理解、掌握和运用的语法用书。我们在前人研究的基础上，结合多年来的

i

理论研究和教学实践，从图解的角度阐释汉语语法，写成《图解基础汉语语法》这本书，目的是化抽象为形象，化艰涩为通俗，化繁琐为简单，化理论为实用，努力探讨语法教学和学习的新思路。

一、本书的适用对象

本书是为国际汉语教师和学习汉语一年以上的外国学习者编写的适合"教""学"两用的汉语语法书。

1. 为"教"而编

教外国人汉语离不开教汉语语法，但是怎样教语法、怎样教好语法并不是每个教师都能做好的。目前对外汉语教师的构成非常"复杂"，主要有：（1）专业对外汉语教师，他们既有语法理论，又有教学实践；（2）对外汉语专业的研究生，包括汉语国际教育硕士研究生，他们有理论知识，但缺少教学实践；（3）其他专业的汉语教师，比如学外语、管理、经济等专业的人员从事对外汉语教学工作，他们没有系统的汉语语法知识，教学中凭多年的教学经验和语感等进行教学。无论是以上哪种类型的教师，语法教学都是他们教学中的一个难点。第一类教师虽然能很好地胜任对外汉语教学工作，但是语法教学始终是他们关注探讨的重点。本书通过图解的方法，希望能给这些教师提供一种新的教学思路和教学流程，更加丰富他们的教学方法，为他们提供独特的教学参考。第二类教师虽然有一定的语法知识，但是怎样选择语法点、怎样讲解语法、讲语法时要注意什么、如何练习语法等，是他们急需解决的问题，本书很好地回答了这些问题。第三类教师由于没有系统地学过汉语语法，语法知识较为零散，缺乏系统性，教学中要么蜻蜓点水，要么只讲其一不讲其二，要么断章取义、根据自己的理解去讲，难免会回避语法、回避学生提问语法，语法是他们的"软肋"。本书为这部分教师提供了相对系统的语法知识、通俗易懂的讲解、丰富恰当的例句和练习以及暗含的教学方法，这些能帮助他们讲清、讲透语法，增强自信。总之，本书是为一线汉语教师和教师志愿者服务的、具有独特语法解释和教学理念的语法教学用书。

2. 为"学"而编

外国学生学习语法的主要目的不是为了掌握系统的语法知识，而是为了更好的理解和运用。"用"是目的，"理解"是前提。对外汉语界编写的大量语法书，外国学习者，尤其是初级水平的外国学习者常常视而不见，因为他们根本看不懂。编写一部使汉语初学者也能看懂的汉语语法书，是本书编写的出发点之一。本书的目的首先是引起学习者的兴趣，通过图画引起学习者的注意，然后通过通俗易懂的解释、英文注释、公式、图画等帮助学生理解，再通过生动、形象的练习引导学生自觉运用。总之，这是一部学以致用的语法学习用书。

二、本书的"图解"

本书采用"图解"一词，主要是以图画为主，用文字加以说明的解释方式。

1. 关于"图"

用"图"来解释汉语语法有很多种形式，比如图画、公式、图表、示意图等，本书在这些方面都有所体现，但是重点是以图画的方式体现的。这是因为（1）图画具有形象释义性。本书将图画融入到语法讲解和操练中，使语法讲解和练习具有一目了然之功效，即使学生不认识某些汉字，通过图画也能帮助理解意思。比如这本词典很厚，那本词典很薄，如果学生不认识"薄"或"厚"，图画能帮助学生理解；（2）图画具有情境性。情境是指语言运用的具体场景，图画能为语法句型提供一幅幅连环画，把学生带入情境中，在情境中理解语法点。比如疑问代词引申用法之一是表示任指，本书在讲解这一语法点时，通过五幅连环画，把表示任指的典型句型都包括进来，让学生在这种特定的语境中，置身其中，充当了相应的角色，培养了语感，不知不觉地感知和运用了语法；（3）图画具有趣味性。本书的每幅图画都经过精心设计，具有丰富的内涵，全书图画生动、直观、形象、妙趣横生，这对于调动学生的积极性、主动性，消除紧张心理，活跃课堂气氛，具有事半功倍的作用。

2. 关于"解"

本书的"解"既有解释的意思，又有理解的意思，只有解释得好，才能理解得好。但是如何解释才能使学生更好地理解呢？本书采用如下方式：（1）解释的语言简单、明了；（2）尽量少用语法术语；（3）从意义到形式进行解释；（4）采用形象手段。

3. 关于"图解"

"图解"是把图画和文字结合在一起的一种释义方式。以往的语法书主要是以文字说明的形式来讲语法、练语法，语境也是用文字来描述，学生很难进入情境来学习。本书把文字说明和图画结合起来：通过文字简洁清晰的描述，归纳出语法点的格式，再配以典型例句和图画，以及该语法点需要注意的问题，最后配以看图练习等几种练习形式，图文并茂地展示每个语法点。这种图解语法的作用有：（1）把生涩、抽象的语法赋予具体的、形象的意义；（2）可直接用于课堂教学，具有可操作性；（3）适合各语种的汉语教学。由于图画不受国籍和语言限制，是人类通用的信息传达形式，因此适合各国的汉语教学；（4）本书图画是专门为该语言点绘制的，共1000余幅，无论例句还是图画都具有典型性，而例句与图画的有机结合，更是达到了1+1>2的功效，为语法教学提供了新的教学模式。

三、语法项目的选取和排序

本书在语法项目的选取和排序上打破了以往语法教材体系的排序模式，没有面面俱到，而是从外国人学习汉语的实际出发，选择要点，按类排序。

1. 语法项目的选取

所谓"基础"，是指针对外国学习者学习汉语所必须掌握的最根本的语法知识。但是初级阶段语法项目众多，如果事无巨细地一一列出，学生难以接受，也不利于突出重点、难点。因此，本书选取语法点遵循了以下原则：

（1）整合初级阶段有代表性的教材中的语法项目，同时参考《对外汉语教学语法大纲》（王还）、《汉语水平考试等级标准和语法考试大纲》（国家汉办）、《对外汉语初级阶段教学语法大纲》（杨寄洲）、《国家汉语教学通用课程大纲》（国家汉办）等，最后确定100个语法项目，作为初级阶段外国学习者必须掌握的最基本的汉语语法。

（2）注重实用性。本书选取的语法点中，有些在母语语法（有学者称为"理论语法"）学习中可能构不成一个语法项目，但是在外国人学习汉语中却是难点或者需要注意的地方，比如，离合词、带有疑问语气的疑问句，本书都单独立目。

（3）注重与学生母语（主要是英语）的对比。对比分析理论认为，两种语言之间的不同点才是语言获得的真正难点。一般来说，结构上看似接近而又不完全相同的结构对于学习者是最为困难的。本书确定的语法点有些是与学生母语对比，最容易出问题的部分，比如，"定语+（的）+中心语"、"状语+（地）+中心语"等。

（4）注重汉语语法内部的对比。学生容易混淆的部分，本书尽量以对比的形式立目，比如，"二"和"两"、"从"和"离"、"往"和"向"等，共10对。

（5）突出对学生来说是难点的部分。在选定语法点时，本书并没有按照语法体系把某一语法类别全部包括，而是根据学生的需求和实际情况进行删选。比如第三部分"句子成分"，一般来说汉语句子有六大成分，即主语、谓语、宾语、定语、状语、补语。但是前三种各种语言都有，而且常常是学习者习而不察的部分，本书没有单独立目，而后三个是学生学习的难点，本书不但立目，而且进一步细分了小类项目。

2. 语法项目的排序

(1) 语法项目的称谓

100项语法点如何称谓，是排好顺序的前提。根据多年的教学经验和学生的实际需求，本书本着易懂、易记、易查等原则，尽量给每项语法点以明显的标记。赵金铭（1994）在《教外国人汉语的一些原则问题》中指出，"汉语中具有各种各样的形式标志，不同的标志，具有不同的语义内容，通过对语言形式的识别而达到对语言内容的理解。因此无论外国人，还是计算机，都要充分挖掘和尽力利用汉语中各种各样的形式标记。"但是给语法项目标记，并不能随意而为之，而是在减少语法术语的前提下，尽量把能突出该语法项目特点的语义功能作为项目名称。拿"比较句"来说，学生更关心的是哪些句式是表示比较的，因此我们确定"跟……一样""比""不如""有""像""最""更"等词语具有比较的特征，可直接作为项目类称谓来表述该语法项目；再比如，复句中的"因为……，所以……""只有……，才……"等连词也具有形式标记。因为有标记，也易记、易查。

(2) 语法项目的排序

洋洋100项，如何排序，是一件头疼的事情。本书本着系统、实用的原则来进行排序。

系统就是在排序的过程中遵循语法教学的科学性和逻辑性。因为我们选取的100项在层级上粗细程度不等，无法按照严格的语法体系排定顺序，但是相对的语法逻辑顺序是要遵循的。这里既有整体100项语法顺序的全盘考虑，更有某一章节内部语法顺序的具体安排。

实用是本书排序的重要原则。在排序的过程中一是从教学的角度分为五部分，每一部分在遵循语法顺序的前提下，采取模块相对集中的原则，方便查找。

3. 语法项目的解释

胡明扬（1992）在《再论语法形式和语法意义》中指出，对外国人进行语法教学无需"详细解释语法理论和语法知识，而是要突出语言使用的规则，它重视语言结构形式的描写，同时又注意结构形式与意义的结合；它对语法规则的说明具体、实用，而又简洁、通俗。"

任何一个语法项目，如果想要事无巨细、面面俱到地讲解，都会有很多内容可讲，但是学生的时间和水平的限制，我们更侧重"单一局部"的处理方式，即以局部具体项为着眼点，而不是以系统类别排列为着眼点。重在讲解该语法点的功能、使用条件、适用范围、需要注意的地方等。

四、本书的体例

本书体例简洁、实用，可操作性强，易学、易记、易懂、易用。具体体例如下：

项目名称

解释（中英文）

格式（公式）

例句＋图画

注意

练习（包括看图练习等多种形式的练习）

　　这种体例遵循了教学规律，即由意义出发，对该语法点先理解，在理解的基础上操练，然后归纳其形式，再进一步进行情境练习。教师可按照此顺序直接用于教学。

　　本书经过一年的写作，终于完稿了。这本书是多人合作的结晶。本书的作者均为北京语言大学的优秀教师，于天昱老师和郭姝慧老师的博士专业为语言学与应用语言学，任丽丽老师为教学法专业，他们既有理论知识，又有实践经验，能从教学实际出发解读汉语语法。本书的具体分工：姜丽萍负责全书的样课编写、统筹安排、项目排序、审稿、定稿等工作。于天昱负责47个语法项目，郭姝慧负责38个语法项目、任丽丽负责15个语法项目。感谢画师通过图画准确解读语法内容，使本书锦上添花。更感谢出版社编辑的忘我工作，认真负责，使本书得以尽快出版。

　　特别感谢北京语言大学的鲁健骥教授，他在百忙中细致地审阅了全稿，并提出一些中肯的和富有建设性的意见，有些我们已经做了修改，有些因为时间和水平的限制，只能待以后进一步完善。

　　本书由于作者的水平和教学经验有限，还存在着一些不足，比如：有些语法项目的选定粗细程度不等；有的项目因只考虑学生的需要，可能与其他项目不在一个层级上；个别语法项目的排序还欠前后衔接性；有些语法项目在解释上考虑易懂的因素过多而欠严谨性，比如"句子＋吗"表示疑问等。这些问题需要进一步研究和实践加以解决，我们也期待着同行们的批评、指正和建议。

姜丽萍

2009年12月25日于澳门

目　录

四、表达功能

1

疑问句（1）：用"吗"的问句

Yíwèn jù (yī): Yòng "ma" de wèn jù

"吗"表示疑问语气，用在陈述句的末尾构成一般疑问句。

Carrying a questioning tone, 吗 is placed at the end of a declarative sentence to form a general question.

格式 句子+吗？

A: 你是英国人吗？
　　Nǐ shì Yīngguórén ma?

B: （嗯，）我是。
　　(Ng,) wǒ shì.

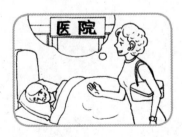

A: 你没去医院看病吗？
　　Nǐ méi qù yīyuàn kàn bìng ma?

B: （不，）去了。
　　(Bù,) qù le.

A: 花开了吗？
　　Huā kāi le ma?

B: （是，）开了。
　　(Shì,) kāi le.

A: 你不吃早饭吗？
　　Nǐ bù chī zǎofàn ma?

B: （不，）我吃。
　　(Bù,) wǒ chī.

Attention

(1) "吗"前的句子可以是肯定形式，也可以是否定形式，但肯定形式的比较多。
The sentence before 吗 can be either affirmative or negative, but most are affirmative.

(2) 回答时，不管问句是肯定形式还是否定形式，如果同意，答句中可以先用"是（的）""对（了）""嗯"等表示肯定；如果不同意，答句中可以先用"不""没（有）"等表示否定。
No matter whether the question is affirmative or negative, 是（的），对（了）or 嗯 is used first in the answer to indicate agreement and 不 or 没（有）is used to indicate disagreement.

Eg. 　A: 他来吗？
　✓B1: 是，他来。　✗B3: 不，他来。
　✓B2: 不，他不来。　✗B4: 是，他不来。
　　A: 他不来吗？
　✓B1: 是，他不来。　✗B3: 是，他来。
　✓B2: 不，他来。　✗B4: 不，他不来。

1

练习 Exercises

1. 完成对话。Complete the dialogues.

[1] A：你是留学生吗？

B：＿＿＿＿＿，我是。

[2] A：王老师会去吗？

B：＿＿＿＿＿，他不会去。

[3] A：这个月是三十一天吗？

B：＿＿＿＿＿，三十一天。

[4] A：你不去看电影吗？

B：＿＿＿＿＿，我去。

[5] A：你没带书吗？

B：＿＿＿＿＿，我没带。

[6] A：公园里人不多吗？

B：＿＿＿＿＿，很多。

2. 看图，用"吗"提问或做出回答。Make questions with 吗 or give answers according to the pictures.

[1]

A：这是桃子吗？

B：（不），＿＿＿＿＿＿＿。

[2]

A：你不会说汉语吗？

B：（是），＿＿＿＿＿＿＿，我是日本人。

[3]

A：＿＿＿＿＿＿＿＿？

B：（是的），我去。

[4]

A：＿＿＿＿＿＿＿＿？

B：（不），还是不太好。

2

疑问句（2）：用"吧"的问句

Yíwèn jù (èr): Yōng "ba" de wèn jù

问话人对事情有了一定估计，但还不完全肯定时，就可用语气助词"吧"加在句尾构成疑问句，表疑问的同时有揣测的语气。

When the speaker has a certain estimation about something but he is not sure, the modal particle 吧 can be added at the end of the sentence to form a question, indicating both questioning and guessing.

格式 句子+吧？

A: 这是你儿子吧？
Zhè shì nǐ érzi ba?

B: 不是，是我哥哥的孩子。
Bú shi, shì wǒ gēge de háizi.

A: 这些问题不难吧？
Zhè xiē wèntí bù nán ba?

B: 还是有点儿难。
Háishi yǒudiǎnr nán.

A: 现在大概十二点了吧？
Xiànzài dàgài shí'èr diǎn le ba?

B: 应该是。
Yīnggāi shì.

Attention

如果句中有"大概""大约""也许"这样表示估计、揣测的词语，句尾只能用"吧"，不能用"吗"。

吧 rather than 吗 is used at the end of the sentence if there are words expressing estimation and guess, such as 大概, 大约 or 也许.

Eg. ✓他也许不会来了吧？
✗他也许不会来了吗？

3

练 习　Exercises

1. 把句子改成用"吧"的疑问句。Rewrite the sentences into questions containing 吧.

〔1〕他这次大概没考好。

〔2〕这座建筑大约有两百多年了。

〔3〕也许他不会来电话了。

〔4〕看样子天要下雨了。

〔5〕看起来他已经二十多岁了。

〔6〕看上去他不太相信你的话。

2. 用"吧"或"吗"完成问句。Complete the questions with 吧 or 吗.

〔1〕玛丽：安妮，这段录音你听懂了＿＿＿＿＿＿？

安妮：没有完全听懂，＿＿＿＿＿＿？

玛丽：我也没有完全听懂，我觉得录音里衣服的价钱应该是＿＿＿＿＿＿？

安妮：不是十四块，是四十块。

〔2〕

大卫：玛丽，你看，＿＿＿＿＿＿？

玛丽：啊，一个手机。

大卫：会是谁的呢？

玛丽：今天山本就坐在这儿，＿＿＿＿＿＿？

〔3〕

山本：你们＿＿＿＿＿＿？

大卫：你看看，＿＿＿＿＿＿？

山本：谢谢你们!

玛丽：没什么。你一定＿＿＿＿＿＿？

山本：刚买的手机丢了，我当然着急。

玛丽：下次别再马马虎虎的了。

3 疑问句（3）：用"呢"的问句

Yíwèn jù (sān): Yòng "ne" de wèn jù

"呢"在一定的上下文里，可以用来承接上文提出问题，表达的意义要根据上下文来判定。如果没有上下文，是问人或事物在"哪儿"。

呢 is used to carry on the question mentioned in the preceding context and the meaning depends on the context. Without the context, it is used to ask 哪儿(where).

格式　（句子），名词/名词短语/代词+呢？

一 询问承接上文的问题　Tag question

A: 我工作很忙，你呢？
Wǒ gōngzuò hěn máng, nǐ ne?

B: 我不太忙。
Wǒ bú tài máng.

A: 玛丽明天回国，安妮呢？
Mǎlì míngtiān huí guó, Ānnī ne?

B: 她8月20号回国。
Tā bā yuè èrshí hào huí guó.

A: 白雪公主吃了毒苹果。
Báixuě Gōngzhǔ chī le dú píngguǒ.

B: 后来呢？
Hòulái ne?

A: 后来七个小矮人救了她。
Hòulái qī ge xiǎo ǎi rén jiù le tā.

Attention

(1) "你呢？"意思是"你忙吗？"；"安妮呢？"意思是"安妮什么时候回国？"；"后来呢？"意思是"后来怎么样了？"

你呢？ means 你忙吗？ (Are you busy?); 安妮呢？ means 安妮什么时候回国？ (When will Annie come back?); 后来呢 means 后来怎么样了？ (What happened then?).

(2) 有时陈述句的后面也可以加"呢"，意思是"如果……，那怎么办/做什么？"

Sometimes, 呢 can be added at the end of a declarative sentence, which means 如果……，那怎么办/做什么？(If…, what should we do?)

Eg. A: 我觉得他能回来。

B: 他回不来呢？ The answer means 如果他回不来，那该怎么办？ (If he does not come back, what should we do?)

A: 我们要打扫这个房间。

B: 打扫完了呢？ The answer means 如果打扫完了这个房间，接下来该做什么？ (If we have cleaned this room, what should we do next?)

二 询问位置、方位（=在"哪儿[1]"？） Asking place or direction (=where?)

A: 妈妈，我的帽子呢？
Māma, wǒ de màozi ne?

B: 在你的卧室。
Zài nǐ de wòshì.

A: 我们团一共20个人，现在只有19个，玛丽呢？
Wǒmen tuán yígòng èrshí ge rén, xiànzài zhǐyǒu shíjiǔ ge, Mǎlì ne?

B: 她在那儿。
Tā zài nàr.

三 含疑问代词的句子+（呢） Sentence with interrogative pronoun + 呢

"呢"可以用在有疑问代词"谁""怎么""什么""哪"等的疑问句中，"呢"出现不出现都不影响疑问的表达，"呢"有缓和语气的作用。呢 can be used in questions containing 谁, 怎么, 什么, 哪 or other interrogative pronouns. Containing 呢 or not, it does not affect the question. 呢 is used to speak in a mild tone.

注1: 参见11页"哪儿"。

格式 含疑问代词的句子+（呢）？

A: 妈妈，你买了点什么（呢）？
　　Māma, nǐ mǎi le diǎn shénme (ne)?

B: 很多东西，你猜猜。
　　Hěn duō dōngxi, nǐ cāicai.

A: 这么晚才回来，你到哪儿去了（呢）？
　　Zhème wǎn cái huí lái, nǐ dào nǎr qù le (ne)?

B: 我去参加同学的生日晚会了。
　　Wǒ qù cānjiā tóngxué de shēngrì wǎnhuì le.

Attention

如果句中有疑问代词，"吗"不能出现在句末，只能用"呢"。

呢 rather than 吗 can be used at the end of the sentence if there is an interrogative pronoun.

Eg. ✓ 他是谁呢？　　　　　　　✓ 这么晚才回来，你到哪儿去了呢？
　　✗ 他是谁吗？　　　　　　　✗ 这么晚才回来，你到哪儿去了吗？

　　✓ 妈妈，你买了点什么呢？　✓ 你怎么不去呢？
　　✗ 妈妈，你买了点什么吗？　✗ 你怎么不去吗？

练 习 Exercises

1. 完成对话。 Complete the dialogues.

〔1〕A: 玛丽的作业已经做完了，_____?
　　　B: 我还没做完呢。

〔2〕A: 我们班的节目已经准备好了，_____?
　　　B: 我们班的节目也准备好了。

〔3〕A: _____? 我找了半天都没找到。
　　　B: 在图书馆。

〔4〕A: 我记得你们房间住了三个人啊，现在才两个人，_____?
　　　B: 他去书店了。

〔5〕A: 我的钥匙呢？
　　　B: _____。

〔6〕A: 我觉得中国队一定能赢。
　　　B: _____?
　　　A: 输了我请你吃饭。

2. 用"呢"或"吗"填空。Fill in the blanks with 呢 or 吗.

〔1〕你学过汉语（　　）？

〔2〕你怎么找到这儿的（　　）？

〔3〕今天会下雨（　　）？

〔4〕这件事情你跟谁商量了（　　）？

〔5〕你十八岁了（　　）？

〔6〕哪个同学是你最好的朋友（　　）？

3. 看图，用"……呢？"模拟对话。Make a dialogues with ……呢？according to each picture.

〔1〕

A: _____？（高）

B: _____

〔2〕

A: _____？（礼物）

B: _____

〔3〕

A: _____？（选课）

B: _____

〔4〕

A: _____？（小红）

B: _____

4. 看图，用带 "呢" 或 "吗" 的句子完成对话。Complete the dialogues with sentences containing 呢 or 吗 according to the pictures.

A：请问，这里是＿＿＿＿＿＿＿＿＿＿？（学生处）

B：对，这里就是学生处，您＿＿＿＿＿＿＿＿＿＿？（有事）

A：我找李老师。他＿＿＿＿＿＿＿＿＿＿？（在）

B：他出去了，不在办公室，他去教务处了。

A：请问，李老师＿＿＿＿＿＿＿＿＿＿？（回来）

B：什么时候回来我也不知道。您是＿＿＿＿＿＿＿＿＿＿？（朋友）

A：不是，我是一个学生的家长，找李老师有事。

- -

玛丽：喂，是＿＿＿＿＿＿＿＿＿＿？（安妮）

安妮：我是安妮。

玛丽：我是玛丽，安妮，你＿＿＿＿＿＿＿＿＿＿？（哪儿）

安妮：我在超市买东西，＿＿＿＿＿＿＿＿＿＿？（事）

玛丽：我忘带钥匙了，你＿＿＿＿＿＿＿＿＿＿？（什么时候）

安妮：我半个小时以后回去。

玛丽：那我在这等你。

4

疑问句（4）：特指疑问句

Yíwèn jù (sì): Tè zhǐ yíwèn jù

"谁""什么""哪儿""哪""怎么""怎么样"都是疑问代词，用这些词语代替句子中相应的那个部分来提问，句子就可以变成疑问句。

谁，什么，哪儿，哪，怎么，and 怎么样 are all interrogative pronouns. These words are used to substitute the corresponding parts in sentences and then the sentences become questions.

一 谁 Who

"谁"用来问人。谁 is used to inquire people.

A: 谁最高？
Shuí zuì gāo?

B: 2号。
Èr hào.

A: 他是谁？
Tā shì shuí?

B: 他是成龙。
Tā shì Chéng Lóng.

A: 这是谁的书？
Zhè shì shuí de shū?

B: 我的。
Wǒ de.

二 什么 What

"什么"单独用时问事物，也可用在名词前，问事物的性质或者人的身份职业等等。什么 can be used alone to inquire things. It can also be used before a noun to inquire the nature of a thing or the status or job of a person.

10

A: 您要买什么？
   Nín yào mǎi shénme?

B: 苹果。
   Píngguǒ.

A: 你叫什么名字？
   Nǐ jiào shénme míngzi?

B: 我叫王刚。
   Wǒ jiào Wáng Gāng.

A: 什么时候的飞机？
   Shénme shíhou de fēijī?

B: 3月2号的。
   Sān yuè èr hào de.

Attention

"什么"用在名词前，后面不用"的"。
When 什么 is used before a noun, it is not followed by 的.

Eg. ✓ 这是什么地方？
    ✗ 这是什么的地方？

三 哪儿 Where

"哪儿"用来问地方。哪儿 is used to inquire places.

A: 你住哪儿？
   Nǐ zhù nǎr?

B: 我住北京语言大学。
   Wǒ zhù Běijīng Yǔyán Dàxué.

A: 中国银行在哪儿？
   Zhōngguó Yínháng zài nǎr?

B: 在邮局旁边。
   Zài yóujú pángbiān.

A: 哪儿的书最多？
   Nǎr de shū zuì duō?

B: 学校图书馆。
   Xuéxiào túshūguǎn.

Attention

"哪里"跟"哪儿"意思一样，但是"哪儿"多用于口语。
哪里 and 哪儿 share the same meaning, but 哪儿 is often used in oral Chinese.

四 哪 Which

"哪"表示疑问，要求在同类事物中加以确指。哪 is used to ask for the confirmation of a thing in a category.

格式 哪+数量词
哪+数量词+名词

A: 哪两位是你的父母？
　　Nǎ liǎng wèi shì nǐ de fù mǔ?

B: 第二排中间的两位。
　　Dì èr pái zhōngjiān de liǎng wèi.

A: 哪（一）个作业本是你的？
　　Nǎ (yí) ge zuòyè běn shì nǐ de?

B: 红色的那个。
　　Hóng sè de nàge.

A: 您是哪国人？
　　Nín shì nǎ guó rén?

B: 我是中国人。
　　Wǒ shì Zhōngguórén.

Attention

数词为"一"时常常省略"一"。
When the numeral is 一, it is often omitted.

五 怎么 How or why

"怎么"用来问方式和原因。怎么 is used to inquire the manner and reasons.

格式 怎么+动词/形容词

A: 他好像不太高兴，
　　Tā hǎoxiàng bú tài gāoxìng,
　　怎么了/啦？
　　zěnme le/la?

B: 考试没通过。
　　Kǎoshì méi tōng guò.

Attention

"怎么了/啦"，用来问人或事物的状况。
怎么了/啦 is used to inquire the situation of a person or thing.
Eg. 你怎么了/啦？是不是生病了？

老师，这个字怎么写？
Lǎoshī, zhège zì zěnme xiě?

六　怎么样　How about

"怎么样"常常用来询问状况，也可以用来征求对方的意见。怎么样 is often used to inquire situations or opinions.

A: 好久不见了，你身体怎么样？
　　Hǎojiǔ bújiàn le, nǐ shēntǐ zěnmeyàng?

B: 还不错，你呢？
　　Hái búcuò, nǐ ne?

A: 今天晚上去看电影怎么样？
　　Jīntiān wǎnshang qù kàn diànyǐng zěnmeyàng?

B: 太好了。
　　Tài hǎo le.

练习　Exercises

1. 根据句子中画线部分，选择合适的疑问代词提问。Choose proper interrogative pronouns and ask questions according to the underlined parts in the sentences.

〔1〕玛丽是美国留学生。

〔2〕我不认识玛丽的汉语老师。

〔3〕今天晚上我要去电影院。

〔4〕我要去超市买水果。

〔5〕我爸爸的身体好极了。

〔6〕去北京语言大学应该往前走。

〔7〕他是昨天坐飞机到北京的。

〔8〕那个班的学生明天要去故宫参观。

2. 用合适的疑问代词完成对话。Complete the dialogue with the proper interrogative pronouns.

安妮：玛丽，这是_____？

玛丽：这是电子汉语书。

安妮：上次我来的时候还没有，_____给你买的？

玛丽：我爸爸。

安妮：_____天买的？在_____买的？

玛丽：星期三在海龙电子城买的。

安妮：这本电子汉语书_____？

玛丽：这本书好极了，所有的生词都有发音。

安妮：太好了，_____听生词的发音呢？

玛丽：在电脑上打开生词这一页，再选择"听录音"就可以了。

安妮：真不错，我也知道怎么用了。贵不贵？

玛丽：大概500块吧。

安妮：我也要去买，_____这么好的书你不早点儿给我介绍？

玛丽：下次再有好书一定早点儿告诉你。

5

疑问句(5)："多+形容词"的问句

Yíwèn jù (wǔ): "Duō + xíngróngcí" de wèn jù

疑问副词"多"用在形容词的前面，对程度进行提问，回答时说出数量，常常不再重复形容词。

As an interrogative adverb, 多 is placed before an adjective to ask a question about degree. In the answer, the number is provided and the adjective is often not repeated.

格式 主语+（有）+多+形容词

一 多大

问面积、容积或年龄用"多大"。多大 is used to ask about area, volume and age.

A: 这个房间（有）多大？
Zhège fángjiān (yǒu) duō dà?

B: 这个房间大概（有）12平（方）米。
Zhège fángjiān dàgài (yǒu) shí'èr píng (fāng) mǐ.

A: 你（有）多大？
Nǐ (yǒu) duō dà?

B: 我18。您多大年纪了？
Wǒ shíbā. Nín duō dà niánjì le?

A: 我80。
Wǒ bāshí.

Attention

(1) "多" +形容词作谓语的时候，常常在前面加 "有"，如 "多大" 可以变为 "有多大"。但回答年龄的提问时，不能说 "我有18"，只能说 "我18"。

When 多 + adjective serves as the predicate, it is often preceded by 有. For example, 多大 can be changed into 有多大. However, in the answer about age, one can only answer 我 18 rather than 我有18.

(2) "多大" 问年龄，主要是问小孩或长者问年轻人，也可以是两个年纪相当的人互相问。除了孩子们以外，不能是年龄小的人问年龄大的人。

When 多大 is used to inquire age, it is mainly used to ask children or to ask youngster by the senior. It can also be used by two persons in the same age group to ask each other's age. Except children, one cannot inquire the age of those who are older than him or her.

二 多高、多重

问高度用 "多高"，问重量用 "多重"。多高 is used to inquire height, while 多重 is used to inquire weight.

A: 你（有）多高/多重?
Nǐ (yǒu) duō gāo / duō zhòng?

B: 我（有）1米75，
Wǒ (yǒu) yì mǐ qī wǔ,

85公斤。
bāshí wǔ gōngjīn.

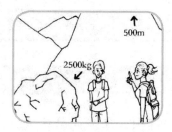

A: 这座山（有）多高?
Zhè zuò shān (yǒu) duō gāo?

B: 这座山（有）500米。
Zhè zuò shān (yǒu) wǔbǎi mǐ.

A: 这块石头（有）多重?
Zhè kuài shítou (yǒu) duō zhòng?

B: 大概（有）2500公斤。
Dàgài (yǒu) liǎngqiān wǔbǎi gōngjīn.

三 多长、多宽

问长度用 "多长"，问宽度用 "多宽"。多长 is used to inquire length, while 多宽 is used to inquire width.

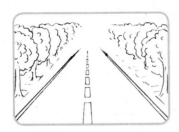

A: 这条街（有）多长？
Zhè tiáo jiē (yǒu) duō cháng?

（有）多宽？
(yǒu) duō kuān?

B: 大概（有）84公里，最宽的
Dàgài (yǒu) bāshísì gōnglǐ, zuì kuān de

地方是120米。
dìfang shì yìbǎi èrshí mǐ.

A: 这条河（有）多宽？
Zhè tiáo hé (yǒu) duō kuān?

B: 这条河大概（有）20米。
Zhè tiáo hé dàgài (yǒu) èrshí mǐ.

A: 这座桥（有）多长？
Zhè zuò qiáo (yǒu) duō cháng?

B: 这座桥（有）25米。
Zhè zuò qiáo (yǒu) èrshíwǔ mǐ.

Attention

"多长" 也可以表示时间，但必须说 "多长时间"。

多长 can also be used to indicate time. In this case, it has to be in the form of 多长时间.

Eg. 你在北京住了多长时间？

四 多远

问距离用 "多远"。多远 is used to inquire distance.

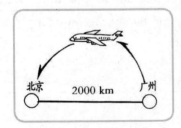

A: 北京到广州（有）多远？
Běijīng dào Guǎngzhōu (yǒu) duō yuǎn?

B: 大概（有）2000多公里。
Dàgài (yǒu) liǎngqiān duō gōnglǐ.

A: 从你家到学校（有）多远？
Cóng nǐ jiā dào xuéxiào (yǒu) duō yuǎn?

B: 大概500米。
Dàgài wǔbǎi mǐ.

练 习 Exercises

1. 看图，填写合适的疑问句。Fill in proper interrogative sentences according to the pictures.

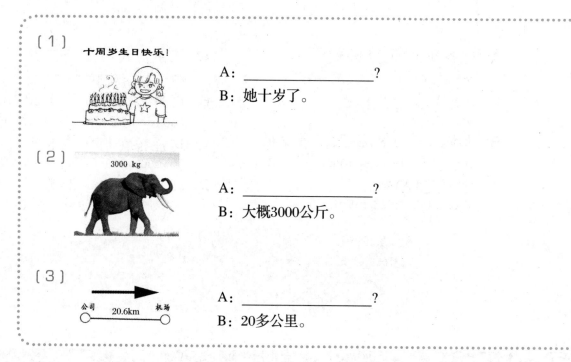

〔1〕 十周岁生日快乐！

A：_____？
B：她十岁了。

〔2〕 3000 kg

A：_____？
B：大概3000公斤。

〔3〕 公司 20.6km 机场

A：_____？
B：20多公里。

2. 看图模拟对话。Make a dialogue according to the picture.

　　一个顾客想买一个书柜，他问售货员一些问题，售货员一一做了回答。请你根据这样的场景模拟一段对话。A customer wants to buy a bookcase. He asks the salesperson some questions. The salesperson answers one by one. Please make a dialogue according to the situation.

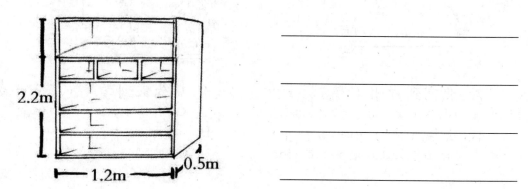

2.2m
1.2m
0.5m

6

疑问句（6）：正反问句

Yí wèn jù (liù): Zhēng fǎn wèn jù

> 正反问句是由谓语的肯定形式和否定形式并列起来构成的疑问句，听话人可以选择其中的一种形式来回答。
>
> The affirmative-negative question is made up of the juxtaposition of the affirmative and negative forms of the predicate. The listener can choose one of the forms as an answer.

格式 主语+形容词+不+形容词?
主语+动词+不/没+动词?

一 谓语是形容词的正反问句 The affirmative-negative questions with adjectives as predicates

由形容词的肯定形式和否定形式构成一个正反问句。The affirmative and negative forms of an adjective compose an affirmative-negative question.

格式 主语+形容词+不+形容词?

A: 你觉得她漂亮不漂亮?
Nǐ juéde tā piàoliang bu piàoliang?

B: 不太漂亮。
Bú tài piàoliang.

A: 这本汉语词典好不好?
Zhè běn Hànyǔ cídiǎn hǎo bu hǎo?

B: 很好。
Hěn hǎo.

> **Attention**
>
> "好不好?" "行不行?" "对不对?" 经常追加在一个陈述句的后面，构成正反问句，意思同 "好吗?" "行吗?" "对吗?" 一样，用来征求听话人的意见。
>
> 好不好? 行不行? or 对不对? is often added after a declarative sentence to form an affirmative-negative sentence. Used to ask for the listener's opinion, they have the same meaning as 好吗? 行吗? or 对吗?
>
> Eg. 我们明天去爬长城，好不好?
> 把你的手机借给我用用，行不行?
> 这首歌的歌词这样写，对不对?

19

二 谓语是动词的正反疑问句 The affirmative-negative questions with verbs as predicates

由动词的肯定形式和否定形式构成一个正反问句。The affirmative and negative forms of a verb compose an affirmative-negative question.

1. 一般动词。Common verbs.

格式 主语+动词+不/没+动词+（宾语）？

A: 昨天你去没去长城？
Zuótiān nǐ qù méi qù Chángchéng?

B: 昨天太忙了，没去。
Zuótiān tài máng le, méi qù.

A: 这本书你还看不看？
Zhè běn shū nǐ hái kàn bu kàn?

B: 不看了。
Bú kàn le.

Attention

(1) 如果正反问句中的动词带宾语，那么宾语的位置有三种：
If the verb is followed by an object in an affirmative-negative question, the object can put in the following three positions:

① 昨天你去没去长城？（宾语在肯定形式和否定形式之后。The object is placed after the affirmative and the negative forms）

② 昨天你去长城没去？（宾语在肯定形式和否定形式之间。The object is placed between the affirmative form and the negative form）

③ 昨天你去长城没去长城？（肯定形式和否定形式之后都有宾语，此种形式不常见。Both the affirmative form and the negative form are followed by the object, which is not common）

(2) 如果动词后带"了"，那么否定形式只能是"没（有）"，动词也不再出现在否定形式之后。
If the verb is followed by 了, the negative form must be 没（有）and the verb no longer appears after the negative form.

Eg. ✓ 昨天你去长城了没（有）？
✗ 昨天你去长城了没（有）去？

2. 是不是[1]。

如果问话人对某个情况有比较肯定的估计，但又想得到听话人的证实，就可以用"是不是"这样的正反问句。The affirmative-negative question containing 是不是 can be used if the speaker is sure about his estimation and wants to hear the confirmation of the listener.

注1：关于"是不是"的用法，请进一步参见35页"10 '是'字句"。

A: 你是不是法国人？
　　Nǐ shì bu shì Fǎguórén?

B: 不是，我是英国人。
　　Bú shì, wǒ shì Yīngguórén.

A: 你是不是明天回国？
　　Nǐ shì bu shì míngtiān huí guó?

B: 是，明天下午三点的飞机。
　　Shì, míngtiān xiàwǔ sān diǎn de fēijī.

3. 能愿动词　Optative verbs

能愿动词可以用肯定形式和否定形式并列的方式来表示疑问。The affirmative and negative forms of an optative verb are juxtaposed for questioning.

格式　能愿动词+不+能愿动词

A: 今天晚上想不想去听音乐会？
　　Jīntiān wǎnshang xiǎng bu xiǎng qù
　　tīng yīnyuè huì?

B: 我想去。
　　Wǒ xiǎng qù.

A: 你会不会回答这个问题？
　　Nǐ huì bu huì huídá zhège wèntí?

B: 我要再想想。
　　Wǒ yào zài xiǎngxiang.

Attention

(1) 带有能愿动词的句子，如果要构成正反问句，只要把能愿动词的肯定形式和否定形式并列起来就可以了，不能把一般动词的肯定形式和否定形式并列起来。

As for a sentence containing an optative verb, the affirmative and negative forms of the optative verb are juxtaposed to form an affirmative-negative question, while the affirmative and negative forms of the common verb cannot be juxtaposed.

Eg. ✓请问，这儿能不能上网？　　✗请问，这儿能上不上网？

(2) "可以""应该"的肯定否定并列形式，既可以是"可以不可以""应该不应该"，也可以是"可不可以""应不应该"。

The affirmative and negative forms of 可以 and 应该 can be either 可以不可以 and 应该不应该 or 可不可以 and 应不应该.

Eg. ✓你下午可以不可以早点来？　✓咱们应该不应该告诉他这件事？
　　✓你下午可不可以早点来？　　✓咱们应不应该告诉他这件事？

练 习　Exercises

1. 用合适的正反问句提问。Ask questions with proper affirmative-negative questions.

〔1〕 我觉得这个菜很好吃。

〔2〕 我昨天去书店了。

〔3〕 他不会骑自行车。

〔4〕 是，我爸妈同意我们结婚了。

〔5〕 下个星期天不去郊游了。

〔6〕 他就是成龙。

2. 用正反问句完成对话。Complete the dialogue with affirmative-negative questions.

麦克（在客厅大声喊）：电视里正在播放成龙的电影，＿＿＿＿＿＿＿？

麦克的姐姐（在厨房）：看，马上就来，＿＿＿＿＿＿＿？

麦克：当然好看了。

麦克的姐姐（来到客厅）：有些汉语句子我听不懂，＿＿＿＿＿＿＿？

麦克：他会说英语啊。对了，周六有他的演唱会，＿＿＿＿＿＿＿？

麦克的姐姐：我想去啊，＿＿＿＿＿＿＿？

麦克：我也去，咱们一起去。现在就去网上订票吧。

（演唱会上）

麦克的姐姐：麦克，你觉得他唱的歌＿＿＿＿＿＿＿？

麦克：非常好听，我很喜欢。

7 疑问句（7）：句子+（疑问语气）

Yí wèn jù (qī): Jùzi + (yí wèn yǔqì)

一个陈述句如果带上一个句尾上升的语调，就可以构成一个疑问句。回答跟句尾用"吗"的疑问句相同。

Carrying a rising tone at the end, a declarative sentence becomes a question. The way to answer such a question is as same as that in the questions containing 吗.

格式 句子+↗（疑问语气）?

玛丽：这是你包的饺子（↗）？
Mǎlì: Zhè shì nǐ bāo de jiǎozi (↗)?
大卫：是啊，这是我第一次包饺子。
Dàwèi: Shì a, zhè shì wǒ dì yī cì bāo jiǎozi.

大卫：你不去看电影（↗）？
Dàwèi: Nǐ bú qù kàn diànyǐng (↗)?
玛丽：对不起，我有点儿事。
Mǎlì: Duìbuqǐ, wǒ yǒu diǎnr shì.

Attention

这种疑问句非常依赖语境和上下文，在疑问的同时往往带有惊讶或者怀疑的语气，如上文的两个例子。

Such a question relies on the context and situation very much. It also implies surprise or doubt in tone while asking, just like the above examples.

练习 Exercises

1. 请将下列疑问句改为用疑问语气的句子，并跟同学一起练习。Rewrite the following questions into sentences carrying interrogative tones and practice them with your partner.

〔1〕你的生日是十月八号吗?

〔2〕你没去找他吗?

〔3〕他也去参加晚会吗?

〔4〕他不是留学生吗?

〔5〕那么多作业你写完了吗?

〔6〕我告诉他了,他没告诉你吗?

2. 看图,用疑问语气完成对话。Complete dialogues with interrogative tones according to the pictures.

〔1〕

A:这是鸟巢?

B:(不),_____。

〔2〕

A:_____?

B:(不),昨天是十月七号。

〔3〕

A:你那儿下雨了?

B:是啊,_____?

〔4〕

A:_____?

B:是啊,我觉得很不舒服。

8

疑问句（8）：好吗？ 行吗？
Yíwèn   jù   (bā):   Hǎo ma?   Xíng ma?

可以吗？ 对吗？
Kěyǐ   ma?   Duì ma?

说话人把自己的意见、建议或者要求提出来，再征求对方的意见时，可以用"好吗？""行吗？""可以吗？""对吗？"这样的问句。回答时，一般只要给出肯定或否定的答话就行。

好吗？ 行吗？ 可以吗？ or 对吗？ can be used when the speaker gives his or her own opinion, suggestion or requirement and asks for the listener's opinions. Usually the listener only needs to give affirmative or negative answer.

格式 句子+好吗/行吗/可以吗/对吗？

一 好吗？ 行吗？ 可以吗？

"好吗？""行吗？""可以吗？"多用于问话人要求听话人对自己的建议做出肯定或否定的判断，或想知道听话人对自己的要求是否允许，意思跟"好不好""行不行""可不可以"一样。肯定的回答可以用"好（啊）""行（啊）""可以（啊）"，否定的回答可以用"不""不行"。

好吗？ 行吗？ and 可以吗？ are often used by the speaker to ask the listener to make a positive or negative judgment about his suggestion or to know whether the listener gives permission to the requirement. They are as same as 好不好, 行不行 and 可不可以. 好（啊）, 行（啊）and 可以（啊）can be used as the affirmative answers while 不 and 不行 can be used as the negative answers.

A: 玛丽，明天去看展览，好吗？
Mǎlì, míngtiān qù kàn zhǎnlǎn, hǎo ma?

B: 不行，我明天得去医院。
Bù xíng, wǒ míngtiān děi qù yīyuàn.

A: 玛丽，我用用你的词典，行吗？
   Mǎlì, wǒ yòngyong nǐ de cídiǎn, xíng ma?
B: 好啊。
   Hǎo a.

A: 我孩子病了，请一天假，可以吗？
   Wǒ háizi bìng le, qǐng yì tiān jià, kěyǐ ma?
B: 可以，没问题。
   Kěyǐ, méi wèntí.

Attention

回答"好吗"时，如果是否定的回答，不能用"不好"；回答"可以吗？"时，如果是否定的回答，多用"不行"，很少用"不可以"。
In the negative answer of 好吗, 不好 cannot be used. 不行 is often used as a negative answer to the question of 可以吗? while 不可以 is seldom used.

二 对吗？

"对吗"多用于问话人要求听话人对自己的做法或得出的结论给出判断，意思跟"对不对"一样。肯定的回答可以用"对（啊）"，否定的回答可以用"不对"。对吗 is often used by the speaker to ask the listener to make a judgment about his or her action or conclusion and it is as same as 对不对 in meaning. 对（啊）can be used as the affirmative answer, while 不对 can be used as the negative answer.

A: 老师，我这样写，对吗？
   Lǎoshī, wǒ zhèyàng xiě, duì ma?
B: 不对，应该这样写。
   Bú duì, yīnggāi zhèyàng xiě.

A: 听说八号有两米一，对吗？
   Tīngshuō bā hào yǒu liǎng mǐ yī, duì ma?
B: 对啊，他是这个队最高的。
   Duì a, tā shì zhè ge duì zuì gāo de.

练习 Exercises

1. 用"好吗？""行吗？""可以吗？"或"对吗？"改写句子。Rewrite the sentences with 好吗？行吗？可以吗？or 对吗？

   〔1〕咱们去吃饺子，好不好？

   〔2〕你先去，我一会儿再去，可不可以？

   〔3〕您稍微让一让，行不行？

   〔4〕我选的是这个答案，对不对？

   〔5〕你看我穿这件衣服怎么样？

   〔6〕人太多了，我们等一会再来吧。

2. 用"好吗？""行吗？""可以吗？"或"对吗？"完成对话。Complete the dialogues with 好吗？行吗？可以吗？or 对吗？

   A：爸爸，听说国家大剧院特别漂亮，咱们星期六去看看，_____？

   B：好啊，星期六早点儿出发，六点起床，七点出发，_____？

   A：不行，太早了。六点半起床，_____？

   B：可以是可以，就是怕出发太晚，路上堵车。

   ....

   A：爸爸，我看地图，咱们好像走错路了。

   B：您好，去国家大剧院是先往右拐，_____？

   C：不，你走错了，应该是先往左拐。

   B：谢谢。

9

反问句

Fǎn wèn jù

反问句看上去是疑问句，但实际上句子并不一定
要求对方回答，而是要表达说话人的一种看法
或者情绪。否定形式的反问句用来表达肯定的
意思，肯定形式的反问句用来表达否定的意思。

A rhetorical question looks like a question but it does not require an
answer. In fact, it expresses the opinion or emotion of the speaker.
The negative form of rhetorical question is used to express affirmative
meaning, while the affirmative form is used to express negative meaning.

一 反问句 "不是……吗？" Rhetorical questions containing 不是……吗？

"不是……吗" 常用来表示提醒或者表达说话人的不理解、不满等。不是……吗
is often used for reminding or for expressing the speaker's confusion or dissatisfaction, etc.

大卫： 别睡了，你今天不是有课吗？（表示提醒）
Dàwèi: Bié shuì le, nǐ jīntiān bú shì yǒu kè ma?

尼克： 我马上就起来。
Níkè: Wǒ mǎshàng jiù qǐ lái.

大卫： 你不喜欢吃辣，你不是四川人吗？（表示理解）
Dàwèi: Nǐ bù xǐhuan chī là, nǐ bú shì Sìchuānrén ma?

李华： 我从小跟姥姥、姥爷长大，他们是广东人。
Lǐ Huá: Wǒ cóng xiǎo gēn lǎolao, lǎoye zhǎng dà, tāmen shì Guǎngdōngrén.

（真倒霉，我没带伞，）天气预报不是说没有雨吗？
(Zhēn dǎoméi, wǒ méi dài sǎn,) tiānqì yùbào bú shì shuō méiyǒu yǔ ma?

（表示不满）

28

Attention

(1) 用"不是……吗"格式的反问句的主语可以在"不是"前，也可以在"不是"后。
The subject of rhetorical question in the pattern 不是……吗 can be placed either before or after 不是.
Eg. 不是天气预报说不下雨吗？

(2) 反问句还有"没+动词……吗"的格式。
没+verb……吗 can also be used as a pattern of rhetorical question.
Eg. 你没看见吗？钥匙就在桌子上。

二 句中有疑问代词的反问句 Rhetorical questions containing interrogative pronouns

反问句中有疑问代词，表达说话人的不理解、不满意、不同意等意思。When an interrogative pronoun is used in a rhetorical question, the speaker usually expresses the confusion, dissatisfaction or disagreement.

1. 反问句中的疑问代词仍然是词语原来的意思。The interrogative pronoun in a rhetorical question still keeps its original meaning.

学生们：你们的工资那么低，谁愿意去啊？
Xuésheng men:　Nǐmen de gōngzī nàme dī, shuí yuànyì qù a?
（没有人愿意去那儿工作。）
(Méiyǒu rén yuànyì qù nǎr gōngzuò.)

老板：你什么时候把报告交给我了？
Lǎobǎn:　Nǐ shénme shíhou bǎ bàogào jiāo gěi wǒ le?
（你一直没把报告交给我。）
(Nǐ yìzhí méi bǎ bàogào jiāo gěi wǒ.)

2. 反问句中的疑问代词"哪儿""哪里""怎么"表示否定，不表示处所、方式或原因。哪儿，哪里 and 怎么 in a rhetorical question indicates negation rather than a place, manner or reason.

尼克：我才学了两个月中文，哪儿能做翻译？
Níkè:　Wǒ cái xué le liǎng ge yuè Zhōngwén, nǎr néng zuò fānyì?
（我不能做翻译。）
(Wǒ bù néng zuò fānyì.)

老师: 刚刚学完，你怎么会全忘了呢？
Lǎoshī: Gānggāng xué wán, nǐ zěnme huì quán wàng le ne?
（你不会全忘。）
(Nǐ bú huì quán wàng.)

Attention

反问句中有疑问代词"哪儿""哪里""怎么"时，句中一般动词前常常有能愿动词"能""会"等。

When 哪儿, 哪里 or 怎么 appears in a rhetorical question, the common verb is often preceded by the optative verb, such as 能, 会, etc.

3. 在对方提出的看法后面直接加上"什么"，表示不同意、不满意。Adding 什么 immediately after an opinion of the other speaker indicates the speaker's disagreement or dissatisfaction.

玛丽: 这件衣服太难看了，
Mǎlì: Zhè jiàn yīfu tài nán kàn le,
漂亮什么？（不漂亮。）
piàoliang shénme? (Bù piàoliang.)

孙女: 老什么，您还年轻着呢。
Sūnnǚ: Lǎo shénme, nín hái niánqīng zhe ne.
（不老。）
(Bù lǎo.)

练习 Exercises

1. 用反问句完成句子。Complete the sentences with rhetorical questions

〔1〕A: 今年暑假我还想去广州。

　　B: ＿＿＿＿＿＿＿＿＿？（不是……吗）

〔2〕A: 我下午去上班，这件事明天再说吧。

　　B: 今天是星期天，＿＿＿＿＿＿＿＿＿？（不是……吗）

〔3〕A: 我们打算让他参加中文歌唱比赛。

　　B: 他不会唱中文歌，＿＿＿＿＿＿＿＿＿？（怎么）

〔4〕A：来中国以前，他没学过汉语。

B：＿＿＿＿＿＿＿＿＿＿？（谁说）

〔5〕A：咱们别去香山了，我觉得太远了。

B：＿＿＿＿＿＿＿＿＿＿？（哪儿）

〔6〕A：你怎么把那件事告诉他了。

B：我没告诉过他，＿＿＿＿＿＿＿＿＿＿？（什么时候）

〔7〕A：我觉得这个电影非常好看。

B：＿＿＿＿＿＿＿＿＿＿，我都快睡着了。（什么）

2. 看图，用反问句完成下列对话。Complete the dialogues with a rhetorical questions according to the pictures.

〔1〕

A：玛丽，＿＿＿＿＿＿？（不是……吗）

B：我早就学会了。

〔2〕

妻子：＿＿＿＿＿＿？（不是……吗）

丈夫：不好意思，今天又加班了。

〔3〕

A：他去哪儿了？

B：＿＿＿＿＿＿？（谁）

〔4〕

玛丽：我这件衣服八十块，真便宜。

安妮：_____，我这件五十块。（什么）

〔5〕

尼克：一号开学，我不知道。

大卫：_____？（怎么）

〔6〕

A：你说你不喜欢我！

B：_____？（什么时候）

_____？（哪儿）

10

"是" 字句
"Shì" zì jù

动词"是"和其他词或短语一起构成谓语的句子，叫"是"字句。

It is called 是 sentence that the predicate is made up of 是 and other words or phrases.

格式 A+（不）是+B。

一 表示判断 Indicating judgment

表示判断的"是"字句中，主语和宾语可以是相同的，主语也可以是宾语里的一种、一部分或者其中一个。In a 是 sentence indicating judgment, the subject and the object can be the same, and the subject can be a type, a part or one member of the object.

秋天是北京最好的季节。
Qiūtiān shì Běijīng zuì hǎo de jìjié.

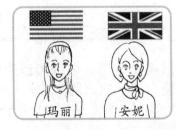

玛丽是美国人，安妮不是美国人。
Mǎlì shì Měiguórén, Ānnī bú shì Měiguórén.

二 表示存在 Indicating existence

当知道某个地方有某个人或者某个事物，并且要求确认某个人是"谁"、某个事物是"什么"的时候，要用表示存在的"是"字句，句首是方位词或者表示处所的词语，"是"字后面是存在的人或者事物。The 是 sentence indicating existence is used when it is known that there is a person or thing in a place and it is required to identify the person or thing. Words indicating direction or place are put at the beginning of the sentence and 是 is followed by the person or thing that exists.

33

A: 请问, 里面是什么东西?
　Qǐngwèn, lǐmiàn shì shénme dōngxi?

B: 里面是一台电脑和几件衣服。
　Lǐmiàn shì yì tái diànnǎo hé jǐ jiàn yīfu.

A: 邮局旁边是医院吗?
　Yóujú pángbiān shì yīyuàn ma?

B: 邮局旁边是学校, 不是医院。
　Yóujú pángbiān shì xuéxiào, bú shì yīyuàn.

三 "是不是" 的用法　Usage of 是不是

"是" 的否定形式是在 "是" 前加表示否定的副词 "不", "是" 不能用 "没" 来否定。For negation, the negative adverb, 不 is added before 是 and 没 cannot be used.

1. 常用格式。Common pattern.

格式　是不是+名词/名词短语/代词

"是不是" 可以用在名词, 名词短语或代词前, 构成正反问句。有时, 可以把 "不是" 放在整个句子的末尾。是不是 can precede a noun, a noun phrase or pronoun to form an affirmative-negative sentence. Sometimes, 不是 can be placed at the end of the sentence.

A: 请问, 你们是不是留学生?
　Qǐngwèn, nǐmen shì bu shì liúxuéshēng?

B: 不, 我们不是留学生。
　Bù, wǒmen bú shì liúxuéshēng.

A: 请问, 您是王先生不是?
　Qǐngwèn, nín shì Wáng xiānsheng bú shì?

B: 我是, 请问您有什么事?
　Wǒ shì, qǐngwèn nín yǒu shénme shì?

2. 用 "是不是" 的其他疑问形式。Other interrogative forms containing 是不是.

如果问话人对某个情况有比较肯定的估计并且又想得到听话人的证实，就可以用 "是不是" 这样的正反问句。"是不是" 可以用在一个陈述句的谓语前，还可以用在整个句子的句首或句尾。An affirmative-negative sentence containing 是不是 is used when the asker is quite sure about something and wants to get confirmation from the listener. 是不是 can be placed before the predicate of a declarative sentence or at the beginning or the end of the sentence.

A: 你是不是明天回国？
　　Nǐ shì bu shì míngtiān huí guó?
B: 是，明天下午三点的飞机。
　　Shì, míngtiān xiàwǔ sān diǎn de fēijī.

A: 老师，是不是我们十月一号开始放假？
　　Lǎoshī, shì bu shì wǒmen shí yuè yī hào kāishǐ fàngjià?
B: 对，从十月一号开始放假。
　　Duì, cóng shí yuè yī hào kāishǐ fàng jià.

Attention

上面两个例子，句中的 "是不是" 都可以有三种位置的变化。
There are three kinds of positions that 是不是 *can be placed in the two examples above.*

Eg. 你是不是明天回国？　　　我们是不是十月一号开始放假？
　　是不是你明天回国？　　　是不是我们十月一号开始放假？
　　你明天回国,是不是？　　　我们十月一号开始放假,是不是？

练 习　Exercises

1. 用所给词语组成 "是" 字句。Form 是 sentences with the given words.

〔1〕 大夫　我　妈妈　也　　　　　〔5〕 公园　的　一座教堂　右边
〔2〕 这　些　小张　的　都　杂志　　〔6〕 学校　旁边　电影院　就
〔3〕 那　衣服　红　的　颜色　件　　〔7〕 一个操场　图书馆　后边　的
〔4〕 德国　人　不　我们　　　　　　〔8〕 商场　电影院　前面　不

2. 看图，模仿造句。 Make sentences according to the pictures after the example.

〔1〕

Eg. 小王是中国人，他是玛丽的老板。他不是新来的。

玛丽＿＿＿＿＿＿，＿＿＿＿＿＿；＿＿＿＿＿＿。

〔2〕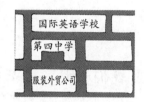

Eg. 第四中学的后面是国际英语学校，这所学校是美国人办的，它是一所很棒的学校。

第四中学的前边＿＿＿＿＿＿＿＿，＿＿＿＿＿＿＿＿，

＿＿＿＿＿＿。

〔3〕

Eg. 你一个人就住这么大的房子，是不是太浪费了？

这么小的一件衣服就要2380块，＿＿＿＿＿＿＿＿＿＿？

你最近上班的时候总是睡觉，＿＿＿＿＿＿＿＿＿＿？

马上就要放假了，你怎么不高兴？＿＿＿＿＿＿＿＿＿？

11

"有" 字句

"Yǒu" zì jù

由动词"有"和它的宾语一起作谓语的句子，叫"有"字句。这种句子表示领有或存在。

It is called 有 sentence that the predicate is made up of 有 and its object. It indicates possession or existence.

格式 A+（没）有+B。

一 表示领有 Indicating possession

玛丽有汉语书，麦克没有汉语书。
Mǎlì yǒu Hànyǔ shū, Màikè méiyǒu Hànyǔ shū.

她有两个女儿。
Tā yǒu liǎng ge nǚ'ér.

二 表示存在 Indicating existence

表示存在的"有"字句，句首可以是方位词或者表示处所的词语，"有"字后面是存在的人或者事物。In a 有 sentence indicating existence, words expressing direction or place are placed at the beginning and 有 is followed by the person or thing that exists.

桌子上有两本书，
Zhuōzi shang yǒu liǎng běn shū,
椅子上没有书。
yǐzi shang méiyǒu shū.

那辆车里有五个人，前面
Nà liàng chē lǐ yǒu wǔ ge rén, qiánmiàn
有三个，后面有两个。
yǒu sān ge, hòumiàn yǒu liǎng ge.

Attention

(1) "有"的否定形式是在"有"前面加副词"没"，而不能用"不"。因此，"有"的疑问形式是"有没有"，不可以说"有不有"。

The adverb 没 rather than 不 is added before 有 for negation. Therefore, the interrogative form of 有 is 有没有 instead of 有不有.

Eg. ✓我没有姐姐。   ✗我不有姐姐。

✓书包里没有词典。   ✗书包里不有词典。

✓你有没有手机？   ✗你有不有手机？

(2) "有""是"都可以表示存在，但"是"还有"确认具体是什么"的意思。

Both 有 and 是 can indicate existence, but 是 also implies the meaning of identifying the person or thing concretely.

Eg. ✓邮局前面有一座楼，是中国银行。   ✗邮局前面有一座楼，有中国银行。

✓他的右边是玛丽。   ✗他的右边有玛丽。

练习 Exercises

1. 用"有"或"是"填空。Fill in the blanks with 有 or 是.

〔1〕我们班____22个学生。其中一半____男生，一半____女生。

〔2〕我们学校____两个食堂，南门旁边的____第一食堂，西门旁边的____第二食堂。

〔3〕A：你看，这幅画____不____天安门？

B：没错，天安门上还____红色的灯笼呢。

〔4〕玛丽的男朋友____学汉语的，他____两个中国朋友。

〔5〕大卫送给玛丽的花____玫瑰花，花里还____一张卡片，写着"生日快乐"。

〔6〕我们学校里____一个小花园，那儿____同学们经常散步的地方。

2. 看图，用"有"字句完成段落或对话。 Complete the paragraphs or dialogue with 有 sentences according to the pictures.

〔1〕

麦克先生家_____口人，他_____儿子，还_____。他们家还_____狗，非常可爱。小狗_____，叫"小黑"。

〔2〕

A: _____?
B: 桌子上没有笔，有词典。
A: 桌子上有什么词典?
B: _____。（汉语）
A: 桌子上有几本词典?
B: _____。

〔3〕

这是我们宿舍同学的照片，我们宿舍一共_____，玛丽、安妮、罗兰和我。你看，我手里_____，罗兰手里_____，玛丽手里_____。那天是安妮的生日，所以我们每个人都给安妮准备了一件生日礼物。安妮手里_____，蛋糕好吃极了，不过，我们忘了买蜡烛，所以，蛋糕上_____。不过，安妮还是特别高兴，她说，虽然没有生日蜡烛，可是她_____，真是太幸福了。

12

"把" 字句

"Bǎ" zì jù

介词"把"和它的宾语一起作状语的句子叫做"把"字句。"把"字句一般表示对确定的人或物("把"后的名词)进行处置。"把"字句中动词后的成分可以是"了""着"、重叠的动词、动词的宾语或者补语等等。

It is called 把 sentence that the adverbial is made up of the preposition 把 and its object. Such a sentence usually indicates the treatment of a specific person or thing (the noun after 把). The component after the verb of 把 sentence can be 了, 着, the duplication of verb, the object or complement of the verb.

一 常用格式 Common patterns

1. 格式 主语+把+宾语+动词+在/到/给+地方

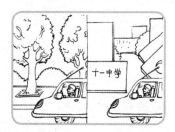

我把车停在学校门口了。
Wǒ bǎ chē tíng zài xuéxiào ménkǒu le.

玛丽把书放到桌子上了。
Mǎlì bǎ shū fàng dào zhuōzi shang le.

Attention

汉语中，如果要表达通过某种动作使某个事物发生了空间位置移动或者所属关系变化，而且有"在""到""给"等作补充成分，就必须使用"把"字句。

The 把 sentence has to be used in Chinese when one wants to express the change of spatial location or affiliation through an action and there is 在, 到 or 给 as the supplements.

Eg. ✓我把车停在学校门口了。 ✗我停车在学校门口了。
　　✓玛丽把书放到桌子上了。 ✗玛丽放书在桌子上了。
　　✓麦克把蛋糕送给了玛丽。 ✗麦克送蛋糕给玛丽了。

麦克把蛋糕送给了玛丽。
Màikè bǎ dàngāo sòng gěi le Mǎlì.

40

2. 格式 主语+把+宾语+动词+动词/形容词
主语+把+宾语+动词+趋向补语

"把"字句常常用来表示通过某个动作的处置对"把"后宾语产生了某种结果或影响（由句中主要动词后充当补语的动词或形容词来体现），也包括动作的趋向变化。The 把 sentence is usually used to express the result or effect of an action on the object following 把 (it is realized by the verb or adjective as complement after the main verb). The change of an action's tendency is also included.

我把房间打扫干净了。
Wǒ bǎ fángjiān dǎsǎo gānjìng le.

妈妈把照相机拿出来了。
Māma bǎ zhàoxiàngjī ná chūlái le.

我把作业写完了。可以看电视了吧？
Wǒ bǎ zuòyè xiě wán le. Kěyǐ kàn diànshì le ba?

二 使用条件 Using conditions

1. "把"的宾语通常是一个可以确认的事物，听话人清楚地知道说话人指的是什么。The object of 把 usually can be identified and the listener clearly knows the reference.

✓她把那本书丢了。   ✗她把一本书丢了。

Tā bǎ nà běn shū diū le.   Tā bǎ yì běn shū diū le.

2. "把"字句中的动词和动词后的其他成分必须能对"把"后宾语产生影响，所以有些不表示动作的动词不能进入"把"字句，如"有""在""是""来""去""显得""觉得"等。The verb and other components after the verb in a 把 sentence must produce impacts on the object following 把. Therefore, some verbs not indicating actions such as 有，在，是，来，去，显得，觉得 and so on cannot be used in 把 sentence.

✗ 我把汉语书有了。   ✗ 我把中国来了。
Wǒ bǎ Hànyǔ shū yǒu le.   Wǒ bǎ Zhōngguó lái le.

✗ 这件衣服把妈妈显得很年轻。
Zhè jiàn yīfu bǎ māma xiǎnde hěn niánqīng.

3. "把"字句的谓语部分不能是一个简单的动词，必须要有一些其他成分。 The predicate in a 把 sentence cannot be a simple verb and it has to carry other components.

✓ 请把电视打开。   ✗ 请把电视打。
Qǐng bǎ diànshì dǎ kāi.   Qǐng bǎ diànshì dǎ.

✓ 请你把书包里的东西取出来。
Qǐng nǐ bǎ shūbāo lǐ de dōngxī qǔ chūlái.

✗ 请你把书包里的东西取。
Qǐng nǐ bǎ shūbāo lǐ de dōngxī qǔ.

4. 否定副词"不""没/没有"和能愿动词等应该放在"把"字的前边。 Negative adverbs, 不, 没/没有 and optative verbs, etc. should precede 把.

✓ 你不把作业做完不能出去玩儿。
Nǐ bù bǎ zuòyè zuò wán bù néng chūqù wánr.

✗ 你把作业不做完不能出去玩儿。
Nǐ bǎ zuòyè bú zuò wán bù néng chūqù wánr.

✓ 我没把那本书拿走。
Wǒ méi bǎ nà běn shū ná zǒu.

✗ 我把那本书没拿走。
Wǒ bǎ nà běn shū méi ná zǒu.

✓ 报纸会把这个消息公布出去的。
Bàozhǐ huì bǎ zhège xiāoxi gōngbù chūqù de.

✗ 报纸把这个消息会公布出去的。
Bàozhǐ bǎ zhège xiāoxi huì gōngbù chūqù de.

练 习　Exercises

1. 完成句子。Complete the sentences.

〔1〕你把这几件衣服洗_____。　　〔4〕我把那盆花摆_____。

〔2〕麻烦你把这些垃圾扔_____。　　〔5〕他早就把这件事忘_____。

〔3〕请把这封信交_____。　　　　〔6〕请你帮我把这本书_____。

2. 看图，用"把"字句完成对话。Complete the dialogue with 把 sentences according to the pictures.

A：呀，照相机里的电池没电了。

B：_____。

A：屋子里太热了。

B：_____。

3. 看图，把下列段落中的句子补充完整。Complete the paragraph according to the pictures.

　　　今天是玛丽的生日，我们要在宿舍里为她举办生日晚会。我们先把房间_____，还把_____搬到了_____。安妮把桌子上的书本杂志都_____，罗兰把_____放在了桌子中间。等玛丽一推开门，我们都把_____拿出来，还把我们的祝福_____，希望她永远快乐。

13

意义上的被动句
Yìyì shang de bēidòng jù

汉语中，很多句子的主语可以由受事，也就是动作的接受者来充当，这样的句子用来强调受事怎么样，句中不用表示被动意义的"被""叫""让"等，我们把这样的句子叫做意义上的被动句。

In Chinese, action receivers can serve as subjects in many sentences and these sentences are used to emphasize the situation of the receivers. 被, 叫 or 让 indicating passivity does not appear in these sentences. Therefore, such sentences are called notional passive sentences.

格式 主语（受事）+动词+补充成分

A: 我们的照片洗好了吗?
   Wǒmen de zhàopiàn xǐ hǎo le ma?

B: 你们的照片洗好了。
   Nǐmen de zhàopiàn xǐ hǎo le.

A: 他的字写得怎么样?
   Tā de zì xiě de zěnmeyàng?

B: 他的字写得太漂亮了。
   Tā de zì xiě de tài piàoliang le.

Attention

意义上的被动句中动词后的补充成分常常是结果补语、趋向补语或者程度补语。

The supplements following the verb in a notional passive sentence usually include result, directional or degree complement.

练习 Exercises

1. 将下列句子或对话补充完整，构成一个意义上的被动句。Complete the following sentences or dialogues to form notional passive sentences.

〔1〕自行车修_____了。

〔2〕昨天的作业已经做_____了。

〔3〕你要的书买_____了。

〔4〕包裹已经取_____了。

〔5〕A：你汉语说得怎么样？

　　B：_____了。

〔6〕A：这篇文章写得怎么样？

　　B：_____了。

2. 看图，用意义上的被动句将段落补充完整。 Complete the following paragraph with the notional passive sentences according to the pictures.

　　今年暑假，公司组织我们去日本旅行了。公司的负责人提醒大家，一定要带好护照，买好地图。我们告诉他，护照_____了，地图也_____了。有一个同事会说日语，而且日语说_____。所以，这次旅行我们没有遇到语言上的困难，很完美。旅行中我们照了很多的照片，每一张照片都_____。我们还买了很多旅游纪念品带回中国，大家都开玩笑说，东西买_____，可是钱都花_____。

14

"被" 字句

"Bèi" zì jù

介词 "被" 和它的宾语一起作状语来表示被动意义的句子就叫 "被" 字句。"被" 的作用就是引出动作的发出者。口语中，还可以用介词 "叫" "让" 来代替 "被"，这些句子也属于 "被" 字句。

It is called 被 sentence that the adverbial is made up of the preposition 被 and its objects, which indicates passivity. The role of 被 is to introduce the doer of actions. In spoken Chinese, other prepositions, such as 叫 and 让 can substitute 被. All these sentences are 被 sentences.

一 常用格式 Common pattern

格式 主语＋被/叫/让＋宾语＋动词＋补充成分

我的钱包被小偷偷走了。
Wǒ de qiánbāo bèi xiǎotōu tōu zǒu le.

我的钱包叫小偷偷走了。
Wǒ de qiánbāo jiào xiǎotōu tōu zǒu le.

我的钱包让小偷偷走了。
Wǒ de qiánbāo ràng xiǎotōu tōu zǒu le.

小偷被警察抓住了。
Xiǎotōu bèi jǐngchá zhuā zhù le.

小偷叫警察抓住了。
Xiǎotōu jiào jǐngchá zhuā zhù le.

小偷让警察抓住了。
Xiǎotōu ràng jǐngchá zhuā zhù le.

二 使用条件 Using conditions

1. "被" 字句的主语通常是动作的接受者，"被" 的宾语通常是动作的发出者。如果没有必要指出动作的发出者时，"被" 字后面的宾语可以省略，但 "叫" "让" 后面必须有宾语，不能省略。
The subject of a 被 sentence is usually the receiver of an action and the object is the doer. If the doer is not necessary to identify, the object following 被 can be omitted. However, the object after 叫 or 让 cannot be omitted.

    ✓ 我的照相机被玛丽借走了。
        Wǒ de zhàoxiàngjī bèi Mǎlì jiè zǒu le.

    ✓ 我的照相机被借走了。
        Wǒ de zhàoxiàngjī bèi jiè zǒu le.

    ✓ 我的照相机叫玛丽借走了。
        Wǒ de zhàoxiàngjī jiào Mǎlì jiè zǒu le.

    ✗ 我的照相机叫借走了。
        Wǒ de zhàoxiàngjī jiào jiè zǒu le.

    ✓ 我的照相机让玛丽借走了。
        Wǒ de zhàoxiàngjī ràng Mǎlì jiè zǒu le.

    ✗ 我的照相机让借走了。
        Wǒ de zhàoxiàngjī ràng jiè zǒu le.

2. 否定副词 "不" "没/没有" 和能愿动词等应该放在 "被" 的前边，不能放在句中动词的前边。Negative adverbs, 不 and 没/没有, and optative verb should precede 被, but they cannot be placed before the verbs.

    ✓ 茶杯没有被他摔破。
        Chábēi méiyǒu bèi tā shuāi pò.

    ✗ 茶杯被他没有摔破。
        Chábēi bèi tā méiyǒu shuāi pò.

    ✓ 下个月他会被公司派到国外。
        Xià ge yuè tā huì bèi gōngsī pài dào guó wài.

    ✗ 下个月他被公司会派到国外。
        Xià ge yuè tā bèi gōngsī huì pài dào guó wài.

练习 Exercises

1. 用所给词语组成"被"字句。Form 被 sentences with the given words.

〔1〕眼镜 摔破 我 了
〔2〕借走 手机 的 他 小王
〔3〕窗户 小王 关上
〔4〕奶奶 到 医院 送
〔5〕雨伞 拿走 没 小王
〔6〕会 的 人 这个秘密 发现

2. 看图，用"被"字句完成句子或将原句中的"把"字句改成"被"字句。
Complete the sentences into 被 sentences or rewrite the original 把 sentences into 被 sentences according to the pictures.

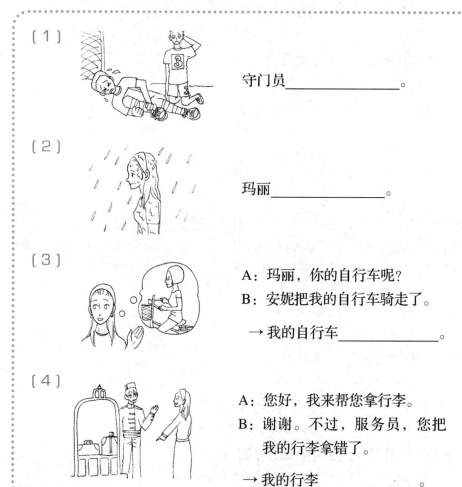

〔1〕守门员＿＿＿＿＿＿＿。

〔2〕玛丽＿＿＿＿＿＿＿。

〔3〕A：玛丽，你的自行车呢？
B：安妮把我的自行车骑走了。

→ 我的自行车＿＿＿＿＿＿。

〔4〕A：您好，我来帮您拿行李。
B：谢谢。不过，服务员，您把
我的行李拿错了。

→ 我的行李＿＿＿＿＿＿。

15

连 动 句

Lián dòng jù

谓语由同一个主语发出的两个或者两个以上的动词或动词词组构成，中间没有停顿或关联词语，这样的句子叫做连动句。

It is called serial-verb sentence whose predicate is made up of no less than two verbs or verb phrases initiated by the same subject without any pauses or coordinators.

格式 主语+动词₁/动词短语₁+动词₂/动词短语₂

一 表示后一动作是前一动作行为目的 Indicating the latter action is the aim of the former one

总经理明天来北京开会。
Zǒng jīnglǐ míngtiān lái Běijīng kāi huì.

我去邮局寄信。
Wǒ qù yóujú jì xìn.

二 表示前一动作是后一动作行为方式或工具 Indicating that the former action is the manner or instrument of the latter one

总经理坐飞机来北京。
Zǒng jīnglǐ zuò fēijī lái Běijīng.

中国人用筷子吃饭。
Zhōngguórén yòng kuàizi chī fàn.

Attention

连动句的第一个动词后一般不用"了"，只有表示第一个动作完成后接着发生第二个动作，而且第一个动词不是"来"或"去"时，连动句的第一个动词后才可以用"了"。

了 *is not used after the first verb in a serial-verb sentence except when the first action is immediately followed by the second one and the first verb is not* 来 *or* 去.

Eg. ✓我们坐公共汽车来到了市中心。 ✗我们坐了公共汽车来到市中心。
　　✓我们去上海考察了。 ✗我们去了上海考察。
　　✓我们吃了饭就回家了。

练习 Exercises

1. 将下列句子改写为连动句。Rewrite the sentences into serial-verb sentences.

〔1〕这位作家用了两年的时间。他写了一篇小说。

〔2〕他去国家图书馆了。他借了几本书。

〔3〕他晚上来我家。他要参加我的生日晚会。

〔4〕他每天都坐地铁。他天天上班。

〔5〕他去了银行。他换钱了。

〔6〕我常常去图书馆。我去图书馆学习。

2. 用连动句描述图中内容。 Describe the pictures with serial-verb sentences.

〔1〕

玛丽喜欢用＿＿＿＿＿＿＿。

〔2〕

电影院

她要＿＿＿＿＿＿＿。

〔3〕

上海

我最好的朋友要＿＿＿＿＿。

〔4〕

他打算＿＿＿＿＿＿。

16

兼语句

Jiān yǔ jù

兼语句的谓语是由两个动词短语组成，前一个动词的宾语是第二个动词的主语，前一个动词常常是"请""叫""让"等词语。

The predicate of a pivotal sentence is made up of two verb phrases. The object of the first verb is the subject of the second verb. The first verb usually is 请, 叫 or 让, etc.

格式 主语+请/让/叫+某人+动词短语

我想请你们喝茶。

Wǒ xiǎng qǐng nǐmen hē chá.

老师叫马克回答问题。

Lǎoshī jiào Kǎkè huídá wèntí.

妈妈不让我抽烟。

Māma bú ràng wǒ chōu yān.

Attention

兼语句的第一个动词后面一般不带助词"了""着""过"，尤其第一个动词是"让"和"叫"的时候。

The first verb in a pivotal sentence is not followed by 了, 着 or 过, especially when it is 让 or 叫.

Eg. ✗ 老师叫了大家回答问题。
　　 ✗ 老师让了我们预习生词。
　　 ✓ 我请了两个人来帮忙。

公司派他去日本。

Gōngsī pài tā qù Rìběn.

练 习 Exercises

1. 用兼语句完成对话。Complete the dialogues with pivotal sentences.

〔1〕 A：你请老师教什么？

B：＿＿＿＿＿＿＿＿＿＿。

〔2〕 A：校长派他教什么？

B：＿＿＿＿＿＿＿＿＿＿。

〔3〕 A：爸爸让你教什么？

B：＿＿＿＿＿＿＿＿＿＿。

〔4〕 A：玛丽叫你干什么？

B：＿＿＿＿＿＿＿＿＿＿。

〔5〕 A：上课的时候，老师不让你做什么？

B：＿＿＿＿＿＿＿＿＿＿。

〔6〕 A：平常上课的时候，爸爸不让你干什么？

B：＿＿＿＿＿＿＿＿＿＿。

2. 用兼语句描述图中内容。Describe the pictures with pivotal sentences.

〔1〕

玛丽，我想请＿＿＿＿＿＿。

〔2〕

12点了，妈妈不让＿＿＿＿＿＿。

17

双宾语句

Shuāng bīnyǔ jù

汉语中有些动词可以带两个宾语，前一个是间接宾语，一般指人；后一个是直接宾语。一个句子中动词同时带这两个宾语的叫做双宾语句。

In Chinese, some verbs can be followed by two objects. The first object is the indirect object, usually indicating people; the second object is the direct object. The sentence where the verb is followed by the two objects is a double-object sentence.

格式 主语+动词+间接宾语+直接宾语

李老师教我们汉语。
Lǐ lǎoshī jiāo wǒmen Hànyǔ.

找你两块钱。
Zhǎo nǐ liǎng kuài qián.

Attention

(1) 汉语中可以带双宾语的动词不太多，主要有"教""给""送""借""还""找""问""告诉""通知"等等。多数动词都不能带双宾语。

The verbs that collocate with double objects are not many and mainly include 教、给、送、借、还、找、问、告诉、通知, etc. Most verbs cannot be followed by double objects.

(2) "借""找"这些动词后面必须有直接宾语，间接宾语可以不说，但不能只出现间接宾语。

借 and 找 have to be followed by a direct object and an indirect object can be omitted. However, the indirect object cannot appear alone.

Eg. ✓他借了很多书。 ✗他借了我。
✓找两块钱。 ✗找你。
"找你"中的"找"如果表示寻找的意思，是可以说的。
找 in 找你 is acceptable when it denotes looking for someone.

(3) "告诉"这个动词可以只出现间接宾语，不能只出现直接宾语。

告诉 can only be followed by an indirect object while it cannot just be followed by a direct object.

Eg. ✓这件事我告诉他。 ✓我告诉他这件事。 ✗我告诉这件事。

练 习 Exercises

1. 把句子补充为双宾语句。Complete the sentences into double-object sentences.

〔1〕老师，我想问＿＿＿＿＿＿＿＿。

〔2〕生日那天，朋友们送＿＿＿＿＿＿＿＿＿。

〔3〕玛丽昨天给＿＿＿＿＿＿＿＿＿。

〔4〕现在我要通知＿＿＿＿＿＿＿＿。

〔5〕我今天来是要还＿＿＿＿＿＿＿＿。

〔6〕林老师教＿＿＿＿＿＿＿。

2. 看图，用双宾语句把段落补充完整。Complete the paragraph with double-object sentences according to the pictures.

　　昨天，玛丽告诉我＿＿＿＿＿＿，明天是安妮的生日。我想送＿＿＿＿＿，她特别喜欢集邮。我下午就去邮局了，看到一套邮票特别漂亮，就问＿＿＿＿＿。售货员说46块钱，我给＿＿＿＿＿，她找＿＿＿＿＿。我想安妮一定会很喜欢这套邮票的。

18

存 现 句

Cún xiān jù

> 存现句是表示人或事物存在、出现或消失的句子。汉语中应该用存现句的时候，不能用其它句子形式代替。
>
> The sentence indicating existence or emergence is a sentence which indicates the existence, appearance or disappearance of a person or thing. Where required, the sentence indicating existence or emergence cannot be substituted with the sentence of other form in Chinese.

格式 方位词组+动词+着/了/补充成分+名词/名词短语

桌子上放着一本书。
Zhuōzi shang fàng zhe yì běn shū.

前面开过来一辆车。
Qiánmiàn kāi guò lái yí liàng chē.

Attention

(1) 存现句常常是用来描述客观事物的，句子中的名词或名词短语一般是未知的不确指的成分。

The sentence indicating existence or emergence is often used to describe a thing objectively. The noun or noun phrase in the sentence indicating existence or emergence is an indefinite and unknown component.

Eg. ✓楼上下来了一个人。

✗楼上下来了王经理。

(2) 存现句可以表示存在、出现和消失，"邻居家死了一只狗"这样表示消失的句子也属于存现句。

The sentence indicating existence or emergence can indicate existence, appearance or disappearance. A sentence indicting disappearance, such as 邻居家死了一只狗 is also a sentence indicating existence or emergence.

练 习 Exercises

1. 将下列存现句补充完整。Complete the following sentences indicating existence or emergence.

    〔1〕树上_____。

    〔2〕他家院子里_____。

    〔3〕_____几辆车。

    〔4〕_____很多照片。

    〔5〕_____飞过来_____。

    〔6〕_____来了_____。

2. 看图，用存现句描述一下图中的房间。Describe the room with sentences indicating existence or emergence according to the picture.

　　　　　这是一间新房，布置得很漂亮。房间的门上_____，屋子中间有一张床，床右边_____。书桌上_____。书桌靠着窗台，窗台上_____。房间的墙上还_____。

19
比较句（1）：A跟B一样
Bǐjiào jù (yī): A gēn B yíyàng

"A跟B一样/不一样"表示A和B在某方面具有相同点或不同点。

A跟B一样/不一样 indicates that A and B are similar or different in some ways.

一 常用格式 Common patterns

格式 肯定形式：**A+跟+B+一样**（+形容词/动词短语）
否定形式：**A+跟+B+不一样**（+形容词/动词短语）
疑问形式：**A+跟+B+一样**（+形容词/动词短语）**+吗？**

A: 这本书跟那本（书）一样吗？
　　Zhè běn shū gēn nà běn (shū) yíyàng ma?

B: 这本书跟那本（书）一样。
　　Zhè běn shū gēn nà běn (shū) yíyàng.

　　这本书跟那本（书）不一样。
　　Zhè běn shū gēn nà běn (shū) bù yíyàng.

A: 尼克跟大卫一样高吗？
　　Níkè gēn Dàwèi yíyàng gāo ma?

B: 尼克跟大卫一样高。
　　Níkè gēn Dàwèi yíyàng gāo.

　　尼克跟大卫不一样高。
　　Níkè gēn Dàwèi bù yíyàng gāo.

Attention

汉语中不存在"A跟B不一样+动词"的格式。

In Chinese, "A 跟 B 不一样 + verb" does not exist.

Eg. ✗ 玛丽跟安妮不一样喜欢买东西。

玛丽跟安妮一样喜欢买东西。
Mǎlì gēn Ānnī yíyàng xǐhuan mǎi dōngxi.

二 其他格式 Other patterns

格式 〔1〕跟……一样（+形容词/动词短语）的+名词
〔2〕动词+得+跟……一样（+形容词/动词短语）

〔1〕安妮有一顶跟玛丽一样
Ānnī yǒu yì dǐng gēn Mǎlì yíyàng
（漂亮）的帽子。
(piàoliang) de màozi.

〔2〕儿子长得跟他父亲一样（胖）。
Érzi zhǎng de gēn tā fùqin yíyàng (pàng).

Attention

(1) 介词"跟"前后如果是名词短语，如"这条河"，而中心语名词相同时，常省去"跟"后边的中心语。

If 跟, a preposition, is preceded and followed by a noun phrase, such as 这条河, and the two headwords are the same, the headword after 跟 is usually omitted.

Eg. 这条河跟那条（河）一样宽。

(2) 如果定语表示领属关系，如"我的书包"，省略中心语时要用上结构助词"的"[1]。

If the attributive indicates possession, such as 我的书包, 的, the structural particle, 的 should be used when the headword is omitted.

Eg. 我的书包跟你的（书包）一样。

(3) 否定式"A跟B不一样"中还可以在"不"的前或后用表示程度的副词"很""太"或"都"等作状语，变成"不太一样""很不一样""都不一样"。

In the negative form of A跟B不一样, degree adverbs can be added as adverbials before or after 不, such as 很, 太 or 都, resulting in 不太一样, 很不一样 or 都不一样.

Eg. 这个句子的意思跟那个句子的意思不太一样。

(4) 能愿动词"能""会"等，一般要放在"A跟B一样"的后边。

Optative verbs, such as 能, 会, etc. are usually placed after A跟B一样.

Eg. 她跟她的姐姐一样能写会画。

注1: 参见200页"55 结构助词'的'"。

练习　Exercises

1. 用"A跟B一样/不一样"改写句子。Rewrite the sentences with A跟B 一样/不一样.

〔1〕我买的书是中文书，他买的书是法文书。

〔2〕这条路长30公里，那条路也长30公里。

〔3〕玛丽学西班牙语，大卫学汉语。

〔4〕哥哥喜欢听音乐，妹妹也喜欢听音乐。

〔5〕他想学习化学，我想学习物理。

〔6〕小王在上海学习，小李也在上海学习。

〔7〕他是大夫，你是老师。

〔8〕这条裤子很贵，那件上衣也很贵。

〔9〕爸爸的性格很开朗，妈妈不开朗。

2. 看图，用"A跟B一样/不一样"完成句子。Complete the sentences with A跟B一样/不一样 according to the pictures.

〔1〕

大卫想去的地方_____。（玛丽）
但是尼克想去的地方_____。

〔2〕

玛丽的书_____，（大卫）
但是安妮买了一本_____的书。

〔3〕

大卫跟玛丽_____。
但是尼克_____。

20

比较句（2）："比"字句

Bǐjiào jū (èr): "Bǐ" zì jū

用"比"表示比较的句子叫"比字句"。
It is called 比 sentence that 比 is used to indicate comparison.

一 常用格式 Common patterns

1. 格式 A+比+B+形容词/动词短语

哥哥比弟弟高。
Gēge bǐ dìdi gāo.

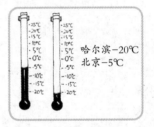

哈尔滨的冬天比北京的冬天冷。
Hā'ěrbīn de dōngtiān bǐ Běijīng de dōngtiān lěng.

李老师比张老师有经验。
Lǐ lǎoshī bǐ zhāng lǎoshī yǒu jīngyàn.

大卫比尼克爱运动。
Dàwèi bǐ Níkè ài yùndòng.

2. **格式** A比B……（数量/一点儿/一些/得多/多了）

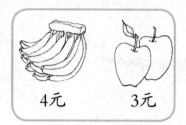

4元　3元

A: 香蕉比苹果贵多少?
　　Xiāngjiāo bǐ píngguǒ guì duōshao?
B: 香蕉比苹果贵1元。
　　Xiāngjiāo bǐ píngguǒ guì yì yuán.

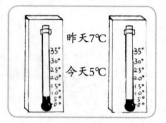

昨天7℃
今天5℃

A: 今天比昨天冷吗?
　　Jīntiān bǐ zuótiān lěng ma?
B: 今天比昨天冷一点儿/一些。
　　Jīntiān bǐ zuótiān lěng yìdiǎnr / yìxiē.

Attention

(1) 如果要表达事物之间的差别时，用具体数量表示具体差别；"一点儿""一些"表示差别不大；"多""得多"等表示差别大。
If the difference between things is expressed, a concrete numeral indicates the specific difference; both 一点儿 and 一些 indicate a slight difference; both 多 and 得多 indicate a considerable difference.

(2) 如要比较同一事物在不同时间的变化，可以在"比"后边直接用时间词语。
If the difference of the same thing in different time is expressed, the time word is immediately used after 比.
Eg. 这里比三年前漂亮（多了）。

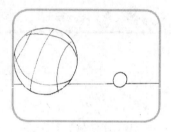

A: 篮球比乒乓球大吗?
　　Lánqiú bǐ pīngpāngqiú dà ma?
B: 篮球比乒乓球大得多/大多了。
　　Lánqiú bǐ pīngpāngqiú dà de duō / dà duō le.

3. **格式** A+比+B+动词+得+程度补语
　　　　　A+动词+得+比+B+程度补语

玛丽比大卫来得早。
Mǎlì bǐ Dàwèi lái de zǎo.
玛丽来得比大卫早。
Mǎlì lái de bǐ Dàwèi zǎo.

大卫　尼克

大卫比尼克写得好。
Dàwèi bǐ Níkè xiě de hǎo.
大卫写得比尼克好。
Dàwèi xiě de bǐ Níkè hǎo.

二 其他格式 Other patterns

1. 格式 A+比+B+早/晚/多/少+动词短语

大卫比尼克早到教室。
Dàwèi bǐ Níkè zǎo dào jiàoshì.

大卫比玛丽多拿一个书包。
Dàwèi bǐ Mǎlì duō ná yí ge shūbāo.

2. 格式 一+量词+比+一+量词+形容词

这个结构表示程度越来越加深。This structure indicates the increasing degree.

弟弟一年比一年高。
Dìdi yì nián bǐ yì nián gāo.

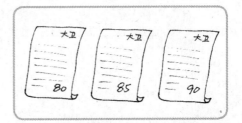

大卫的成绩一次比一次好。
Dàwèi de chéngjì yí cì bǐ yí cì hǎo.

Attention
这个格式不能放在主语前。
This pattern can't be used before the subject.
Eg. ✗ 一天比一天天气冷了。
✗ 一次比一次他的成绩好。

练 习 Exercises

1. 用"比"改写句子。Rewrite the sentences with 比.

〔1〕玛丽唱得很好，我唱得不太好。

〔2〕这条路长20公里，那条路长50公里。

〔3〕他西班牙语说得很好，你西班牙语说得更好。

〔4〕爸爸70岁，妈妈68岁。

〔5〕我会说一点儿汉语，他汉语说得不错。

〔6〕这条裤子很贵，那件上衣更贵。

〔7〕他有5本书，我有3本书。

〔8〕丽丽学习很努力，佳佳不太努力。

2. 用"比"字句描述图中的景物。Describe the sceneries with 比 according to the pictures.

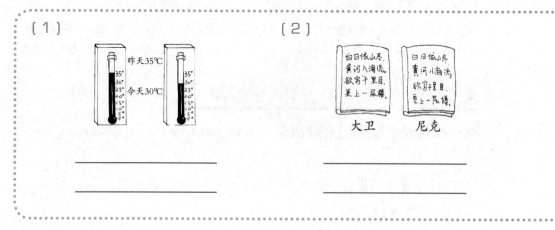

〔1〕

〔2〕

_____

_____

_____

_____

21

比较句（3）：A不如B

Bǐjiào   jù   (sān):   A   bùrú   B

用"不如"表示某人或某事物比不上另一个人或
另一个事物；前者"不如"后者，就是前者"没
有"后者"好"的意思。

不如 indicates that one person or thing is inferior to another. Former one
不如 latter one means the former is not so good as the latter.

一 常用格式 Common patterns

1. 格式 A+不如+B

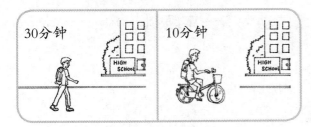

走路不如骑车。
Zǒu lù bùrú qí chē.
（走路不如骑车快。）
（Zǒu lù bùrú qí chē kuài.）

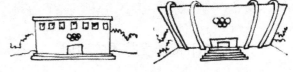

这个体育馆不如那个体育馆。
Zhège tǐyùguǎn bùrú nàge tǐyùguǎn.
（这个体育馆不如那个体育馆好。）
（Zhège tǐyùguǎn bùrú nàge tǐyùguǎn hǎo.）

2. 格式 A+不如+B(这么/那么)+形容词/动词

女孩不如男孩那么高。
Nǚhái bùrú nánhái nàme gāo.

大卫不如玛丽考得这么好。
Dàwèi bùrú Mǎlì kǎo de zhème hǎo.

二 需要注意的几个问题 Some points require attention

1. "不如"后边的比较结果多为表示积极意义的形容词，如高、大、长、多、好、深、快、亮、便宜等，除非在特定场合。Unless in special situations, the comparison results after 不如 are mostly adjectives of positive meanings, such as 高, 大, 长, 多, 好, 深, 快, 亮, 便宜, etc.

〔1〕 我跑得不如他快。（Here cannot use 慢）
Wǒ pǎo de bùrú tā kuài.

〔2〕 他长得不如他哥哥高。（Here cannot use 矮）
Tā zhǎng de bùrú tā gēge gāo.

〔3〕 这个房间不如那个房间亮。（Here cannot use 暗 unless a dark room is needed）
Zhège fángjiān bùrú nàge fángjiān liàng.

〔4〕 我汉语说得不如他（好）。（Here cannot use 差）
Wǒ Hànyǔ shuō de bùrú tā (hǎo).

2. 可以加在"不如"后充当谓语的动词有一定限制。Only some limited verbs can be used as predicates after 不如.

〔1〕 带程度补语的动词。Verbs with degree complements.

张老师不如李老师讲得清楚。
Zhāng Lǎoshī bùrú Lǐ Lǎoshī jiǎng de qīngchu.

他英语不如你说得流利。
Tā Yīngyǔ bùrú nǐ shuō de liúlì.

这张照片不如那张照得好。
Zhè zhāng zhàopiàn bùrú nà zhāng zhào de hǎo.

〔2〕 前边有能愿动词的动词。Verbs with optative verb before it.

她不如姐姐能吃苦。
Tā bùrú jiějie néng chī kǔ.

我不如她会唱歌。
Wǒ bùrú tā huì chàng gē.

3. 只有否定形式"不如……"，没有肯定形式"如……"。There is only the negative form of 不如…… while there is no affirmative form of 如…….

"不如"其实是"比"的否定形式。Actually 不如 is the negative form of 比.

格式 A 比 B 高	玛丽比安妮高。 Mǎlì bǐ Ānnī gāo.
格式 B 不如 A 高	安妮不如玛丽高。 Ānnī bùrú Mǎlì gāo.

4. 表示比较的"不如"和"没有"。不如 and 没有 indicate comparison.

〔1〕 "不如"作状语时，跟"没有"的意思和用法基本一样，很多时候两个可以互换。When 不如 acts as an adverbial, it is similar to 没有 in meaning and usage. Those two words are interchangeable mostly.

〔2〕 "不如"可以作谓语，表示"A没有B好"的意思；"没有"不能这样用。不如 can act as a predicate, indicating A 没有 B 好 (A is not so good as B), while 没有 cannot be used like that.

✓ 我不如他。 ✓ 我不如他好。 ✗ 我没有他。
Wǒ bùrú tā. Wǒ bùrú tā hǎo. Wǒ méi yǒu tā.

练习 Exercises

1. 用"不如"改写句子。Rewrite the sentences with 不如.

〔1〕 啤酒5块钱一瓶，红葡萄酒50块钱一瓶。

〔2〕 她画得好，我画得不好。

〔3〕 这本小说很有意思，那本小说没有意思。

〔4〕 这座楼比那座楼高。

〔5〕 妈妈51岁，老师45岁。

〔6〕 姐姐学习很好，妹妹学习更好。

〔7〕 骑车很累，坐车很舒服。

〔8〕 这本书很厚，那本书很薄。

〔9〕 这条裙子很漂亮，那条裙子一般。

〔10〕 我每天工作5个小时，她每天工作8个小时。

2. 用"不如"描述图中的事物。Use 不如 to describe the pictures.

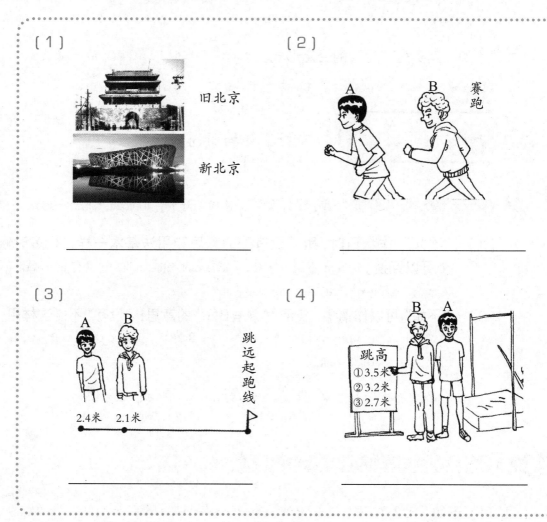

〔1〕

旧北京

新北京

〔2〕

A B 赛跑

_____

〔3〕

A B

2.4米 2.1米

跳远起跑线

〔4〕

B A

跳高
①3.5米
②3.2米
③2.7米

_____

22

比较句（4）："有"表示比较

Bǐjiào   jù   (sì):   "Yǒu"   biǎoshì   bǐjiào

"有/没有"可以用在比较句中表示两个人或事物在某方面有相似或有差异，其中否定式更为常用。

有/没有 can indicate the similarity or difference between two persons or things in a comparison sentence. The negative form is more often used.

一 常用格式 Common patterns

格式 肯定形式：A+有+B（这么/那么）+形容词/动词短语
否定形式：A+没有+B（这么/那么）+形容词/动词短语
疑问形式：A+有+B+（这么/那么）+形容词/动词短语+吗？

A: 姐姐很高，妹妹有姐姐那么高吗？
   Jiějie hěn gāo, mèimei yǒu jiějie nàme gāo ma?

B: 妹妹有姐姐那么高。
   Mèimei yǒu jiějie nàme gāo.

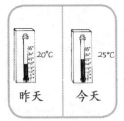

A: 昨天20℃，很凉快，今天有昨天凉快吗？
   Zuótiān èrshí shèshìdù, hěn liángkuai, jīntiān yǒu zuótiān liángkuai ma?

B: 今天没有昨天那么凉快。
   Jīntiān méiyǒu zuótiān nàme liángkuai.

A: 大卫有玛丽那么爱唱歌吗？
   Dàwèi yǒu Mǎlì nàme ài chàng gē ma?

B: 不，大卫没有玛丽那么爱唱歌。
   Bù, Dàwèi méiyǒu Mǎlì nàme ài chàng gē.

二 其他格式 Other patterns

格式 A+有+B+动词+得+这么/那么+形容词
      A+动词+得+有+B+这么/那么+形容词

7:30

玛丽有大卫来得那么早。
Mǎlì yǒu Dàwèi lái de nàme zǎo.

玛丽来得有大卫那么早。
Mǎlì lái de yǒu Dàwèi nàme zǎo.

8:00

尼克没有他们来得那么早。
Níkè méiyǒu tāmen lái de nàme zǎo.

尼克来得没有他们那么早。
Níkè lái de méiyǒu tāmen nàme zǎo.

Attention

(1) "有"有"达到"的意思，后面的谓语表明达到的程度，谓语后不能再带有具体数量。
When 有 means 达到 (reach), the predicate after it indicates the reaching degree and the predicate cannot be followed by a specific quantity.

Eg. ✓你有我这么高。　✗你有我这么高一米八。

(2) "有"后边的比较结果多为表示积极意义的形容词，如：高、大、长、厚、多、好、深、远、快等。
The comparison results after 有 are mostly adjectives of positive meanings, such as 高, 大, 长, 厚, 多, 好, 深, 远, 快, etc.

Eg. 这个湖有那个湖那么深。
这只鸟有那只鸟唱得那么好听。

练 习 Exercises

1. 用"有"或"没有"改写句子。Rewrite the sentences with 有 or 没有.

〔1〕我的桌子和他的桌子一样，也那么大。

〔2〕今年夏天跟去年夏天一样热。

〔3〕这本小说很有意思，那本小说一样有意思。

〔4〕你写字写得很整齐，他写字写得不整齐。

〔5〕广东人不太喜欢吃辣的，四川人特别喜欢吃辣的。

〔6〕哥哥开车开得快，弟弟开得慢。

〔7〕这本书比那本书厚得多。

〔8〕这间屋子不比那间屋子亮。

〔9〕我每天工作8小时，她每天工作6小时。

2. 用 "有" 或 "没有" 描述图中的景物。Describe the pictures with 有 or 没有.

〔1〕

〔2〕

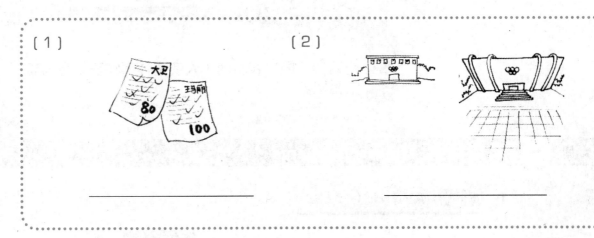

23
比较句（5）："像" 表示比较
Bǐjiào jù (wǔ): "Xiàng" biǎoshì bǐjiào

用动词 "像" 表示两个人或两种事物在某方面非常相似。

The verb, 像 is used to express the similarity between two persons or things in some aspects.

一 常用格式 Common patterns

1. 格式 A+像+B（一样）

A: 女儿像谁？
　　Nǚ'ér xiàng shuí?
B: 女儿像妈妈，不像爸爸。
　　Nǚ'ér xiàng māma, bú xiàng bàba.

火箭　　　火箭玩具

这个玩具像真火箭一样。
Zhège wánjù xiàng zhēn huǒjiàn yíyàng.

2. 格式 A+像+B+这么/那么+形容词/动词短语

儿子不像爸爸这么高。
Érzi bú xiàng bàba zhème gāo.

小孙子像爷爷那么喜欢下棋。
Xiǎo sūnzi xiàng yéye nàme xǐhuan xià qí.

72

Attention

(1) 如果句子后面有"一样""这么""那么"时，"像"前面不能加"很""非常""十分"等程度副词。

If there is 一样, 这么 or 那么 in the latter part of a sentence, 像 cannot be preceded by degree adverbs, such as 很, 非常 or 十分.

Eg. ✗ 大卫的书很像我的书一样。　　✗ 儿子非常像爸爸那么高。

(2) "像"前后是名词短语，而且中心语名词相同时，常省去"像"后边的中心语。

If 像 is preceded and followed by a noun phrase and the two headwords are the same, the one after 像 is usually omitted.

Eg. 这条河像那条（河）那么宽。

(3) 如果定语表示领属关系，省略中心语后，一定要用结构助词"的"。

If the attributive indicates possession, the structural particle, 的 should be used when the headword is omitted.

Eg. 我的书包像你的（书包）那么大。

二 "像"和"有"与"像……（一样）"和"跟……一样"

1. "像"和"有"

"A像B那么C"表示A跟B在C方面很相似。 A 像 B 那么 C indicates that A and B are similar in terms of C.

"A有B那么C"表示A在C方面达到了B的程度。 A 像 B 那么 C indicates that A reaches the degree of B in terms of C.

他像他哥哥那么热情。 (It means he is as warm-hearted as his brother.)
Tā xiàng tā gēge nàme rèqíng.

他有他哥哥那么热情。 (It means he reaches his brother's degree of warm-
Tā yǒu tā gēge nàme rèqíng.　　hearted.)

2. "像……（一样）"和"跟……一样"

"像……（一样）"表示前后两个事物非常相似；而"跟……一样"表示前后两个事物不只是相似，而是一样。 像……（一样）indicates that two things are very similar; 跟……一样 indicates that two things are the same rather than similar.

练习 Exercises

1. 用"像"或"不像"改写句子。Rewrite the sentences with 像 or 不像.

〔1〕这本书有500页，那本书也有500页。

〔2〕这条裤子不贵，那条裤子也不贵。

〔3〕玛丽喜欢学汉语，大卫也喜欢学汉语。

〔4〕这两顶帽子都又便宜又好看。

〔5〕妈妈起得早，爸爸起得晚。

〔6〕哥哥的房间大，弟弟的房间小。

〔7〕哥哥喜欢打篮球，弟弟喜欢踢足球。

〔8〕这件行李重20公斤，那件行李重30公斤。

2. 用"像"或"不像"比较每组图中的事物。Compare each group of pictures with 像 or 不像.

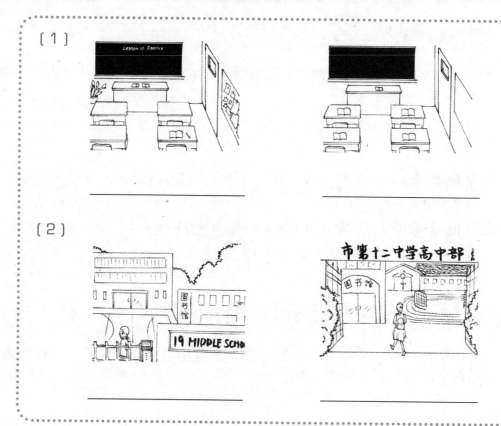

〔1〕

〔2〕

24
比较句（6）："最" 表示比较

Bǐjiào jù (liù): "Zuì" biǎoshì bǐjiào

副词 "最" 表示比较，用于三个以上同类人或事物，指极端的，胜过其他的。

As an adverb, 最 indicates the extreme and superiority in comparison of three or more people or things of the same kind.

一 常用格式 Common patterns

1. 格式 最+形容词

这些人中最高的是姚明，
Zhèxiē rén zhōng zuì gāo de shì Yáo Míng,
最矮的是小李。
zuì ǎi de shì xiǎo Lǐ.

玛丽是全班学习最好的。
Mǎlì shì quán bān xuéxí zuì hǎo de.

北京最好的季节是秋季。
Běijīng zuì hǎo de jìjié shì qiūjì.

这些动画片中《猫和老鼠》最有意思。
Zhèxiē dònghuàpiàn zhōng "Māo hé Lǎoshǔ" zuì yǒu yìsi.

2. 格式 最+动词

动词限于表示情绪、评价、印象、态度等内心抽象活动的。The verbs are restricted to those expressing feelings, evaluation, impressions, attitudes and other mental activities.

[1] 我最喜欢的就是和孩子们在一起。
Wǒ zuì xǐhuan de jiùshì hé háizi men zài yìqǐ.

〔2〕最了解儿子的是爸爸。

Zuì liǎojiě érzi de shì bàba.

〔3〕北京四季中我最不喜欢的就是春天，总是刮风。

Běijīng sìjì zhōng wǒ zuì bù xǐhuan de jiùshì chūntiān, zǒng shì guā fēng.

〔4〕外国人最爱吃的菜是北京烤鸭。

Wàiguó rén zuì ài chī de cài shì Běijīng kǎoyā.

〔5〕她是个热心人，最爱帮助别人。

Tā shì ge rèxīn rén, zuì ài bāngzhù biérén.

3. **格式** 最+方位词（或个别处所名词）

〔1〕最里面的是我的桌子。

Zuì lǐmiàn de shì wǒ de zhuōzi.

〔2〕我把书放在书架的最上边了。

Wǒ bǎ shū fàng zài shūjià de zuì shàngbiān le.

〔3〕他是领导，各方面都应该走在最前列。

Tā shì lǐngdǎo, gè fāngmiàn dōu yīnggāi zǒu zài zuì qiánliè.

〔4〕最东边的就是图书馆。

Zuì dōng biān de jiù shì túshūguǎn.

〔5〕照片中，站在最中间的就是我爷爷。（最中间 means the middle one）

Zhàopiàn zhōng, zhàn zài zuì zhōngjiān de jiù shì wǒ yéye.

二 其他 Others

1. "最"还可修饰带时间、数量的动词短语，表示最大限度。最 can also be used to modify verb phrases carrying words of time or quantity to indicate the maximum.

〔1〕别着急，最多一个星期就能完成。

Bié zháo jí, zuì duō yí ge xīngqī jiù néng wánchéng.

〔2〕花不了多少钱，最贵也要不了十块钱。

Huā bù liǎo duōshao qián, zuì guì yě yào bù liǎo shí kuài qián.

〔3〕纽约的东西很贵，这本书最便宜也得三十美元。

Niǔyuē de dōngxi hěn guì, zhè běn shū zuì piányi yě děi sānshí Měiyuán.

〔4〕他每天上班很远，最快也要一个半小时。

Tā měi tiān shàng bān hěn yuǎn, zuì kuài yě yào yí ge bàn xiǎoshí.

2. "最好"表示最理想的选择，最大的希望。 最好 expresses the ideal choice or the biggest hope.

[1] 这件事你最好亲自去一趟。
Zhè jiàn shì nǐ zuìhǎo qīnzì qù yí tàng.

[2] 到北京游览最好选在秋季，不冷也不热，景色也美。
Dào Běijīng yóulǎn zuìhǎo xuǎn zài qiūjì, bù lěng yě bú rè, jǐngsè yě měi.

[3] 大学生在假期最好能参加一些实践活动，增加实践经验。
Dàxuéshēng zài jiàqī zuìhǎo néng cānjiā yìxiē shíjiàn huódòng, zēngjiā shíjiàn jīngyàn.

练 习 Exercises

1. 用"最"和所给提示词完成句子。 Complete the sentences with 最 and the words given in the brackets.

[1] 学习汉语，＿＿＿＿＿＿＿＿＿＿＿＿。（关键）

[2] 我们班＿＿＿＿＿＿＿＿＿＿＿＿。（高）

[3] 中国＿＿＿＿＿＿＿＿＿＿＿。（大）

[4] 珠穆朗玛峰是＿＿＿＿＿＿＿＿＿＿＿。（高）

[5] 这些问题中，＿＿＿＿＿＿＿＿＿＿＿。（简单）

[6] 这个商店＿＿＿＿＿＿＿＿＿＿＿。（贵）

[7] 在所有运动中，＿＿＿＿＿＿＿＿＿＿＿。（喜欢）

[8] 孩子中，＿＿＿＿＿＿＿＿＿＿＿。（不放心）

[9] 早点回来，＿＿＿＿＿＿＿＿＿＿＿。（晚）

[10] 我告诉你在哪儿吧，＿＿＿＿＿＿＿＿＿＿＿。（上边）

2. 用"最"描述图中的事物。 Describe the pictures with 最.

[1]

东北 −32℃
8848米
海南35℃
人口总数13亿

[2]

_____ _____

25

比较句（7）："更"表示比较

Bǐjiào jù (qī): "Gèng" biǎoshì bǐjiāo

副词"更"用来表示比较，指程度增加。

As an adverb, 更 is used for comparison, indicating the increase of a degree.

一 常用格式 Common patterns

1. 格式 更+形容词/动词短语

姐姐学习很好，妹妹学习更好。
Jiějie xuéxí hěn hǎo, mèimei xuéxí gèng hǎo.

这件外套很贵，那件大衣更贵。
Zhè jiàn wàitào hěn guì, nà jiàn dàyī gèng guì.

玛丽想回国工作，
Mǎlì xiǎng huí guó gōngzuò,
但更希望继续学习汉语。
dàn gèng xīwàng jìxù xuéxí Hànyǔ.

两件衣服都不错，
Liǎng jiàn yīfu dōu búcuò,
但是玛丽更喜欢长一点儿的那件。
dànshì Mǎlì gèng xǐhuan cháng yìdiǎnr de nà jiàn.

Attention

"更"也常用于"比"字句。
更 is also often used in 比 sentence.
Eg. 那件大衣比这件外套更贵。
妹妹学习比姐姐更好。

2. **格式** 更+不+形容词/动词短语

哥哥考得不好，弟弟考得更不好。
Gēge kǎo de bù hǎo, dìdi kǎo de gèng bù hǎo.

尼克不喜欢做饭，更不喜欢洗碗。
Níkè bù xǐhuan zuò fàn, gèng bù xǐhuan xǐ wǎn.

3. **格式** 更+动词+可能补语[1]

戴着眼镜，奶奶看不清楚。
Dài zhe yǎnjìng, nǎinai kàn bu qīngchu.

不戴眼镜，奶奶更看不清楚了。
Bú dài yǎnjìng, nǎinai gèng kàn bu qīngchu le.

那两个包，玛丽提不动。
Nà liǎng ge bāo, Mǎlì tí bú dòng.

再加两个包，玛丽更提不动了。
Zài jiā liǎng ge bāo, Mǎlì gèng tí bu dòng le.

> **Attention**
> 否定形式比较常用，肯定形式比较少用。
> *The negative form is used rather frequently while the affirmative form is less used.*
> *Eg.* 有了汉语词典，这篇课文我更看得懂了。

练习 Exercises

1. 用 "更" 完成句子。Complete the sentences with 更.

〔1〕玛丽唱歌唱得很好，＿＿＿＿＿＿＿＿＿＿＿＿。

〔2〕他比我＿＿＿＿＿＿＿＿＿＿＿＿。

注1：参见126页 "37 可能补语"

〔3〕小商店的衣服很贵，_____。

〔4〕昨天没去成，_____。

〔5〕天黑了，刚才看不清，现在_____。

〔6〕跟以前相比，现在_____。

〔7〕他这样做不对，_____。

〔8〕他本来就说不清楚，一紧张就_____。

2. 用"更"描述图中的内容。　Describe the pictures with 更.

〔1〕　A　8611 m　B　8848 m

〔2〕　大卫家　玛丽家

_____

_____

_____

_____

26

形容词谓语句

Xíngróngcí wèiyǔ jù

汉语中有很多形容词作谓语的句子，用来对人或物进行评价或描述，这样的句子叫做形容词谓语句。形容词谓语句的否定式是在形容词前加否定副词"不"。

In Chinese, there are many sentences where adjectives act as predicates. They are used to describe or evaluate a person or thing. Such sentences are called adjective-predicated sentences. The negative form is to add 不 before the adjective.

格式 主语+（副词）+形容词

他很不高兴。
Tā hěn bù gāoxìng.

屋里热，外面冷。
Wū lǐ rè, wàimiàn lěng.

Attention

(1) 形容词作谓语时，前面一般常带副词"很"，不重读也不表示程度。如果表示程度，"很"要重读。如果不带副词，句子一般要出现在比较的环境中。

The adjective as the predicate usually goes with an adverb 很 which is neither stressed in pronunciation nor indicating degree. If 很 is used to indicate degree, it must be stressed. Without an adverb, the sentence usually appears in a comparative situation.

Eg. 这个房间很大。
   这个房间大，那个房间小。

(2) 形容词谓语句中，形容词前没有动词"是"（表示强调的"是"除外）。

In adjective-predicated sentence, the verb 是 is not acceptable before the adjective (unless 是 is used for emphasis).

Eg. ✓这个房间很大。
   ✗这个房间是很大。

练 习 Exercises

1. 用形容词谓语句回答问题。Answer the questions with the adjective-predicated sentences.

〔1〕A：你的个子高不高？

B：＿＿＿＿＿＿＿＿＿。

〔2〕A：你家离学校远不远？

B：＿＿＿＿＿＿＿＿＿。

〔3〕A：这件衣服漂亮不漂亮？

B：＿＿＿＿＿＿＿＿＿。

〔4〕A：这本汉语词典好吗？

B：＿＿＿＿＿＿＿＿＿。

〔5〕A：那本汉语书难吗？

B：＿＿＿＿＿＿＿＿＿。

〔6〕A：你的行李重吗？

B：＿＿＿＿＿＿＿＿＿。

2. 用形容词谓语句描述图片中的内容。Describe each picture with the adjective-predicated sentence.

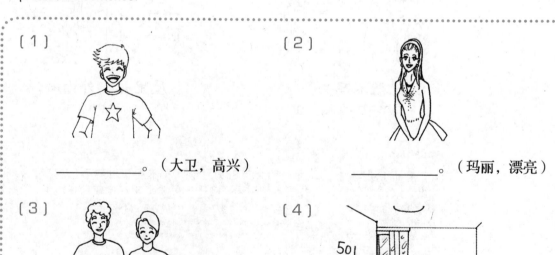

〔1〕 ＿＿＿＿＿＿＿。（大卫，高兴）

〔2〕 ＿＿＿＿＿＿＿。（玛丽，漂亮）

〔3〕 尼克　马克　＿＿＿＿，＿＿＿＿。（高）

〔4〕 501　＿＿＿＿＿＿＿。（房间，干净）

27

名词谓语句

Míngcí   wèiyǔ   jù

由名词或名词短语以及数量词作谓语的句子叫做名词谓语句。名词谓语句可以表达年龄、籍贯、日期、天气、数量、价格等等。

It is called noun-predicated sentence that the predicate is made up of a noun, noun phrase or numeral-measure word. Such a sentence can indicate age, birth place, date, weather, quantity, price, etc.

格式 主语+名词/名词短语/数量词

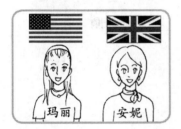

玛丽美国人，今年18岁，1米68。
Mǎlì Měiguórén, jīnnián shíbā suì, yì mǐ liù bā.

安妮英国人，今年19岁，1米62。
Ānnī Yīngguórén, jīnnián shíjiǔ suì, yì mǐ liù ěr.

A: 一斤香蕉多少钱？
Yì jīn xiāngjiāo duōshao qián?

B: 一斤香蕉5元。
Yì jīn xiāngjiāo wǔ yuán.

A: 明天星期几？天气怎么样？
Míngtiān xīngqī jǐ? Tiānqì zěnme yàng?

B: 明天星期三，天气预报说，
Míngtiān xīngqīsān, tiānqì yùbào shuō,

明天晴天。
míngtiān qíngtiān.

Attention

名词谓语句的谓语前不用"是"。名词谓语句的否定形式，应该是"主语+不是+名词/名词短语/数量词"。
是 is not used before the predicate in a noun predicated sentence. The negative form of a noun-predicated sentence should be subject+不是+noun/noun phrase/numeral-measure word.
Eg. 今天阴天，明天不是阴天。
王刚北京人，李强不是北京人。

83

练 习 Exercises

1. 将下列名词谓语句补充完整。Complete the sentences with the noun-predicated sentences.

〔1〕他今年_____。

〔2〕玛丽_____，很漂亮。

〔3〕小李_____，不会说广东话。

〔4〕一斤苹果_____。

〔5〕今天_____。

〔6〕天气预报说，今天_____。

2. 用名词谓语句描述图片中的内容。Describe the pictures with the noun-predicated sentence.

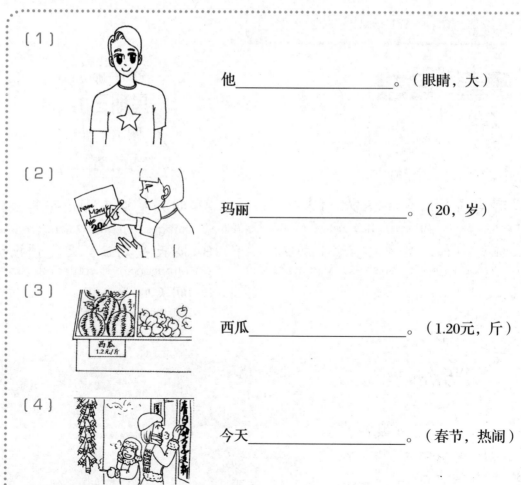

〔1〕他_____。（眼睛，大）

〔2〕玛丽_____。（20，岁）

〔3〕西瓜_____。（1.20元，斤）

〔4〕今天_____。（春节，热闹）

28

主谓谓语句

Zhǔ wèi wèiyǔ jù

用主谓短语来说明或描写句子主语的句子叫做主谓谓语句。

The sentence where a subject-predicate phrase is used to explain or describe the subject is an subject-predicate sentence.

格式 大主语+小主语+小谓语

大卫身体很好。
Dàwèi shēntǐ hěn hǎo.

朋友要的词典玛丽买到了。
Péngyou yào de cídiǎn Mǎlì mǎi dào le.

大主语 major subject	大谓语 major predicate	
	小主语 minor subject	小谓语 minor predicate
我	身体	很好。
他	工作	很忙。
你要的词典	我	买到了。

Attention

(1) 主谓谓语句中的小主语常常是大主语的一部分或者跟它相关，例如，在上表中，"身体"是"我"的一部分，"工作"是属于"他"的。

The minor subject is often a part of or related to the major subject in an subject-predicate sentence. As the above table shows, 身体 is a part of 我 and 工作 belongs to 他.

(2) 主谓谓语句中的大主语也常常是句中小谓语的受事，如"你要的词典"是句中动词"买"的受事。

The major subject is often the receiver of action of the minor predicate in an subject-predicate sentence. For example, 你要的词典 is the receiver of action of 买.

练 习 Exercises

1. 把句子改为主谓谓语句。Rewrite the sentences into the subject-predicate sentences.

〔1〕她大大的眼睛。

〔2〕我的工作很忙。

〔3〕我有很多事情。

〔4〕我没有听懂你讲的故事。

〔5〕我找到了你的钥匙。

〔6〕我把房间打扫干净了。

2. 用主谓谓语句描述图片中的内容。Describe each picture with an subject-predicate sentence.

〔1〕

A：玛丽，你妈妈身体怎么样？

B：＿＿＿＿＿＿。（妈妈，住院）

〔2〕

A：玛丽，你为什么要剪头发？

B：＿＿＿＿＿＿。（头发，长）

〔3〕

A：我的护照你放在哪儿了？

B：＿＿＿＿＿＿。（护照，箱子）

〔4〕

A：昨天的电影你看了吗？

B：＿＿＿＿＿＿。（我，看电影）

29

定语 + （的） + 中心语
Dìngyǔ + (de) + zhōngxīn yǔ

在名词、代词前面起修饰或者限定作用的词语叫做定语，被修饰的名词或者代词叫做中心语。定语和中心语之间常加"的¹"。

The word in front of a noun or pronoun as modification or restriction is an attributive. The noun or pronoun modified is a headword. 的 is often used between an attributive and its headword.

格式 定语 + （的） + 中心语

一 名词、名词短语、代词、数量词、形容词、形容词短语作定语
Noun, noun phrase, pronoun, numeral-measure word, adjectives or adjective phrases as attributive

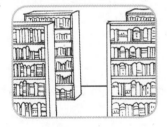

图书馆的书
tūshūguǎn de shū

办公楼前面的花园
bàngōng lóu qiánmiàn de huāyuán

我（的）爷爷
wǒ (de) yéye

三个大学生
sān ge dà xuéshēng

新（的）衣服
xīn (de) yīfu

很大的足球场
hěn dà de zúqiú chǎng

注1: 参见200页"55 结构助词'的'"。

二 动词、动词短语、主谓短语作定语 Verb, verb phrase or subject-predicate phrase as attributive

撞坏的自行车
zhuàng huài de zìxíngchē

玛丽写的信
Mǎlì xiě de xìn

Attention

动词（短语）、主谓短语作定语时，定语和中心语中间要加"的"。
When a verb (phrase) or a subject-predicate phrase acts as an attributive, 的 is added between the headword and the attributive.

Eg. 我们现在学的词大概有五百多个。

这是我爸爸从贵州买来的酒。

我送给你的礼物你喜欢吗？

练习 Exercises

1. 用"定语+（的）+中心语"完成对话。Complete the dialogues with the pattern of "attributive+（的）+headword".

〔1〕A：桌子上是谁的书？

　　B：桌子上是＿＿＿＿＿＿＿。

〔2〕A：他们是哪所学校的老师？

　　B：他们是＿＿＿＿＿＿。

〔3〕A：你买了一件什么颜色的衣服？

　　B：我买了一件＿＿＿＿＿＿。

〔4〕A：一共有几本书？

　　B：一共有＿＿＿＿＿＿。

〔5〕A：你住的宿舍怎么样？

　　B：那是一个＿＿＿＿＿＿。

〔6〕A：北京什么季节最美？

　　B：＿＿＿＿＿＿是秋天。

〔7〕A：篮子里是谁买的苹果？

　　B：篮子里是＿＿＿＿＿＿。

〔8〕A：这是什么时候买的眼镜？

　　B：这是＿＿＿＿＿＿。

〔9〕A：你弟弟戴帽子吗？

　　B：对，那个＿＿＿＿＿＿就是我弟弟。

〔10〕A：你们几个人谁最喜欢汉语？

　　B：我觉得＿＿＿＿＿＿是大卫。

2. 看图，用"定语+（的）+中心语"描述图中内容。 Describe the pictures with the pattern of "attributive+（的）+headword".

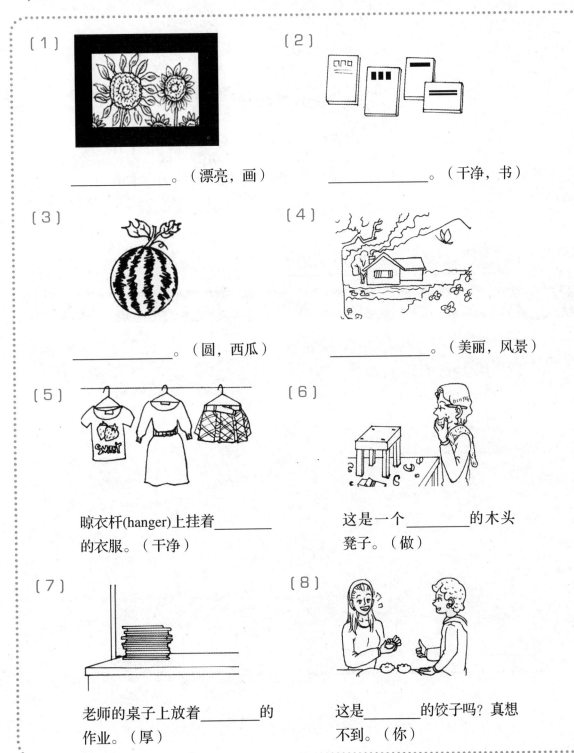

〔1〕

_____。（漂亮，画）

〔2〕

_____。（干净，书）

〔3〕

_____。（圆，西瓜）

〔4〕

_____。（美丽，风景）

〔5〕

晾衣杆(hanger)上挂着_____的衣服。（干净）

〔6〕

这是一个_____的木头凳子。（做）

〔7〕

老师的桌子上放着_____的作业。（厚）

〔8〕

这是_____的饺子吗？真想不到。（你）

状语+（地）+中心语

Zhuàngyǔ + (de) + zhōngxīn yǔ

状语用在动词或形容词前面，用来修饰、限制动词或形容词。结构助词"地"是状语的标志，"地"后面的中心语多为动词或动词短语。

An adverbial is used before a verb or adjective for modifying or restricting. The structural particle 地 is the sign of adverbial, which is usually followed by verb or verb phrase.

格式 状语+（地）+中心语

一 一般要用"地"的情况 Situations where 地 is required

1. 两个字的形容词作状语，中心语为一个字的动词或者只包含一个字动词的短语。A two-character adjective serves as an adverbial and the headword is a one-character verb or a phrase containing only one verb.

格式 AB+地+C

飞快地跑
fēikuài de pǎo

伤心地哭起来
shāng xīn de kū qǐlái

2. 副词修饰形容词一起作状语。An adjective that is modified by an adverb and both together act as an adverbial.

格式 副词+形容词+地+中心语

非常开心地笑
fēicháng kāixīn de xiào

很热情地拥抱大卫
hěn rèqíng de yōngbào Dàwèi

3. 四个字的固定短语或其他描写性的词语作状语。A four-character set phrase or other descriptive word acts as adverbial.

格式 ABCD+地+中心语

兴高采烈地说
xìnggāocǎiliè de shuō

聚精会神地看
jùjīnghuìshén de kān

充满深情地对望
chōngmǎn shēnqíng de duì wàng

神情悲伤地说
shénqíng bēishāng de shuō

Attention

少数名词可以作状语，名词后面一般要用"地"。
Only a few nouns can be used as adverbials and they are usually followed by 地.
Eg. 这项工程部分地完工了。

二 一般不用"地"的情况 Situations where 地 is not required

1. 一个字的形容词做状语时，中心语前不用"地"。When a one-character adjective acts as an adverbial, 地 cannot be used before the headword.

格式 A+中心语

大笑
dà xiào

多吃点儿
duō chī diǎnr

Attention

(1) 副词作状语时，后面常不用"地"，但有些副词也可以用，如"渐渐、再三、反复、相当、白白、偶然"等，要看具体情况。

When an adverb is used as an adverbial, it is not followed by 地 in most cases. However, some adverbs can be followed by 地, such as 渐渐, 再三, 反复, 相当, 白白, 偶然, etc. It depends on the context.

(2) 表示时间、处所、工具、方式、范围等语义关系的状语一般不加"地"。

地 is not added to adverbials indicating time, place, tool, manner or range.

Eg. 我们正在商量那件事。
中国人用筷子吃饭。

三 可用可不用"地"的情况 Situations where 地 is optional

1. 两个字的形容词做状语，中心语为两个字的动词。 A two-character adjective acts as an adverbial and the headword is a two-character verb.

格式 AB+（地）+CD

飞快（地）行驶
fēikuài (de) xíngshǐ

认真（地）学习
rènzhēn (de) xuéxí

2. 形容词的重叠式作状语。 The duplication of an adjective acts as an adverbial.

格式 AA/AABB+（地）+中心语

慢慢（地）爬
mànmàn (de) pá

高高兴兴地去学校
gāogāoxìngxìng de qù xuéxiào

练 习　Exercises

1. 用"状语+（地）+中心语"的格式完成句子。Complete the following sentences with the pattern of "adverbial + (地) +headword".

〔1〕拿到糖以后，孩子们 ＿＿＿＿＿＿＿＿。（高兴、走）

〔2〕妈妈很＿＿＿＿＿＿＿＿孩子："你怎么这么晚才回来?"（生气、问）

〔3〕这次考试很重要，你要＿＿＿＿＿＿＿＿。（好好、准备）

〔4〕大卫十分＿＿＿＿＿＿＿＿玛丽："我这次比赛得了第一名。"（骄傲、告诉）

〔5〕你感冒了，一定要＿＿＿＿＿＿＿＿。（多、喝水、睡觉）

〔6〕同学们＿＿＿＿＿＿＿＿走出教室。（连说带笑、走）

〔7〕孩子病了，妈妈＿＿＿＿＿＿＿＿她。（细心、照顾）

〔8〕太累了，真想＿＿＿＿＿＿＿＿一觉。（好好、睡）

2. 看图写话。Look at the pictures and complete the paragraph.

　　去年暑假，大卫在一家中餐馆打工，他每天＿＿＿＿＿＿（早、来；晚、走），非常辛苦。一天，玛丽在餐馆外面等大卫，她＿＿＿＿＿＿（静静、等）了一个小时大卫才下班。大卫一下班就＿＿＿＿＿＿（飞快、跑出来），＿＿＿＿＿＿（兴高采烈、说）："今天我发工资了，走，我们去＿＿＿＿＿＿一顿（美美、吃）"

31

程度补语
Chéngdù bǔyǔ

程度补语用在动词、形容词后边，补充、说明动作进行的程度或事物性质、状态所达到的程度。

A degree complement is used after a verb or an adjective to explain the degree of an action, the nature of a thing or the reached degree of a state.

一 不带"得"的程度补语 Degree complements without 得

格式 形容词/心理动词+极/透/死/坏+了

秋天的水果多极了。
Qiūtiān de shuǐguǒ duō jí le.

那个人坏透了。
Nàge rén huài tòu le.

今年夏天热死了。
Jīnnián xiàtiān rè sǐ le.

老爷爷气坏了。
Lǎoyéye qì huài le.

二 带"得"的程度补语 Degree complements with 得

1. 表示程度。Indicating degrees.

格式 形容词/心理动词+得+很/慌/要命/要死/不得了/不行

这里的东西贵得很。
Zhèlǐ de dōngxi guì de hěn.

看见蛇她怕得不得了/不行!
Kànjiàn shé tā pà de bù dé liǎo / bù xíng!

她这几天忙得要命/要死。
Tā zhè jǐ tiān máng de yào mìng / yào sǐ.

一个人呆在房间里真是闷得慌。
Yí ge rén dāi zài fángjiān lǐ zhēnshi mèn de huāng.

2. 表示评价的。Indicating evaluation.

格式 动词+得+形容词/形容词短词/形容词重叠式

老师: 你写得很清楚。
Lǎoshī: Nǐ xiě de hěn qīngchu.

玛丽洗得干干净净。
Mǎlì xǐ de gāngānjìngjìng.

Attention

(1) 要用"不"否定程度补语。

In negation, 不 is used to negate a degree complement.

Eg. 尼克说得不流利。

(2) 提问时一般有三种方式：可以在句尾加"吗"；可以用补语的正反疑问形式；也可以用"怎么样"提问。

Usually there are three ways to raise question for a degree complement: adding 吗 at the end of the sentence, using the affirmative-negative interrogative form of the complement, or using 怎么样.

Eg. 大卫说得流利吗？
　　大卫说得流利不流利？
　　大卫说得怎么样？

3. 表示描写的。 Indicating description.

格式　动词/形容词+得+动词/动词短语/形容词/形容词短语/小句

孩子高兴得跳了起来。
Háizi gāoxìng de tiào le qǐlái.

老人感动得流下了眼泪。
Lǎorén gǎndòng de liú xià le yǎnlèi.

那个人急得直出汗。
Nàge rén jí de zhí chū hàn.

他看得忘了吃饭。
Tā kàn de wàng le chī fàn.

4. 宾语的位置。 Positions of objects.

格式　主语+宾语+动词+得+程度补语
　　　宾语+主语+动词+得+程度补语

96

大卫说汉语说**得**非常流利。
Dàwèi shuō Hànyǔ shuō de fēicháng liúlì.
大卫汉语说**得**非常流利。
Dàwèi Hànyǔ shuō de fēicháng liúlì.
汉语大卫说**得**非常流利。
Hànyǔ Dàwèi shuō de fēicháng liúlì.

学生们回答这几个问题回答**得**很好。
Xuéshengmen huídá zhè jǐ ge wèntí huídá de hěn hǎo.
学生们这几个问题回答**得**很好。
Xuéshengmen zhè jǐ ge wèntí huídá de hěn hǎo.
这几个问题学生们回答**得**很好。
Zhè jǐ ge wèntí xuéshengmen huídá de hěn hǎo.

Attention

带程度补语的动词，如果有宾语，句子格式应为"主语+动词+宾语 + 动词+得+程度补语。"实际使用中，第一个动词常常不说，而用主谓谓语句的形式，如上文例子。

If the verb with degree complement has an object, the pattern should be subject + verb + object + verb+ 得+ degree complement. Usually the first verb is omitted in real usage while the subject-predicate form is used, such as the examples above.

练习 Exercises

1. 用程度补语完成句子。Complete the sentences with degree complements.

〔1〕昨天晚上他睡得＿＿＿＿＿＿＿，到现在还没起床。

〔2〕小丽的妈妈是歌唱家，她的歌唱得＿＿＿＿＿＿＿。

〔3〕这本书才5块钱，真是便宜＿＿＿＿＿＿＿。

〔4〕国庆节要到了，来北京的人多＿＿＿＿＿＿＿。

〔5〕张红要结婚了，她的房间布置得＿＿＿＿＿＿＿。

〔6〕他做中国饭做得＿＿＿＿＿＿＿。

〔7〕这个电影有意思＿＿＿＿＿＿＿。

〔8〕我英语说得＿＿＿＿＿＿＿，法语说得＿＿＿＿＿＿＿。

2. 看图，用程度补语的多种形式回答问题。Answer the questions with different ways of degree complements according to the pictures.

〔1〕

A：我买的衣服怎么样？
B1：＿＿＿＿＿＿＿＿＿＿。
B2：＿＿＿＿＿＿＿＿＿＿。

〔2〕

A：今天天气冷不冷？
B1：＿＿＿＿＿＿＿＿＿＿。
B2：＿＿＿＿＿＿＿＿＿＿。

〔3〕

A：张怡宁打球打得怎么样？
B1：＿＿＿＿＿＿＿＿＿＿。
B2：＿＿＿＿＿＿＿＿＿＿。

〔4〕

A：花园里的花多吗？
B1：＿＿＿＿＿＿＿＿＿＿。
B2：＿＿＿＿＿＿＿＿＿＿。

〔5〕

非常流利！

A：你今天的口语考试考得怎么样？
B1：＿＿＿＿＿＿＿＿＿＿。
B2：＿＿＿＿＿＿＿＿＿＿。

〔6〕

A：新年了，要放假了，你高兴吗？
B1：＿＿＿＿＿＿＿＿＿＿。
B2：＿＿＿＿＿＿＿＿＿＿。

32

结果补语
Jiéguǒ bǔyǔ

一些动词或形容词可以放在动词后边，补充、说明动作的结果，它们叫做结果补语。
Some verbs or adjectives can be placed after a verb to explain the result of an action. They are called result complements.

一 常用格式 Common patterns

格式 肯定形式：动词+结果补语　　动词+结果补语+宾语
否定形式：没+动词+结果补语　　没+动词+结果补语+宾语

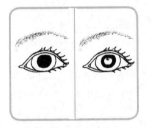

他看见了吗？
Tā kàn jiàn le ma?

他看见了。
Tā kàn jiàn le.

他看见（了）一个苹果。
Tā kàn jiàn (le) yí ge píngguǒ.

不明白
汉语

他听懂了吗？
Tā tīng dǒng le ma?

他没听懂。
Tā méi tīng dǒng.

他没听懂老师的话。
Tā méi tīng dǒng lǎoshī de huà.

妈妈做饭。
Māma zuò fàn.

妈妈做好饭了。
Māma zuò hǎo fàn le.

妈妈没做好饭。
Māma méi zuò hǎo fàn.

Attention

(1) 结果补语和中心语中间不能插入其他成分，如 "了" 或宾语，它们都要放在结果补语后。

No other complements can be inserted between a result complement and the headword, such as 了 or an object. They are placed after the result complement.

Eg. ✗看了见　　　　✓看见了

　　✗看一个苹果见　　✓看见一个苹果

(2) 动词加上结果补语常表示动作已完成，所以否定的时候用 "没/没有"；只有在表示假设或尚未完成时，可以用 "不" 来否定。

Adding a complement to a verb indicates that the action has completed. Therefore, 没/没有 is used in negation. 不 can be used for negation only when a supposition or incompletion is indicated.

Eg. 妈妈：如果不做完作业，你就不能出去玩。

常见动词和结果补语搭配形式 Collocations of common verbs and the result complements

只有在意义上能补充说明动作结果的动词或形容词才能作结果补语。Only those verbs or adjectives that can be added to explain the result of an action can serve as result complements.

1. 结果补语为动词。Verbs as result complements.

动词 verb	结果补语（动词） result complement (verb)
看　念　读　谈　说　学习　翻译　写　做　改 抄　画　吃　喝　买　卖　准备　用	完
听　看　遇　碰　望　闻	见
开　打　睁　拿　切　翻　解　推　搬　敲	开
抓　拿　握　拉　捆　接　站　停　记　扶　绑	住
学　念	会
听　看　读　弄　搞	懂
买　借　找　睡	着
看　说　追　找　买　遇　碰　请	到
做　看　当　读　写　建　译　翻译	成
留　传　递　送　交　租　还　寄　献　借　卖　输	给

动词 verb	结果补语（动词） result complement (verb)
拿 提 带 取 领 借 搬 逃 赶	走
走 跑 拿 掏 说 传 看	出
关 闭 合 系 买 吃 住 穿 用 坐 骑 拿 戴 写 算 加 走 赶 追 交 看 爱 喜欢	上
停 记 写 脱 放 扔 留	下

2. 结果补语为形容词。 Adjectives as result complements.

动词 verb	结果补语（形容词） result complement (adjective)
念 说 翻译 写 算 回答 做	对/错
写 翻译 算 做 放 拿 坐 准备 收 安排 计划	好
念 说 写 看 讲 问	清楚
洗 擦 收拾 打扫 扫	干净
听 看	惯
睁 张	大

Attention

一些介词短语也可以做结果补语。
A few prepositional phrases can also serve as result complements.

Eg. 这列火车开往上海。
那些水果早晨送到幼儿园。
丝绸产于中国。

练习 Exercises

1. 用适当的结果补语完成句子。 Complete the sentences with proper result complements.

〔1〕我用笔记_____了她的电话号码。

〔2〕天气太热了，您能打_____窗户吗？

〔3〕请你把这个句子翻译_____汉语。

〔4〕经过努力，丽丽终于考_____了自己喜欢的大学。

〔5〕钱包哪去了，我找了半天也没找_____。

〔6〕你们走_____了，应该往东走。

〔7〕对不起，请你关_____手机。

〔8〕老师说的话我听_____了，可是没有听_____。

〔9〕她太累了，一会儿就睡_____了。

〔10〕黑板上的字太小了，我睁_____眼睛，看了半天也看_____。

2. 看图填空。Fill in the blanks according to the pictures.

〔1〕用结果补语完成句子。Complete the sentences with result complements.

我用两天的时间看_____了这本书。　　　尼克把教室打扫_____才回家。

〔2〕用结果补语完成对话。Complete the dialogue with result complements.

妈妈：东东，你写_____了吗？

东东：就差一点儿了，马上就写_____了。

妈妈：赶快关_____电视，先把作业写_____再看。

〔3〕用结果补语完成段落。Complete the paragraph with result complements.

远处，突然传_____叫声，"救命呀"一个小孩掉_____了河里，他不会游泳。这时候，一个经过的叔叔听_____了，飞快地跑_____，一边跑，一边脱_____衣服，来到河边跳_____水，游_____孩子身边，抱_____孩子，把孩子托_____水面，送_____岸上，救_____了孩子。

33

数量补语

Shùliàng bùyǔ

在谓语后边用来补充、说明数量的词或短语叫数量补语，其中包括动量补语、时量补语。
A word or phrase that follows the predicate to replenish and explain a quantity is called a quantity complement. It includes action-measure complements and time-measure complements.

一 动量补语 Action-measure complement

1. 动量补语用来表示动作发生、进行的次数。 An action-measure complement is used to express the times of occurrence of an action.

格式 动词+数词+动量词

大卫写了三遍。
Dàwèi xiě le sān biàn.

大卫吃过两次烤鸭。
Dàwèi chī guò liǎng cì kǎoyā.

2. 宾语的位置。 The position of the object.

〔1〕宾语是一般名词时，补语放在谓语后，宾语前；宾语是表地点的名词时，补语既可以放在宾语前也可以放在宾语后。 When the object is a common noun, the complement is placed after the predicate and before the object; when it is a noun of place, the complement can appear before or after the object.

格式 动词+动量补语+宾语（一般名词）
动词+动量补语+宾语（地方）
动词+宾语（地方）+动量补语

玛丽读了两遍课文。
Mǎlì dú le liǎng biàn kèwén.

最近尼克去了三次医院。
Zuìjìn Níkè qù le sān cì yīyuàn.

最近尼克去了医院三次。
Zuìjìn Níkè qù le yīyuàn sān cì.

〔2〕宾语是人称代词时，补语要放在宾语后。 When the object is a personal pronoun, the complement should be placed after the object.

> **格式** 动词+宾语（人称代词）+动量补语

大卫找过她两回。
Dàwèi zhǎo guò tā liǎng huí.

尼克推了他一下儿。
Níkè tuī le tā yíxiàr.

Attention

宾语为指人的名词时，补语既可放在宾语之前也可放在宾语之后。
When the object is a noun referring to people, the complement can be placed either before or after the object.

Eg. ✓ 尼克推了大卫一下儿。
　　　✓ 尼克推了一下儿大卫。

二 时量补语 Time-measure complement

1. 时量补语用来补充说明动作、行为经历和延续的时间。 A time-measure complement is added to explain the period of time that an action or behavior experiences or lasts.

格式 动词+数词+量词+时间名词

他们谈了两个小时。
Tāmen tán le liǎng ge xiǎoshí.

这个月玛丽休息了七天。
Zhè ge yuè Mǎlì xiūxi le qī tiān.

Attention

关于什么时候可以不用"个"，参考161页
"45量词"。
When 个 can be omitted, refer to page 168, "45量词".

2. 宾语的位置。 The positions of the object.

〔1〕带时量补语的谓语动词后有宾语时，一般要重复动词，时量补语要放在重复的谓语动词后边。 When the predicate verb that goes with a time-measure complement is followed by an object, the verb is usually repeated and the time-measure complement should be placed after the repeated verb.

格式 动词+宾语+动词+时量补语.

大卫练太极拳练了一个小时。
Dàwèi liàn tàijíquán liàn le yí ge xiǎoshí.

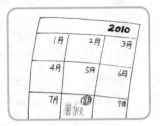

他们放暑假放了一个月。
Tāmen fàng shǔjià fàng le yí ge yuè.

Attention

动词也可以不重复，而把宾语放在时量补语后边。
The verb may not be repeated. However, the object should be placed after the time-measure complement.

格式 动词+时量补语+（的）宾语

大卫练了一个小时（的）太极拳。
Dàwèi liàn le yí ge xiǎoshí (de) tàijíquán.

他们放了一个月（的）假。
Tāmen fàng le yí ge yuè (de) jià.

〔2〕宾语为人称代词时，时量补语要放在宾语后。 When the object is a personal pronoun, the time-measure complement should be placed after the object.

格式 动词+宾语（人称代词）+时量补语

玛丽： 对不起，我迟到了。
Mǎlì： Duìbuqǐ, wǒ chídào le.

大卫： 我等了你一个小时！
Dàwèi： Wǒ děng le nǐ yí ge xiǎoshí!

〔3〕有些表示动作的动词（如来、去、离开、结婚、死、毕业等）一般不能持续，时量补语要放在宾语后边，表示动作发生后经历的一段时间。 Some verbs indicating actions, such as 来，去，离开，结婚，死，毕业 etc. are not continuous. Then the time-measure complement should be placed after the object to indicate the period of time after the action occurs.

格式 动词（不能持续）+宾语+时量补语

大卫来中国一年了。
Dàwèi lái Zhōngguó yì nián le.

他离开家一个月了。
Tā líkāi jiā yí ge yuè le.

练习 Exercises

1. 用适当的数量补语完成句子。 Complete the sentences with proper quantity complements.

〔1〕 老师我没有听懂，请您再说_____好吗？

〔2〕 你们等_____，菜马上就做好了。

〔3〕 我每天早上都听_____的汉语新闻。

〔4〕 我在韩国已经生活_____了。

〔5〕 云南是个美丽的地方，我都去过_____了。

〔6〕 我学开车学了_____，终于学会了。

〔7〕 我的钥匙丢了，我找了_____。

〔8〕 昨天我迷路了，走了_____才回到学校。

2. 看图，用数量补语完成句子。 Complete the sentences with quantity complements according to the pictures.

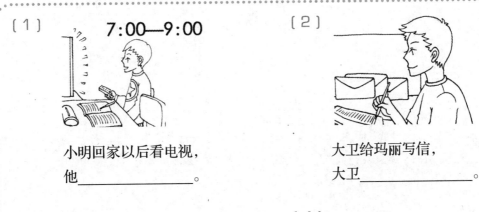

〔1〕 7:00—9:00

小明回家以后看电视，

他_____。

〔2〕

大卫给玛丽写信，

大卫_____。

〔3〕

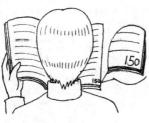

张老师在看这本小说，

他_____。

〔4〕

北京—上海
9小时

他从上海到北京去，

他_____。

34

简单趋向补语

Jiǎndān qūxiàng bǔyǔ

简单趋向补语是表示动作趋向的补语。
A simple directional complement is a complement indicating the direction of an action.

一 常用格式 Common patterns

格式 动词+来/去

玛丽：上来吧。
Mǎlì: Shàng lái ba.

大卫：好，我上去。
Dàwèi: Hǎo, wǒ shàng qù.

大卫：下来吧。
Dàwèi: Xià lái ba.

玛丽：好，我下去。
Mǎlì: Hǎo, wǒ xià qù.

玛丽：进来吧。
Mǎlì: Jìn lái ba.

大卫：好，我进去。
Dàwèi: Hǎo, wǒ jìn qù.

大卫：出来吧。
Dàwèi: Chū lái ba.

玛丽：好，我出去。
Mǎlì: Hǎo, wǒ chū qù.

玛丽：过来吧。
Mǎlì: Guò lái ba.

大卫：好，我过去。
Dàwèi: Hǎo, wǒ guò qù.

妈妈：你今天回来吗？
Māma: Nǐ jīntiān huí lái ma?

儿子：我今天回去。
Érzi: Wǒ jīntiān huí qù.

学生们起来回答问题。
Xuésheng men qǐ lái huídá wèntí.

姐姐的来信

姐姐寄来一封信。
Jiějie jì lái yì fēng xìn.

玛丽病了，大卫送去
Mǎlì bìng le, Dàwèi sòng qù
一些水果。
yìxiē shuǐguǒ.

Attention

(1) 动作朝着说话人（或所谈事物）进行的，用"来"；朝着相反方向进行的，用"去"。

来 is used when the action is done in the direction of the speaker (or the thing under discussion); 去 is used when the action is done in the opposite direction.

Eg.　来 ——→ | 说话人 |

| 说话人 | ——→ 去

(2) "来、去"前的动词都是可以表示位置变化的动词，"上、下、进、出、回、过、起"是最常用的，还有一些一般动词，如：跑、走、寄、送、拿、搬、扔……

The verbs before 来 and 去 all indicate the change of direction. The most commonly used are 上，下，进，出，回，过 and 起. There are also some other common verbs, such as 跑，走，寄，送，拿，搬，扔……

二 趋向补语的动词宾语　Objects of verbs with directional complements

1. 宾语为处所宾语时，一定放在"来"或"去"的前边。 When the object refers to a location, it should be placed before 来 or 去.

格式 动词+处所宾语+来/去

大卫上楼去。
Dàwèi shàng lóu qù.
玛丽下楼来。
Mǎlì xià lóu lái.

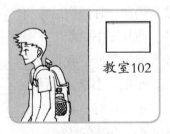

教室102

大卫进教室去。
Dàwèi jìn jiàoshì qù.

2. 宾语为一般事物，既可以放在"来"或"去"的前边，也可以放在"来"或"去"的后边。When the object refers to a thing, it can be placed before or after 来 or 去.

格式　动词+来/去+非处所宾语
　　　动词+非处所宾语+来/去

大卫给玛丽送来一束鲜花。
Dàwèi gěi Mǎlì sòng lái yí shù xiānhuā.

老板：拿几支笔来，好吗？
Lǎobǎn: Ná jǐ zhī bǐ lái, hǎo ma?
秘书拿来了几支笔。
Mìshū ná lái le jǐ zhī bǐ.

Attention

(1) 如果谓语动词表示已经实现的动作时，宾语多在"来""去"的后边。
If the predicate verb indicates a fulfilled action, the object is mostly placed after 来 or 去.

(2) "了""过"的位置。如宾语在"来""去"的后边时，"了""过"也在"来""去"的后边。
Positions of 了 and 过. If the object is placed after 来 or 去, 来 and 过 is placed after 来 or 去.

练习　Exercises

1. 用"来/去"或"动词+来/去"填空。Fill in the blanks with 来/去 or V+来/去.

〔1〕进屋坐吧，小明出_____了，他一会儿就回_____。

〔2〕上课了，咱们快进_____吧。（说话人在教室外）

〔3〕玛丽，你妈妈给你寄_____了圣诞礼物。

〔4〕我从图书馆借_____了一本书。

〔5〕那里很冷，我得带_____一些厚衣服。

〔6〕小张：小李，你快_____吧，我在楼下等你。

　　小李：好，我现在就_____。

〔7〕A：约翰在吗？

　　B：他不在。他_____家_____了。

　　A：他什么时候_____呀？

　　B：这个周末吧。

〔8〕A: 外边太热，屋子里有空调，我们_____里边_____吧。

B: 没关系，刚_____，待会儿再_____吧。

〔9〕A: 你去哪儿?

B: 父母来北京了，我去车站把他们接_____。

2. **看图，用趋向补语完成句子。** Complete the sentences with directional complements according to the pictures.

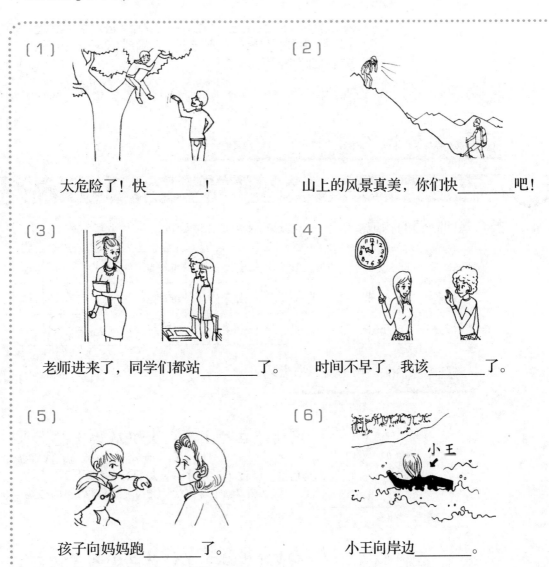

〔1〕
太危险了! 快_____!

〔2〕
山上的风景真美，你们快_____吧!

〔3〕
老师进来了，同学们都站_____了。

〔4〕
时间不早了，我该_____了。

〔5〕
孩子向妈妈跑_____了。

〔6〕
小王向岸边_____。

35

复合趋向补语

Fùhé　qūxiàng　bǔyǔ

复合趋向补语是由"动词+上/下/进/出/回/过/起+简单趋向补语（来/去）"构成的表示动作双重趋向的补语。

A compound directional complement is made up of verb+上/下/进/出/回/过/起 + a simple directional complement (来/去). It is a complement indicating the double direction of an action.

格式　动词+上/下/进/出/回/过/起+来/去

一　常用格式　Common patterns

复合趋向补语的构成。Composition of a compound directional complement.

	上	下	进	出	回	过	起
来	上来	下来	进来	出来	回来	过来	起来
去	上去	下去	进去	出去	回去	过去	——

1.　格式　动词+上/下+来/去

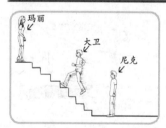

玛丽（在楼上）：大卫从楼下跑上来。
Mǎlì (zài lóu shàng): Dàwèi cóng lóu xià pǎo shàng lái.

尼克（在楼下）：大卫从楼下跑上去。
Níkè (zài lóu xià): Dàwèi cóng lóu xià pǎo shàng qù.

尼克（在楼下）：大卫从楼上走下来。
Níkè (zài lóu xià): Dàwèi cóng lóu shàng zǒu xià lái.

玛丽（在楼上）：大卫从楼上走下去。
Mǎlì (zài lóu shàng): Dàwèi cóng lóu shàng zǒu xià qù.

2. 格式 动词+进/出+来/去

老师从书包里拿出来一本书。
Lǎoshī cóng shūbāo lǐ ná chū lái yì běn shū.

老师放进去一本书。
Lǎoshī fàng jìn qù yì běn shū.

3. 格式 动词+回+来/去

孩子（在家里）：妈妈从商店买回来很多东西。
Háizi (zài jiā lǐ): Māma cóng shāngdiàn mǎi huí lái hěn duō dōngxi.

有一样东西我不喜欢，妈妈要退回去。
Yǒu yí yàng dōngxi wǒ bù xǐhuan, māma yào tuì huí qù.

4. 格式 动词+过+来/去

从远处开过来一辆公共汽车，
Cóng yuǎn chù kāi guò lái yí liàng gōnggòng qìchē,

可是它没有停就开过去了。
kěshì tā méiyǒu tíng jiù kāi guò qù le.

5. 格式 动词+起+来

大卫站起来回答老师的问题。
Dàwèi zhàn qǐ lái huídá lǎoshī de wèntí.

二 复合趋向补语的动词宾语　Objects of verbs with compound directional complements

1. 宾语为处所宾语时，一定放在"来"或"去"的前边。When the object refers to a location, it should be placed before 来 or 去.

> **格式** 动词＋上／下／进／出／回／过／起＋处所宾语＋来／去

上课了，同学们走进教室来。
Shàng kè le, tóngxué men zǒu jìn jiàoshì lái.

外面突然下雨了，他们跑进商店里来了。
Wàimiàn tūrán xià yǔ le, tāmen pǎo jìn shāngdiàn lǐ lái le.

2. 宾语为一般事物，既可以放在"来"或"去"的前边，也可以放在"来"或"去"的后边。When the object refers to a thing, it can be placed before or after 来 or 去.

> **格式** 动词＋上／下／进／出／回／过／起＋来／去＋非处所宾语
>
> 动词＋上／下／进／出／回／过／起＋非处所宾语＋来／去

Attention

(1) 如果谓语动词表示已经实现的动作时，宾语多在"来／去"的后边，且"了"也在"来／去"的后边。
If the predicate verb indicates a fulfilled action, the object is mostly placed after 来 or 去 and 了 is also placed after 来 or 去.

Eg. 他送过来了一些书。

(2) 如果动词后边没有宾语，"了"放在动词之后、补语之前或者句末都可以。
If the verb is not followed by an object, 了 is placed after the verb and before the complement or at the end of the sentence.

Eg. 下课后，孩子们都跑了出去。
下课后，孩子们都跑出去了。

老师搬进来几把椅子。
Lǎoshī bān jìn lái jǐ bǎ yǐzi.
老师搬进几把椅子来。
Lǎoshī bān jìn jǐ bǎ yǐzi lái.

孩子们举起来右手。
Hǎizi men jǔ qǐ lái yòushǒu.
孩子们举起右手来。
Hǎizi men jǔ qǐ yòushǒu lái.

练习 Exercises

1. 选择合适的动词，把词组连成带有复合趋向补语的句子。Choose proper verbs and combine the given words of each group into a sentence carrying a compound directional complement.

Eg. 回来　宿舍 ⟶ 外面下雨了，他跑回宿舍来。

〔1〕进去　剧场　　　　　　〔5〕过去　路
〔2〕回来　一瓶水　　　　　〔6〕出去　书架
〔3〕上来　楼　　　　　　　〔7〕进来　商店
〔4〕回去　一件毛衣　　　　〔8〕起来　帽子

2. 看图，用复合趋向补语完成句子。Complete the sentences with compound directional complements according to the pictures.

〔1〕
玛丽买_____两张邮票，贴_____，然后，她把信投_____。

〔2〕
可是，玛丽的信退_____了。原来，信超重了，要再贴一张邮票_____。

〔3〕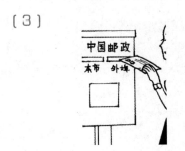
玛丽又把她的信寄_____。

趋向补语的引申用法

Qūxiàng bǔyǔ de yǐnshēn yòngfǎ

趋向补语用在动词、形容词后，不仅可以表示趋向，还可以表示其它的意义。

The directional complement can be placed after the verb or adjective to indicate direction as well as other meanings.

一 起来

 格式 动词/形容词+起来

1. 表示动作或者状态开始并继续。 Indicating the beginning and continuation of an action or state.

他笑了起来。
Tā xiào le qǐ lái.

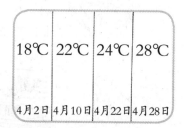

春天到了，天气暖和起来。
Chūntiān dào le, tiānqì nuǎnhuo qǐ lái.

Attention

(1) 如果谓语动词带宾语，宾语一定要放在"起"和"来"之间。
If the predicate verb goes with an object, the object should be placed between 起 and 来.

Eg. 听到音乐，她唱起歌来。

(2) "形容词+起来"多表示积极意义。
Adjective + 起来 mostly carries positive connotations.

2. 表示事物由分散到集中。 Indicating concentration from scattering.

玛丽把东西收拾起来。
Mǎlì bǎ dōngxi shōushi qǐ lái.

玛丽把书都捆起来了。
Mǎlì bǎ shū dōu kǔn qǐ lái le.

Attention

常用动词有"收拾""存""包""捆""扎""装"等。
The common verbs include 收拾，存，包，捆，扎，装，*etc.*

3. 表示对某一方面进行估计、评价。 Indicating estimation and evaluation of an aspect.

A: 她唱得怎么样？
Tā chàng de zěnmeyàng?

B: 她唱起歌来，像小鸟一样好听。
Tā chàng qǐ gē lái, xiàng xiǎo niǎo yíyàng hǎotīng.

A: 你当老师多长时间了？
Nǐ dāng lǎoshī duō cháng shíjiān le?

B: 算起来，我做教师已经三十年了。
Suàn qǐ lái, wǒ zuò jiàoshī yǐjīng sānshí nián le.

Attention

(1) 常用动词有"看""说""做""吃""用""听""穿"等。
The common verbs include 看, 说, 做, 吃, 用, 听, 穿, *etc.*

(2) 宾语要放在"起"和"来"之间。
The object should be placed between 起 *and* 来.

4. 表示回忆有了结果。 Indicating the result of recalling.

我想起来了，钥匙在书包里。
Wǒ xiǎng qǐ lái le, yàoshi zài shūbāo lǐ.

我记起来了，你是上次
Wǒ jì qǐ lái le, nǐ shì shàng cì
给我指路的人。
gěi wǒ zhǐ lù de rén.

Attention
常用动词有"想""记""回忆""回想"等。
The common verbs include 想，记，回忆，回想，etc.

二 下来

  动词/形容词 + 下来

1. 表示从较高部门到较低部门。 Indicating stepping down from a high level to a low level.

作业今天就发下来了。
Zuòyè jīntiān jiù fā xià lái le.

将军的命令传达下来了。
Jiāngjūn de mìnglìng chuándá xià lái le.

2. 表示让事物固定、停留在某个地方，确定不变。Indicating that something is fixed or kept in a place.

同学们把老师的话记下来。
Tóngxué men bǎ lǎoshī de huà jì xià lái.

太美了，我要把它画下来。
Tài měi le, wǒ yào bǎ tā huà xià lái.

3. 表示动作从过去延续到现在，不太容易，但已经完成。(从现在延续到未来用"下去"。) Indicating the continuation of an action from the past to the present, not easy but completed. (下去 is used to indicate the continuation of an action from the present to the future.)

10000米，大卫跑下来了。
Yí wàn mǐ, Dàwèi pǎo xià lái le.

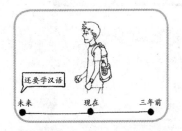

三年了，大卫终于学下来了。他很
Sān nián le, Dàwèi zhōngyú xué xià lái le. Tā hěn

喜欢汉语，他还要学下去。
xǐhuan Hànyǔ, tā hái yào xué xià qù.

> **Attention**
> 常用动词有"坚持""活""保存""学""跑"等。
> *The verbs commonly used include* 坚持, 活, 保存, 学, 跑, *etc.*

4. 表示动作、状态由动到静、由明到暗、由强到弱等程度逐渐变化，强调开始出现并继续。Indicating an action or state's gradual change of degree from dynamic to static, from light to dark, and from strong to weak and also emphasizing the beginning and continuation of the change.

半小时以后，她平静了下来。
Bàn xiǎoshí yǐhòu, tā píngjìng le xià lái.

经过努力，他终于瘦下来了。
Jīngguò nǔlì, tā zhōngyú shòu xià lái le.

Attention

"动词+下来"还可以表示收获农作物。
Verb+下来 can also be used to indicate a harvest of crops.

Eg. 麦子（玉米/红薯/西瓜/苹果）下来了。

三 下去

格式 动词/形容词 + 下去

1. 表示已经开始的动作、状态还要继续。Indicating the continuation of an action or a state that has started.

老师： 大卫读了第一段，
Lǎoshī: Dàwèi dú le dì yī duàn,

玛丽，请你读下去。
Mǎlì, qǐng nǐ dú xià qù.

大卫已经跑了5000米，
Dàwèi yǐjīng pǎo le wǔqiān mǐ,

他还要跑下去。
tā hái yào pǎo xià qù.

Attention

(1) 常用动词有"说""讲""学""读""传""坚持"等。
The verbs commonly used include 说，讲，学，读，传，坚持, etc.

(2) "形容词+下去"常表消极意义。
Adjective +下去 usually carries negative connotations.

Eg. 如果天再黑下去就看不见路了。
别再减肥了，你如果再瘦下去可就危险了。

120

四 出来

格式 动词 + 出来

1. 表示一个动作使事物出现或产生结果，从无到有。Indicating that an action causes something to happen or result from nothing.

大卫想出来好几个好主意。   这道数学题她算出来了。
Dàwèi xiǎng chū lái hǎo jǐ ge hǎo zhǔyi.   Zhè dào shùxué tí tā suàn chū lái le.

Attention

(1) 常用动词有"读""写""画""算"等。
The verbs commonly used include 读, 写, 画, 算, *etc.*

(2) "想起来"的事情是以前经历的，但是忘了；"想出来"的事情是新出现的想法。
想起来 indicates what was experienced but is forgotten; 想出来 indicates new ideas.

Eg. 大家都不知道怎么办的时候，大卫想出来一个好主意。
因为他想起来了，以前遇到过跟这次差不多的问题。

2. 表示通过动作识别、分辨人或事物，由隐蔽到暴露。Indicating to identify or distinguish people or thing from concealment to exposure by actions.

玛丽听出来了，这是Jackson的歌。   我看出来了，你是姐姐，她是妹妹。
Mǎlì tīng chū lái le, zhè shì Jackson de gē.   Wǒ kàn chū lái le, nǐ shì jiějie, tā shì mèimei.

Attention

如果有宾语，要放在"出"和"来"中间。
If there is an object, it should be placed between 出 *and* 来.

Eg. 在人群中我认出小王来了。

五 过来

格式 动词 + 过来

1. 表示情况改变。 Indicating the change of a situation.

这本小说已经翻译过来了。
Zhè běn xiǎoshuō yǐjīng fānyì guò lái le.

他们的帽子换过来了。
Tāmen de màozi huàn guò lái le.

2. 表示没有能力做某事，一般用可能补语的形式。 The form of potential complement is usually used to indicate the disability of doing something.

孩子太多了，妈妈一个人
Háizi tài duō le, māma yí ge rén
照顾不过来。
zhàogù bú guò lái.

大卫：谢谢你们，但是这么
Dàwèi： Xièxie nǐmen, dànshì zhème
多菜，我吃不过来啊。
duō cài, wǒ chī bú guò lái a.

Attention

常用动词有"吃""用""玩""看""干""管""数""背""念""算""复习""照顾""招待"等。
The verbs commonly used include 吃，用，玩，看，干，管，数，背，念，算，复习，照顾，招待，*etc.*

3. 表示回到原来的、正常的状态，多用于积极的意义。Indicating returning to the original or normal state and mostly carrying positive connotations.

大卫把这个错字改过来了。
Dàwèi bǎ zhège cuòzì gǎi guò lái le.

经过医生的抢救，玛丽
Jīngguò yīshēng de qiǎngjiù, Mǎlì
终于醒过来了。
zhōngyú xǐng guò lái le.

Attention
常用动词有"改""救""醒""恢复""休息""明白"等。
The verbs commonly used include 改, 救, 醒, 恢复, 休息, 明白, etc.

六 上来

格式 动词 + 上来

1. 表示接近某物，由远及近。Indicating approaching something from far to near.

大卫看到玛丽慢慢跟上来了。
Dàwèi kàn dào Mǎlì mànmàn gēn shàng lái le.

看见我，主人迎了上来。
Kàn jiàn wǒ, zhǔrén yíng le shàng lái.

2. 表示有能力做某事。Indicating the ability of doing something.

老师的问题他回答上来了。
Lǎoshī de wèntí tā huídá shàng lái le.

这本书的内容，孩子说上来了。
Zhè běn shū de nèiróng, háizi shuō shàng lái le.

七 上去

表示接近某物，由远及近或增加。Indicating approaching something from far to near or increasing.

格式 动词 + 上去

Attention

与"动词+上来"相比，"动词+上去"也可以用在例句"看见我，主人迎上去。"中，只不过说话的角度换了，是从"主人"的角度说话。

Compared with verb+上来, verb+上去 can also be used in the example of 看见我，主人迎上去. In the sentence, the point of view is changed and it is said from 主人 (the host's) point of view.

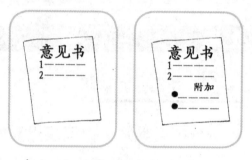

我把这两条意见加上去。
Wǒ bǎ zhè liǎng tiáo yìjiàn jiā shàng qù.

练习 Exercises

1. 选择合适的趋向补语。Choose the proper directional complements.

〔1〕吃了那么多东西，我再也吃不（下去、过去、出去、回去）了。

〔2〕他看（出来、回来、上来、上去）不像五十多岁的人，要比实际年龄小六、七岁。

〔3〕机器上的零件都锈死了，我们俩拆了大半天也没拆（出来、进来、下来、上来）。

〔4〕她失败了，怎么安慰她也高兴不（上来、下来、起来、过来）。

〔5〕老赵大声嚷了一句，餐厅里一下子安静（下来、进来、出来、下去）。

〔6〕 每天不辞辛苦地锻炼，终于慢慢地瘦（起来、上来、下来、过来）。

〔7〕 你忙不（过去、过来、下去、上去），为什么不另外请人帮忙呢？

〔8〕 请你们把写错的地方都改（起来、过来、过去、下来）。

〔9〕 如果你不愿意，就应该早点说（起来、出去、出来、上来）。

〔10〕 快说（上来、下来、下去、上去），我正听得有趣呢。

〔11〕 我想（出去、出来、过来、上来）一个办法，我们可以再试一试。

〔12〕 我学习汉语已经有三年时间了，坚持（上来、起来、出来、下来）不容易。

〔13〕 我只看过汉语的《红楼梦》，这本小说还没翻译（起来、过来、下来、回来）呢。

〔14〕 我终于明白（起来、回去、下来、过来）了，他们两个原来不是亲兄弟。

〔15〕 又是打针、又是吃药，病人总算醒（出来、过来、过去、起来）了。

〔16〕 昨天交（出来、出去、上去、下来）的计划，今天就发（出来、出去、上去、下来）了。

2. 看图，用合适的复合趋向补语填空。Fill in the blanks with the proper compound directional complements according to the pictures.

〔1〕

最近大卫又忙_____了，因为他要参加作文比赛。他已经写_____了一篇作文。他拿给老师看，老师给他写了一些意见，可是大卫看不_____老师写的是什么。他请中国朋友帮忙，终于明白了。

〔2〕

平时大卫跑_____步_____很快，可是今天突然下_____雨_____了，他的速度慢_____了。大卫想回宿舍，可是玛丽迎_____，喊："加油，大卫，跑_____！"大卫只好一直跑，一直跑，十圈，他终于跑_____了。玛丽用照相机把大卫跑步的样子照_____了。

37

可能补语

Kěnéng bǔyǔ

在谓语后边补充说明动作能否达到某种结果或情况的词或短语叫可能补语。

A word or phrase added after the predicate to explain the possibility of fulfilling a result or situation is a potential complement.

 常用格式 **Common patterns**

肯定式表示能达到某种结果或情况；否定式表示不能达到某种结果或情况。

The affirmative form indicates that it is possible to fulfill a result or condition; the negative form indicates that it is impossible to fulfill a result or condition.

> **格式** 动词+得+结果补语/趋向补语
> 动词+不+结果补语/趋向补语
> 动词+得+结果补语/趋向补语+动词+不+结果补语/趋向补语?

A: 纸上的字你看得清楚看不清楚?
Zhǐ shang de zì nǐ kàn de qīngchu kàn bu qīngchu?

B: 我看得清楚。
Wǒ kàn de qīngchu.

A: 他一个人搬得动搬不动?
Tā yí ge rén bān de dòng bān bu dòng?

B: 桌子不太重，他一个人搬得动。
Zhuōzi bú tài zhòng, tā yí ge rén bān de dòng.

A: 今天的作业两个小时你写得完写不完？
Jīntiān de zuòyè liǎng ge xiǎoshí nǐ xiě de wán xiě bu wán?

B: 两个小时我写不完。
Liǎng ge xiǎoshí wǒ xiě bu wán.

A: 这条河你游得过去游不过去？
Zhè tiáo hé nǐ yóu de guò qù yóu bu guò qù?

B: 河很宽，我游不过去。
Hé hěn kuān, wǒ yóu bu guò qù.

二 能做可能补语的词或短语 Words and phrases that can be used as potential complements

1. 一些形容词、动词可以做可能补语。 Some adjectives and verbs can act as potential complements.

听不清楚	做得好	擦得干净	买得到
tīng bu qīngchu	zuò de hǎo	cā de gānjìng	mǎi de dào
记不住	听得懂	写得完	走不动
jì bu zhù	tīng de dǒng	xiě de wán	zǒu bu dòng

奶奶听不清楚人家说什么。
Nǎinai tīng bu qīngchu rénjiā shuō shénme.

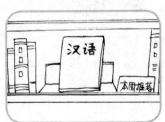

去那家书店买得到中文书。
Qù nà jiā shū diàn mǎi de dào Zhōngwén shū.

2. 趋向短语前面加上"得/不"变成可能补语的肯定式和否定式。A directional phrase that is preceded by 得/不 becomes the affirmative and negative form of a potential complement.

> **格式** 动词＋得/不＋上/下/进/出/回/过/起＋来/去

拿得上去	买得回来	想不起来	听不进去
ná de shàng qù	mǎi de huí lái	xiǎng bu qǐ lái	tīng bu jìnqù

大卫力气大，这三个包他拿得上去。
Dàwèi lìqi dà, zhè sān ge bāo tā ná de shàng qù.

他的名字我想不起来了。
Tā de míngzi wǒ xiǎng bu qǐ lái le.

3. 表示能不能做或者能不能做完某件事。Indicating whether something can be done or completed.

> **格式** 动词＋得/不＋了

吃得了	喝得了	去不了	拿不了
chī de liǎo	hē de liǎo	qù bu liǎo	ná bu liǎo

这次旅行，大卫有时间去得了。
Zhè cì lǚxíng, Dàwèi yǒu shíjiān qù de liǎo.

这么多饺子，玛丽吃不了。
Zhème duō jiǎozi, Mǎlì chī bu liǎo.

4. 表示有没有足够的钱做某件事。Indicating whether there is enough money for doing something.

格式 动词+得/不+起

买得起　　住得起
mǎi de qǐ　　zhù de qǐ

这本书我买得起。
Zhè běn shū wǒ mǎi de qǐ.

太贵了，我们住不起。
Tài guì le, wǒmen zhù bu qǐ.

三 可能补语和程度补语的比较　Comparison and Contrast between possibility complements and degree complements

	可能补语 potential complement	程度补语 degree complement
肯定式 affirmative form	看得清楚	看得很清楚
否定式 negative form	看不清楚	看得不清楚
正反疑问句 affirmative-negative form	看得清楚看不清楚	看得清楚不清楚
带宾语 with an object	看得清楚那些字	看那些字看得很清楚
前带状语 preceded by an adverbial		看得非常清楚
后带补语 followed by a complement		看得清楚极了
重音 stress	谓语动词 predicative verb	程度补语 degree complement

练习 Exercises

1. 用适当的可能补语完成句子。Complete the sentences with the proper potential complements.

〔1〕你老师说得太快了，我听_____。

〔2〕走了一个小时了，我走_____了。

〔3〕那件行李不太重，我一个人拿_____。

〔4〕他长得越来越胖了，瘦_____了。

〔5〕没有时间了，我看_____那场球赛了，以后再看吧。

〔6〕很抱歉，晚上的舞会我去_____了。

〔7〕那儿不太高，我自己挂_____那幅画儿。

〔8〕要了一大瓶可乐，你喝_____吗？

2. 看图，用可能补语完成对话。Complete the dialogues with the potential complements according to the pictures.

〔1〕

A：小明一个小时能不能到学校？
B：他_____。

〔2〕

A：餐厅里还能坐下新来的客人吗？
B：_____。

〔3〕

A：妈妈的话你能听明白吗？
B：我_____。

〔4〕

A：玛丽_____？
B：她买得起这件大衣。

〔5〕

A：这个小朋友_____？
B：他搬得动。

〔6〕

A：妈妈，您六点前能不能做好饭呀？
B：放心吧，_____。

38

方 位 词

Fāng　wèi　cí

方位词表示方向和位置。
A noun of locality indicates the direction and location.

一 常用格式 Common patterns

单独使用时，多数方位词后面一般都要加"面"或者"边"；跟其他名词组合时，可加可不加。When used alone, most nouns of locality have to add 面 or 边 after them; when the nouns combine with other nouns, 面 or 边 is optional.

格式 （名词）+方位词（+面/边）

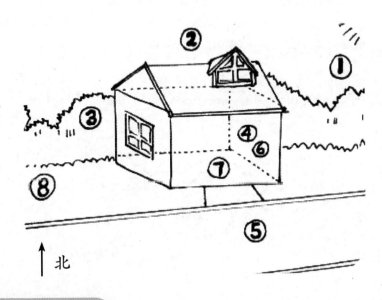

↑ 北

Attention
中+间
旁+边

① 东边/面
dōngbian/miàn

② 上边/面
shàngbian/miàn

③ 左边/面
zuǒbian/miàn

④ 里边/面
lǐbian/miàn

⑤ 前边/面
qiánbian/miàn

⑥ 房子里（面）
fángzi lǐ (miàn)

⑦ 中间、房子中间
zhōngjiān, fángzi zhōngjiān

⑧ 旁边、房子旁（边）
pángbiān, fángzi páng (biān)

131

二 方位词在句中的位置跟一般名词一样 In a sentence, a noun of locality is placed where a common noun is

格式
……（的）方位词（+面/边）
……+（动词）在+方位词（+面/边）

方位词（+面/边）+是[1]+……
方位词（+面/边）+有[2]/动词着+……
方位词（+面/边）+的+……

教室里面正在上课，
Jiàoshì lǐmiàn zhèngzài shàng kè,
安妮坐在马克前边，
Ānnī zuò zài Mǎkè qiánbiān,
马克后边是凯蒂。
Mǎkè hòubiān shì Kǎidì.
老师站在黑板前面，
Lǎoshī zhàn zài hēibǎn qiánmiàn,
黑板上写着一些问题。
hēibǎn shàng xiě zhe yìxiē wèntí.
左边的问题已经做完了，
Zuǒbiān de wèntí yǐjīng zuò wán le,
大家正在做右边的问题。
dàjiā zhèngzài zuò yòubiān de wèntí.

练习 Exercises

1. 看地图，用方位词完成句子。Complete the sentences with nouns of locality according to the map.

哈尔滨在＿＿＿＿＿＿＿＿。
北京在 ＿＿＿＿＿＿＿＿。
上海在＿＿＿＿＿＿＿＿。
香港在＿＿＿＿＿＿＿＿。
拉萨在＿＿＿＿＿＿＿＿。
乌鲁木齐在＿＿＿＿＿＿＿。
台湾在＿＿＿＿＿＿＿＿。

↑北

注1: 参见33页 "10 '是' 字句"。
　2: 参见37页 "11 '有' 字句"。

2. 看图，用合适的方位词描述图中的情景。 Use proper nouns of locality to describe the situation according to the picture.

_____有很多人。司机在_____开车。乘客们都坐在司机的_____。行李放在过道_____。_____的一位乘客在听音乐。他_____的乘客（passenger）在睡觉。_____的那位乘客在看书。

39

代词（1）：我们、咱们
Dàicí (yī): Wǒmen, zánmen

"我们"和"咱们"都是第一人称代词。
我们 and 咱们 are both first-person pronouns.

一 "我们"和"咱们"

当话题包括说话人和听话人时，"我们""咱们"都可以。Either 我们 or 咱们 can be used when the topic involves the speaker and the listener.

老公，咱们/我们去那儿看看吧。
Lǎogōng, zánmen/wǒmen qù nǎr kànkan ba.

咱们/我们去吃饭吧。
Zánmen/wǒmen qù chī fàn ba.

Attention
口语中"咱们"更常用。
咱们 is more often used in spoken Chinese.

二 我们

当话题不包括听话人时，用"我们"。我们 is used when the topic does not involve the listener.

话题（说话人） ⟶ 我们

我们通过考试了，你呢？
Wǒmen tōng guò kǎo shì le, nǐ ne?

我们班一共有二十个学生。
Wǒmen bān yí gōng yǒu èr shí ge xuésheng.

练习　Exercises

1. 用"我们"或"咱们"完成对话。Complete the dialogues with 我们 or 咱们.

〔1〕A：你们去哪？

　　　B：＿＿＿＿＿＿＿＿＿＿＿＿＿＿＿。

　　　C：＿＿＿＿＿＿＿＿＿＿＿＿＿＿＿。

〔2〕A：＿＿＿＿＿＿＿＿＿＿＿＿＿＿＿。

　　　B：我的作业还没做完，你去吧。

〔3〕A：你和大卫一起去吗？

　　　B：＿＿＿＿＿＿＿＿＿＿＿＿＿＿＿。

〔4〕A：＿＿＿＿＿＿＿＿＿＿＿＿＿＿＿？

　　　B：好的，等我一下。

〔5〕A：你们班有多少人？

　　　B：＿＿＿＿＿＿＿＿＿＿＿＿＿＿＿。

〔6〕A：姐，你看，没人帮忙，怎么办？

　　　B：＿＿＿＿＿＿＿＿＿＿＿＿＿＿＿。

2. 看图，用"我们"或"咱们"填空。Fill in the blanks with 我们 or 咱们 according to the pictures.

〔1〕

今天是王老师的生日，_____给她买了一个蛋糕，她很高兴。

〔2〕

A：玛丽，快上课了，_____快走吧。

B：好的。

〔3〕

朋友们：大卫，_____一定要常联系啊！

大　卫：一定！

朋友们：那_____走了，再见！

40

代词（2）：人家

Dàicí (èr): Rénjia

代词"人家"常用在口语中，用法主要有三种。
The pronoun 人家 is often used in spoken Chinese. It is mainly used in three ways.

一 人家 = 他/他们 (He, she or they)

指除了说话人和听话人以外的人，而且是双方都已知的，相当于"他"或"他们"。It refers to a person or persons other than the speaker and the listener, both of whom know the person or persons. It is equivalent to 他 or 他们.

A: 你这么喜欢他，告诉人家了吗？
　　Nǐ zhème xǐhuan tā, gàosu rénjia le ma?

B: 还没告诉他。
　　Hái méi gàosu tā.

A: 好几个同学都不去玩儿，
　　Hǎo jǐ ge tóngxué dōu bú qù wánr,
　　人家都要复习。
　　rénjia dōu yào fùxí.

B: 那我们也快点复习吧。
　　Nà wǒmen yě kuài diǎn fùxí ba.

二 人家 = 别人 (Others)

指除了说话人和听话人以外的人；相当于"别人"。It refers to persons other than the speaker and the listener, which is equivalent to 别人.

A: 这是我的秘密。
　　Zhè shì wǒ de mìmì.

B: 放心吧，我不会告诉人家的。
　　Fàng xīn ba, wǒ bú huì gàosu rénjia de.

A: 这是哪儿啊？
　　Zhè shì nǎr a?

B: 我们去问问人家吧。
　　Wǒmen qù wèn wen rénjia ba.

三 人家 = 我自己　(Myself)

指说话人自己。It refers to the speaker.

A: 亲爱的，嫁给我吧！
　　Qīn'ài de, jià gěi wǒ ba!

B: 人家还没想好呢。
　　Rénjia hái méi xiǎng hǎo ne.

A: 走吧，宝贝。
　　Zǒu ba, bǎobèi.

B: 不嘛，人家要那个娃娃。
　　Bù ma, rénjia yào nà ge wáwa.

Attention

用"人家"指代自己的一般是女性，男性很少用。

人家 is usually used by female speakers to refer to themselves. Male seldom use 人家 in this way.

练习 Exercises

1. 下列对话中的"人家"是什么意思？What does 人家 mean in each of the following dialogue?

〔1〕丈夫：可以走了吗？

妻子：人家还没准备好呢。

〔2〕A：今天的工作他们做完了吗？

B：人家三个小时前就做完了，我们快点吧。

〔3〕A：那家餐厅的饭菜怎么样？

B：人家都说好吃。

〔4〕妈妈：快起床吧。

女儿：不嘛，人家想再睡一会儿。

〔5〕A：人家放假都去旅行，你怎么天天在家啊？

B：人家是人家，我是我。

〔6〕A：人家是这么说的吗？

B：对，是他们亲口说的。

2. 看图，用"人家"完成对话。Complete the dialogues with 人家 according to the pictures.

〔1〕

A：你怎么没来上课啊？

B：_____。

〔2〕

A：那家商场的东西怎么样？

B：_____。

〔3〕

A：玛丽，怎么了？

B：_____。

41

疑问代词的引申用法

Yíwèn dàicí de yǐnshēn yòngfǎ

疑问代词"谁""什么""哪儿""哪""怎么"等除了表示疑问以外，还有不表示疑问的用法。一是表示反问[1]；二是表示任指；三是表示不确指；四是表示虚指。这里我们主要介绍后三种用法。不表示疑问时，句尾都不用"？"，而是用"。"。

When used in questions, interrogative pronouns, such as 谁, 什么, 哪儿, and 怎么 are also used in non-questioning situations: (1) rhetorical questions; (2) arbitrary reference; (3) unspecific reference; (4) vague reference. Here the last three situations are explained, where sentences end with "." rather than "?".

一 表示任指 Arbitrary reference

疑问代词代替某个范围内的每一个对象，它们都有相同的情况，没有例外。An interrogative pronoun is used to substitute any object in a range and all the objects are the same with no exception.

> 格式 ⋯⋯疑问代词⋯⋯+都/也⋯⋯

大卫谁都不认识。
Dàwèi shuí dōu bú rènshi.
谁都不认识大卫。
Shuí dōu bú rènshi Dàwèi.

大卫什么（中国菜）都没吃过。
Dàwèi shénme (Zhōngguó cài) dōu méi chī guò.

大卫哪儿都没去过。
Dàwèi nǎr dōu méi qù guò.

大卫怎么听也听不懂。
Dàwèi zěnme tīng yě tīng bu dǒng.

注1：表示反问的用法参见28页"9反问句"。

现在，学校里谁都认识大卫，
Xiànzài, xuéxiào lǐ shuí dōu rènshi Dàwèi,
他什么（中国）菜都爱吃，
Tā shénme (Zhōngguó) cài dōu ài chī,
这一年在北京，他哪儿都去过了。
Zhè yì nián zài Běijīng, tā nǎr dōu qù guò le.
老师说什么他都听得懂。
Lǎoshī shuō shénme tā dōu tīng de dǒng.

二 表示不确指 Unspecific reference

疑问代词代替某个或某些对象，但不确定。同样的疑问代词在每句中出现两次，前后所指的对象相同。一般句子的前一部分是条件，后一部分是结果。

An interrogative pronoun is used to substitute a referent or a few referents, which is not specific. When an interrogative pronoun appears twice in a sentence, the referents are the same. In most cases, the first part of the sentence is a condition and the second is a result.

格式 ……疑问代词1……就……疑问代词1……

老师：
lǎoshī:
[1] 谁想参加谁就去办公室
　　 Shuí xiǎng cānjiā shuí jiù qù bàngōngshì
　　 报名。
　　 bào míng.
[2] 你想去哪儿就去哪儿。
　　 Nǐ xiǎng qù nǎr jiù qù nǎr.
[3] 你看着，我怎么写你就怎么写。
　　 Nǐ kàn zhe, wǒ zěnme xiě nǐ jiù zěnme xiě.
[4] 你觉得哪个方便就坐哪个。
　　 Nǐ juéde nǎge fāngbiàn jiù zuò nǎge.
[5] 你想问什么就问什么吧。
　　 Nǐ xiǎng wèn shénme jiù wèn shénme ba.

Attention

前后两个分句中的主语相同时，后一分句中的主语可以省略，如例句[2]、[4]、[5]；如果不相同一定要说明，如例句[3]。

When the subject in the first clause is the same as that in the second clause, the second subject can be omitted, such as Examples 2, 4 and 5. If they are different, explanation must be given, such as Example 3.

三 表示虚指 Vague reference

疑问代词所代的对象不知道具体是什么，说话人说不出来或者无须指明。
The referent of the interrogative pronoun is not clear. It cannot be told or it is unnecessary to be identified.

你吃点儿什么吧。
Nǐ chī diǎnr shénme ba.

我好像听谁说过那件事。
Wǒ hǎoxiāng tīng shuí shuō guò nà jiàn shì.

我想去哪儿玩还没想好。
Wǒ xiǎng qù nǎr wán hái méi xiǎng hǎo.

四 其他非疑问用法 Other non-interrogative usages

1. 疑问代词单独用，表示一种惊讶的语气。 Interrogative pronouns are used alone to express surprising tone.

什么？！5000块！
Shénme?! Wǔqiān kuài!

2. 口语中，"什么的"表示"等等"。In spoken Chinese, 什么的 is equivalent to 等等(etc).

我喜欢唱歌、跳舞、打篮球什么的。
Wǒ xǐhuan chàng gē, tiào wǔ, dǎ lánqiú shénmede.

练习 Exercises

1. 用疑问代词的非疑问用法完成对话。Complete the dialogues with proper interrogative pronouns for non-interrogative usages?

〔1〕 A：星期日我们去哪儿玩？

B：＿＿＿＿＿＿＿＿，你说吧。（哪儿）

〔2〕 A：你们以前谁来过中国？

B：＿＿＿＿＿＿＿＿，我们都是第一次。（谁）

〔3〕 A：我什么时候去你家方便？

B：我最近不忙，＿＿＿＿＿＿＿＿。（什么时候）

〔4〕 A：你们这儿什么菜好吃？

B：＿＿＿＿＿＿＿＿。（什么）

〔5〕 A：你想好买哪本书了吗？

B：都很喜欢，＿＿＿＿＿＿＿＿。（哪）

〔6〕 A：牛肉怎么做好吃？

B：我非常喜欢吃牛肉，我觉得＿＿＿＿＿＿＿＿。（怎么）

〔7〕 A：最近房子又涨价了。

B：没办法，我现在需要房子，＿＿＿＿＿＿＿＿。（多少）

〔8〕 A：小宝宝喜欢做什么？

妈妈：他现在总是跟着我，＿＿＿＿＿＿＿＿。（哪儿、什么）

〔9〕 A：你认识他吗？

B：好像 ＿＿＿＿＿＿＿，想不起来了。（哪儿）

〔10〕 A：你知道吗？大卫一个人去西藏了。

B：＿＿＿＿＿＿＿？！

2. 看图，用疑问代词的引申用法完成句子。 Complete sentences with interrogative pronouns according to the pictures.

〔1〕

他们＿＿＿＿＿＿＿。（谁）

〔2〕

王师傅在北京开了三十年出租车，

＿＿＿＿＿＿＿。（哪儿）

〔3〕

图书馆里＿＿＿＿＿＿＿。（什么时候）

〔4〕

她＿＿＿＿＿＿＿。（什么）

〔5〕

去上海，＿＿＿＿＿＿＿。（怎么）

能愿动词
Néngyuǎn dòngcí

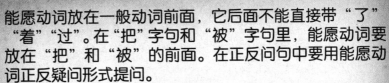

能愿动词放在一般动词前面，它后面不能直接带"了""着""过"。在"把"字句和"被"字句里，能愿动词要放在"把"和"被"的前面。在正反问句中要用能愿动词正反疑问形式提问。

An optative verb usually precedes a verb and cannot be directly followed by 了, 着 or 过. It is placed before 把 or 被 in a 把 sentence or 被 sentence. In the affirmative-negative question, the affirmative-negative form of the optative verb must be used.

格式
✓ 能愿动词+动词+宾语
✓ 能愿动词+把/被+……
✗ 能愿动词+了/着/过+……

✓ 我会说汉语。
✓ 我要把这个礼物送给她。
✗ 我会了/着/过学汉语

一 想、要、得

1. "想"和"要"

[1] "想"和"要"都可以表示愿望和打算。Both 想 and 要 can express wishes and intentions.

格式 想/要+做什么

她想/要继续学习，她想/要当
Tā xiǎng/yào jìxù xuéxí, tā xiǎng/yào dāng
博士，现在不想工作。
bóshì, xiànzài bù xiǎng gōngzuò.

A: 下课后你去哪儿？
Xià kè hòu nǐ qù nǎr?

B: 我要去银行。你去吗？
Wǒ yào qù yínháng. Nǐ qù ma?

A: 我不想去，我要去图书馆。
Wǒ bù xiǎng qù, wǒ yào qù túshūguǎn.

Attention
表示将来真要发生的事情，多用"要"。
要 is more often used to indicate that an event will certainly happen in future.

145

〔2〕"不要"有别的意思。Other meanings of 不要.

① 劝阻别人做某事。It is used to persuade others not to do something.

小朋友，不要在马路上玩，太危险了。
Xiǎo péngyǒu, bú yào zài mǎlù shang wán, tài wēixiǎn le.

② 表示拒绝，这时"要"是一般动词。When expressing refusal, 要 is a common verb.

我不要茶。
Wǒ bú yào chá.

2. "得"和"要"

〔1〕"得"有应该、需要的意思，也可以换作"要"。得 means 应该 (should) or 需要 (need), and it can interchange with 要.

格式 得/要+怎么样（做）

你是学生，你得/要努力学习。（应该）
Nǐ shì xuésheng, nǐ děi/yào nǔlì xuéxí. (yīnggāi)

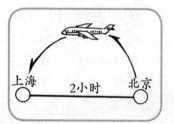

从北京到上海得/要飞两个小时。（需要）
Cóng Běijīng dào Shànghǎi děi/yào fēi liǎng ge xiǎoshí. (xūyào)

〔2〕否定时用"不用"。In a negative statement, 不用 is used.

格式 不用+怎么样（做）

今天是星期六，不用早起。
Jīntiān shì xīngqīliù, búyòng zǎo qǐ.

练习 Exercises

1. 用"想""要"或"得"填空。Fill in the blanks with 想，要 or 得.

〔1〕A：最近我特别爱吃甜食。

B：不＿＿＿吃那么多，对身体不好。

A：是啊，越来越胖了。

B：你＿＿＿多运动才能减肥。

B：如果你减肥成功了，你＿＿＿做什么？

A：我＿＿＿买很多很多巧克力，天天吃。

B：啊？！

〔2〕朋友们，请不＿＿＿用闪光灯对着运动员拍照，谢谢大家！

〔3〕A：请问，这件衣服＿＿＿多少钱？

B：500块。

A：我听说用VIP卡可以打折。

B：对，那就不＿＿＿付全价了，折后是400块。

2. 看图，用"想""要"或"得"完成句子。Complete the sentences with 想，要 or 得 according to the pictures.

〔1〕 他长大以后，＿＿＿＿＿＿＿。　　〔2〕 她长大以后，＿＿＿＿＿＿＿。

〔3〕

小朋友，照相了，_____。

〔4〕

先生，请你_____。

〔5〕

早上_____，晚上_____，
你的身体会越来越好。

能、会、可以

1. "能" 和 "会" 都可以表示有能力做某事。Both 能 and 会 indicate the ability to do something.

"能" 表示自身具有某种能力和技能，"会" 强调经过学习后掌握的能力。能 indicates one's own ability and skill; 会 emphasizes the ability acquired through learning.

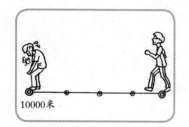

A: 你能跑多远？
　　Nǐ néng pǎo duō yuǎn?

B: 我能跑10000米。
　　Wǒ néng pǎo yíwàn mǐ.

A: 你好，你会不会说汉语？
　　Nǐ hǎo, nǐ huì bu huì shuō Hànyǔ?

B: 我会说汉语，我在北京学过。
　　Wǒ huì shuō Hànyǔ, wǒ zài Běijīng xué guò.

Attention

如果不强调是学习后掌握的技能，也可以说 "能说汉语"。
能说汉语 is acceptable if it is not used to emphasized that the skill is acquired after learning.

148

2. "能"和"会"都表示某事有可能性。 Both 能 and 会 indicate possibilities.

"能"强调客观上的可能性，"会"强调主观上的可能性。 能 indicates objective possibilities, while 会 indicates subjective possibilities.

A: 明天你去看那个电影吗?
    Míngtiān nǐ qù kàn nàge diànyǐng ma?

B: 我很喜欢那个电影，我会去。
    Wǒ hěn xǐhuān nàge diànyǐng, wǒ huì qù.

A: 可惜明天我有课，我不能去。
    Kěxī míngtiān wǒ yǒu kè, wǒ bù néng qù.

> **Attention**
>
> 有时候，不容易区分主客观性，只是表示"估计有可能"，用"能""会"都可以。
> Sometimes, it is not easy to tell objectivity from subjectivity. When only indicating possibility, both 能 and 会 can be used.
> Eg. 下星期他能/会回来。

3. "能"和"可以"表示物质上具备某些条件，或者按道理可以做某事。 能 and 可以 indicate that a specific material condition is fulfilled or normally something can be done.

〔1〕物质条件。 Material condition.

当没有条件时，用"不能+动词短语"。 Without material conditions, 不能+verb phrase is used.

这个房间能/可以洗澡、能/可以做饭，
Zhège fángjiān néng/kěyǐ xǐ zǎo, néng/kěyǐ zuò fàn,
但是不能上网。
dànshì bù néng shàng wǎng.

〔2〕禁止和允许。 Forbiddance and permission.

表示"禁止"，常用"不能"，也可以用"不可以"。 When expressing forbiddance, 不能 is usually used and 不可以 can also be used.

对不起，这儿不能抽烟。外边可以。
Duìbuqǐ, zhèr bù néng chōu yān. Wàibian kěyǐ.

A: 请问，我能/可以坐在这儿吗？
Qǐngwèn, wǒ néng/kěyǐ zuò zài zhèr ma?

B: 可以。
Kěyǐ.

〔3〕"可以"表示一种选择的可能性。可以 indicates the possibility of a choice.

坐飞机太贵，你可以坐火车。
Zuò fēijī tài guì, nǐ kěyǐ zuò huǒchē.

这条路不通，我们可以走那条路。
Zhè tiáo lù bù tōng, wǒmen kěyǐ zǒu nà tiáo lù.

4. "能"和"可以"表示效率或能力恢复。 能 and 可以 indicate recovery of efficiency or ability.

现在大卫的手好了，又能/可以打球了。
Xiànzài Dàwèi de shǒu hǎo le, yòu néng/kěyǐ dǎ qiú le.

一般的火车每小时能/可以跑120公里。
Yìbān de huǒchē měi xiǎoshí néng/kěyǐ pǎo yìbǎi èrshí gōnglǐ.

D字头列车每小时能/可以跑300公里。
D zì tóu lièchē měi xiǎoshí néng/kěyǐ pǎo sānbǎi gōnglǐ.

5. "会"表示擅长做某事，前面可以有程度副词修饰。会 indicates being good at something and it can be preceded by a degree adverb as a modifier.

 程度副词+会+做什么

妈妈很会做饭。
Māma hěn huì zuò fàn.

安妮非常会唱歌。
Ānnī fēicháng huì chàng gē.

练习 Exercises

1. 用"能""会"或"可以"填空。Fill in the blanks with 能，会 or 可以.

〔1〕 我酒量不错，_____喝五瓶啤酒。

〔2〕 我_____打太极拳，跟陈师傅学了三年。

〔3〕 我_____开车，可是今天喝了酒不_____开车。

〔4〕 因为喜欢那个明星，所以我_____去看她的电影。

〔5〕 天气不好，比赛不_____举行了。

〔6〕 法律规定，不_____把酒卖给孩子。

〔7〕 如果您觉得这件不合适，_____试试另外一件。

〔8〕 奶奶特别_____讲故事。

〔9〕 我一顿_____吃两碗饭。

〔10〕 A：_____把东西放在这儿吗？

　　　 B：行。

2. 看图，用"能""会"或"可以"完成句子。Complete the sentences with能，会 or 可以 according to the pictures.

〔1〕

大卫太饿了，他说
_____一只烤鸭。

〔2〕

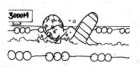

玛丽_____很多语言。
她游泳游得也很好，_____3000米。

〔3〕

A：大卫，晚上一起去打篮球吧。

B：我_____去了。我的手受伤了，医生说我的手_____用力，只_____看书，做简单的运动。

A：什么时候_____好啊？

B：不知道。

A：那我们_____去看你吗？

B：_____。不打球，我们_____一起看电影、唱歌。我妈妈很_____做菜，我们_____一边吃一边玩。

A：太好了！

动词重叠

Dòngcí chóngdié

能重叠的动词多为动作性比较强的、能重复或持续的动词，如：试——试试、等——等等、看——看看等。动词重叠后主要表达短时、少量、轻微、尝试的意思，语气比较轻松、随便，多用于口语。

Verbs that can be reduplicated are mostly verbs of action that can repeat or continue, such as 试—试试、等—等等、看—看看, etc. The reduplication of verb is mainly used in an easy and casual tone in spoken Chinese to express a short period, small quantity, slightness and attempts.

 单音节的动词重叠 Reduplication of one-character verbs

格式　AA=A一A
　　　A了A=A了一A

大卫：这是毛笔，
Dàwèi: Zhè shì máobǐ,
你试试。
nǐ shìshi.

你听听/听一听，是不是有人在唱歌？
Nǐ tīngting / tīng yi tīng, shì bu shì yǒu rén zài chàng gē?

他听了听，不是人的声音，是小鸟在叫。
Tā tīng le tīng, bú shì rén de shēngyīn, shì xiǎo niǎo zài jiào.

Attention

当表达已经发生的情况时，重叠的动词中间加"了"。

了 is required to be used between the duplication of verb to indicate what has happened.

二 双音节的动词重叠 Reduplication of two-character verbs

格式 ABAB
AB 了 AB
AAB

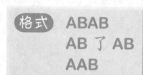

玛丽要考虑考虑，选谁做男朋友。
Mǎlì yào kǎolǜ kǎolǜ, xuǎn shuí zuò nán péngyou.

她考虑了考虑，还是选了大卫。
Tā kǎolǜ le kǎolǜ, háishì xuǎn le Dàwèi.

Attention
AAB一般都是离合词的重叠形式，具体见
171页"47 离合词"解释。
Verbs whose reduplications are in form of AAB are
usually separate disyllabic verbs. As for the detail,
refer to page 171, 47 离合词.

三 动词重叠的使用规则 Rules of using reduplicated verbs

1. 动词重叠后，后面不能再有数量短语。After reduplication, verbs cannot be followed by numeral-measure phrases.

格式 ✗动词重叠+数量短语

✗ 老师说了说二十分钟。
Lǎoshī shuō le shuō èrshí fēnzhōng.

✓ 老师说了二十分钟。
Lǎoshī shuō le èrshí fēnzhōng.

✗ 我问问一下儿。
Wǒ wènwen yí xiàr.

✓ 我问一下儿。/我问问。
Wǒ wèn yí xiàr. / Wǒ wènwen.

2. 如果句中有时间副词"曾经""已经""正在""一直"，不用动词重叠形式。The reduplication of verb can not be used when a time adverb is in the sentence, such as 曾经，已经，正在 and 一直.

格式 ✗时间副词+动词重叠

✗ 我们正在读读课文。
Wǒmen zhèngzài dúdu kèwén.

✓ 我们正在读课文。
Wǒmen zhèngzài dú kèwén.

✗ 他已经看了看这本书。
Tā yǐjīng kàn le kàn zhè běn shū.

✓ 我已经看了这本书。
Wǒ yǐjīng kàn le zhè běn shū.

3. 句中有两个动词，第二个动词为主要动词时，只能重叠第二个动词。
When there are two verbs in a sentence and the second one is the major one, only the second one can be reduplicated.

格式	✗ 动词重叠+动词
	✓ 动词+动词重叠

✗ 我去去看。
Wǒ qùqu kàn.

✓ 我去看看。
Wǒ qù kànkan.

4. 动词有补语，动词不能重叠。If followed by a complement, a verb cannot be reduplicated.

格式	✗ 动词重叠+补语

✗ 我们玩玩得很开心。
Wǒmen wánwan de hěn kāixīn.

✓ 我们玩得很开心。
Wǒmen wán de hěn kāixīn.

5. 动词重叠后不能再修饰名词。After reduplication, a verb cannot modify a noun.

格式	✗ 动词重叠+的+名词

✗ 我看看电视的时候，电话响了。
Wǒ kànkan diànshì de shíhou, diànhuà xiǎng le.

✓ 我看电视的时候，电话响了。
Wǒ kàn diànshì de shíhou, diànhuà xiǎng le.

练习 Exercises

1. 改错。Error correction.

〔1〕 我要研究一研究这个问题。

〔2〕 我们一起去散步散步吧。

〔3〕 老师，您看了看，这是什么汉字。

〔4〕 我们要商量商量一下儿

〔5〕 他们聊了聊半个小时。

〔6〕 这首歌我们听了听好几遍。

〔7〕 你已经试了试这件衣服，觉得还不错。

〔8〕 我想找找老师问这个问题。

〔9〕 我们已经想想好了。

2. 看图，用所给的动词重叠形式完成对话。Complete the dialogues with the reduplication of verb according to the pictures.

〔1〕

A：＿＿＿＿＿＿＿＿＿＿＿＿？（看）
B：对，这是我丢的钱包，谢谢您。
A：＿＿＿＿＿＿＿＿＿＿＿＿？（数）
B：没有少，钱和银行卡都在。

〔2〕

房屋中介

A：＿＿＿＿＿，我们的价格已经很便宜了。（问）
B：好的，＿＿＿＿＿＿＿＿＿＿＿。（考虑）

〔3〕

A：玛丽，周末有什么打算？
B：＿＿＿＿＿＿＿＿＿＿＿。（爬、划、逛）

44

形容词重叠
Xíngróngcí chóngdié

有些形容词可以重叠使用，重叠后可增强程度或表达喜爱亲切的情感。

Some adjectives can be reduplicated and the reduplications increase degrees or express feelings of fondness and kindness.

一 常用格式 Common patterns

单音节形容词A的常见重叠形式为"AA"，双音节形容词AB的常见重叠形式为"AABB"。AA is the common reduplication form of one-syllable adjectives, while AABB is the common reduplication form of bi-sylable adjectives.

格式 [1] AA
[2] AABB

Attention

"美丽"不能重叠。
美丽 cannot be duplicated.

[1] 长长的头发
chángcháng de tóufa

[2] 看得清清楚楚
kàn de qīngqingchǔchu

常见形容词重叠列表 List of common adjective duplications

形容词 adjective		重叠形式 reduplication form	例句 example
单音节 one-syllable	长、短、胖、瘦、大、小、尖、圆、深、浅、高、矮、好、快、慢、懒、甜	**AA**	(1) 减肥成功后她变得瘦瘦的。 (2) 送给你深深的祝福。 (3) 慢慢来，别着急。 (4) 好好学习。 (5) 女孩儿甜甜地笑了。
双音节 bi-syllable	高兴、痛快、漂亮、干净、整齐、认真、顺利、清楚、简单、热闹、舒服	**AABB**	(1) 我要痛痛快快地吃一顿。 (2) 一切都顺顺利利！ (3) 春节时到处都热热闹闹的。 (4) 他舒舒服服地睡了一觉。

二 形容词重叠后的主要意义　Major meanings of reduplicated adjectives

1. 可以增加形容词的程度。Increasing the degree of the adjective.

她的眼睛大大的。（很大）
Tā de yǎnjing dàdà de.　(hěn dà)

老人仔仔细细地把报纸看了一遍。（很仔细）
Lǎorén zǐzǐxìxì de bǎ bàozhǐ kàn le yí biàn. (hěn zǐxì)

2. 可以表达说话人喜爱、亲切的情感。Expressing the speaker's fondness or kindness.

这个小宝宝胖胖的，太可爱了。
Zhège xiǎo bǎobao pàngpàng de, tài kě'ài le.

她有一张圆圆的脸，小小的嘴，是个
Tā yǒu yì zhāng yuányuán de liǎn, xiǎoxiǎo de zuǐ, shì ge
小美女。
xiǎo měinǚ.

三 使用规则 Using rules

1. 重叠形式作谓语、补语时后面常有"的"。 When used as a predicate or complement, the reduplication of adjective is often followed by 的.

格式 主语＋形容词重叠形式＋的
动词＋得＋形容词重叠形式＋的

他的手干干净净的。
Tā de shǒu gāngānjìngjìng de.

他的手洗得干干净净的。
Tā de shǒu xǐ de gāngānjìngjìng de.

2. 重叠形式不能用"不""没"修饰。 The reduplication cannot be modified by 不 or 没.

格式 ✗ 不/没＋重叠形式

✗ 他的眼睛不大大的。
Tā de yǎnjing bú dàdà de.

3. 重叠形式不能用在比较句中。 The reduplication cannot be used in comparison sentences.

格式 ✗ A 比 B＋重叠形式

✗ 哥哥比弟弟高高的。
Gēge bǐ dìdi gāogāo de.

练 习 Exercises

1. 用形容词重叠形式完成对话。 Complete the dialogue with the reduplication of adjective.

〔1〕A：你的家乡美吗？

B：很美，有＿＿＿＿＿的山，还有＿＿＿＿＿的河。（高、长）

〔2〕A：这么多的作业什么时候能做完啊！

B：＿＿＿＿＿，别着急。（慢）

〔3〕A：冰淇淋好吃吗？

B：好吃，＿＿＿＿＿。（甜）

〔4〕A：同学们都在学习吗？

B：对，快考试了，他们都在＿＿＿＿＿＿地复习。（认真）

〔5〕A：最近怎样？

B：天气太热了，我每天都＿＿＿＿＿＿，不想动。（懒）

〔6〕A：明天我就要去中国了。

B：是吗，希望你在中国每天都过得＿＿＿＿＿＿的。（顺利）

2. 用形容词重叠形式完成句子。Complete the sentences with the reduplication of adjective.

院子打扫得＿＿＿＿＿、＿＿＿＿＿的，门口挂着＿＿＿＿＿的灯笼。（干净、整齐、大）

你看，今晚的月亮＿＿＿＿＿，＿＿＿＿＿的。（大、圆）

45

量 词
Liàngcí

汉语中的量词分为名量词和动量词，名量词表示人、物的计量单位，动量词表示动作的数量单位。

In Chinese the measure word is divided into the nominal measure word and the action measure word. The former indicates the quantitative unit of persons and things, while the latter indicates the numeral unit of action.

一 名量词 Nominal measure word

1. 汉语中许多名词都有专用的量词。In Chinese many nouns have the specific measure words in collocation.

格式 数词+量词+名词

一个人	两本书	三棵树	一斤肉
yí ge rén	liǎng běn shū	sān kē shū	yì jīn ròu

2. "小时" "天" "星期" "月" "年" 的用法。Usage of 小时，天，星期，月 and 年.

✓ 一天	✓ 一年	✓ 一个月	✓ 一个小时	✓ 一个星期
yì tiān	yì nián	yí ge yuè	yí ge xiǎoshí	yí ge xīngqī
✗ 一个天	✗ 一个年	✗ 一月	✓ 一小时	✓ 一星期
yí ge tiān	yí ge nián	yí yuè	yì xiǎoshí	yì xīngqī

3. "些""点儿"表示少量。"点儿"比"些"更少。些 and 点儿
indicate a small quantity. 点儿 refers to a less quantity than 些.

格式 一些+名词
　　　一点儿+名词

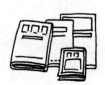

一些书
yìxiē shū

一点儿水
yìdiǎnr shuǐ

二　动量词　Action measure word

1. 常用格式。Common pattern.

格式 动词+数词+动量词+宾语

Attention

如果宾语是人称代词，要直接放在动词后面、动量词前面。
If the object is a personal pronoun, it should be placed between the verb and the action measure word.
Eg. ✓打了他一下。
　　✗打了一下他。

他拍了一下儿球。
Tā pāi le yíxiàr qiú.

他不小心，踩了他一下儿。
Tā bù xiǎoxīn, cǎi le tā yíxiàr.

2. 主要动量词。Major action measure word.

〔1〕"下"可以指动作的次数，也可以指动作发生的时间很短，语气比较轻松。下 indicates the frequency of an action or a short period of time when an action occurs in an easy tone.

这件衣服很漂亮，您试一下儿吧。
Zhè jiàn yīfu hěn piàoliang, nín shì yíxiàr ba.

（2）只强调动作发生的次数时用"次"；强调动作的全部过程，用"遍"。 次 is used for emphasizing the frequency of an action; 遍 is used for emphasizing the whole process of an action.

这本书有三百多页，我看了三
Zhè běn shū yǒu sānbǎi duō yè, wǒ kàn le sān

次，每次只看几十页，一遍还
cì, měi cì zhǐ kàn jǐ shí yè, yí biàn hái

没看完呢。
méi kàn wán ne.

70页   160页   260页

（3）指去一个地方，去了又回来，整个过程叫做"一趟"。 一趟 is used to refer to the whole journey of going to one place and then returning.

今天我去了一趟银行。
Jīntiān wǒ qù le yí tàng yínháng.

（4）"顿"常用来表示用餐的数量，也用来表示一些有消极意义的动词的量，如"打、批评、教训"等。 顿 is often used to indicate the number of dinners or the amount of an action carrying a passive connotation, such as 打, 批评, 教训, etc.

我一天吃三顿饭。
Wǒ yì tiān chī sān dùn fàn.

大卫被坏人打了一顿。
Dàwèi bèi huàirén dǎ le yí dùn.

三 常用量词搭配 Common collocations of measure words

1. 常用名量词与名词搭配表。Table of common collocations between nominal measure words and nouns.

名量词 nominal measure word	名词 noun
个	人、东西、故事、苹果
张	纸、床、桌子、票
条	鱼、裤子、蛇、路、河
块	蛋糕、糖、手表、石头
片	树叶、肉、面包、药
把	椅子、雨伞、钥匙、刀、牙刷
杯	水、咖啡、酒、茶、牛奶
串	葡萄、钥匙、珍珠、糖葫芦
场	电影、雨、比赛、音乐会、雪
辆	汽车、自行车
台	电视、电脑、洗衣机、空调
封	信、电子邮件
件	衣服、衬衫、事
只	狗、兔子、手、猫、鸡
两、斤、公斤	肉、苹果
米、公里	路

2. 常用动量词与动词搭配表。Table of common collocations between action measure words and verbs.

动词 verb	动量词 action measure word
去、来、跑	回/趟
看、听、打、想、用、玩儿、试、说	下儿
写、听、说、找、参观、游览	遍
吃、打、批评、教训	顿
去、做、参加、玩儿、看、打	次

练习 Exercises

1. 把下列物品跟合适的量词连线。 Match the following items with the proper measure words.

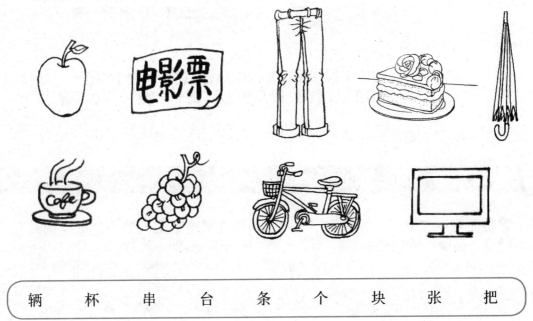

| 辆 | 杯 | 串 | 台 | 条 | 个 | 块 | 张 | 把 |

2. 用合适的量词填空。 Fill in the blanks with the proper measure words.

〔1〕这_____电影很有意思，我已经看了三_____了。

〔2〕这是什么字，请你看_____。

〔3〕下午我们去了一_____超市，晚上在家做了一_____可口的晚餐。

〔4〕这个学期我们要学习三_____月，要考两_____试。

〔5〕这种酒不错，你尝一_____吧。

〔6〕大卫搬家了，玛丽送给他一_____花。

〔7〕医生说这种药一天两_____，一次两_____。

〔8〕玛丽要请朋友们吃饭，她去超市买了一_____蔬菜和水果，还买了一_____葡萄酒。

〔9〕从我家到学校大概一_____。

〔10〕天气太热，多喝_____水，少出去几_____，在家里呆着比较好。

46

量词和数量短语重叠

Liàngcí hé shùliàng duǎnyǔ chóngdié

汉语中很多量词都可以重叠，重叠后表示"每一"。数量短语也可以重叠，重叠后表示"每一""逐一"或强调数量多。

In Chinese, many measure words can be reduplicated. The reduplication means each. Numeral-measure phrases also can be reduplicated. The reduplication means each, one by one or emphasizing great quantity.

一 量词重叠 The reduplication of measure words

重叠后表示"每一"的意思，常用来强调在某个范围内的每个成员都具有某种特征，后面一般用"都"。The reduplication indicates the meaning of each. It is usually used to emphasize that each member of a group has a specific characteristic. It is usually followed by 都.

1. 量词重叠作主语。The reduplication of measure word as a subject.

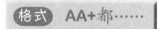
格式 AA+都……

（这些照片）张张都拍得很漂亮。
(Zhèxiē zhàopiàn) zhāngzhāng dōu pāi de hěn piàoliang.
（每张都拍得很漂亮。）
(Měi zhāng dōu pāi de hěn piàoliang.)

（同学们）个个都很高兴，
(Tóngxué men) gègè dōu hěn gāoxìng,
（每个都很高兴。）
(Měi ge dōu hěn gāoxìng.)

Attention

如果要叙述某一个整体事件而不强调个体特征时，就不必用量词重叠式了。

The reduplication of measure word is not used to narrate the whole rather than emphasize individual characteristics.

Eg. 大家都来了。（不必说"大家个个都来了"。It is unnecessary to say 大家个个都来了.）

2. 量词重叠作定语。The reduplication of measure word as an attributive.

> 格式　AA（的）名词短语+都……

（这些衣服）件件的价格都
（Zhèxiē yīfu）jiànjiàn de jiàgé dōu
很贵。
hěn guì.

春节到了，家家的门上
Chūn Jié dào le, jiājiā de mén shang
都挂着灯笼。
dōu guà zhe dēnglong.

3. 量词重叠做状语。The reduplication of measure word as an adverbial.

重叠形式可以在主语前，也可以在主语后。The reduplication can be placed before or after the subject.

> 格式　AA+主语+都……
> 　　　主语+AA+都……

（约会的时候）尼克次次都迟到。
（Yuēhuì de shíhou）　Níkè cìcì dōu chídào.

次次尼克都迟到。
Cìcì　Níkè dōu chídào.

（书法比赛）大卫年年都得奖。
（Shūfǎ bǐsài）Dàwèi niánnián dōu dé jiǎng.

年年大卫都得奖。
Niánnián Dàwèi dōu dé jiǎng.

> **Attention**
> 量词重叠不能作宾语。
> *The reduplication of measure word cannot be used as the object.*
> Eg. ✗ 这些问题我回答对了个个。
> 　　 ✓ 这些问题个个我都回答对了。

二 数量短语重叠　The reduplication of numeral-measure phrases

重叠后可以强调"每一"、"逐一"，或者"数量多"。The reduplication emphasizes 每一 (each), 逐一 (one by one) or 数量多 (a great quantity).

1. 强调"每一"，常用"一 AA"。 一 AA is often used to emphasize 每一.

格式　一AA

（女孩子们）一个个都打扮
（Nǚháizi men）yí gègè dōu dǎban
得很漂亮。
de hěn piàoliang.

一双双小手都弄得很脏。
Yì shuāngshuāng xiǎo shǒu dōu nòng
de hěn zāng.

2. 强调"逐一"，常用一A一A。 一A一A is often used to emphasize 逐一.

格式　一A一A

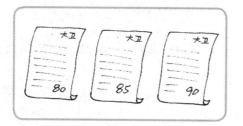

大卫的汉语水平在一步一步
Dàwèi de Hànyǔ shuǐpíng zài yí bù yí bù
地提高。
de tígāo.

这些书大卫一本一本地看，
Zhèxiē shū Dàwèi yì běn yì běn de kàn,
看了一下午。
kàn le yí xiàwǔ.

3. 强调 "数量多"，常用一A又一A。一A又一A is often used to emphasize 数量多.

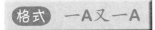 格式 一A又一A

家乡变化很大，到处都是
Jiāxiāng biànhuà hěn dà, dàochù dōu shì
一排又一排的楼房。
yì pái yòu yì pái de lóufáng.

为了写好这个汉字, 大卫一遍
Wèile xiě hǎo zhège Hànzì, Dàwèi yí biàn
又一 遍/一遍遍/一遍一遍
yòu yí biàn/yí biàn biàn/yí biàn yí biàn
地练习。
de liànxí.

Attention

（1）作状语时，"一A又一A" 可换成 "一AA" "一A一A"。
As an adverbial, 一A又一A can be substituted with 一AA or 一A一A.

（2）"一A一A" 可以作定语也可以作状语，如在 "尼克喝了一杯又一杯的水" 中作定语。在 "一A一A" 作状语时，"一" 也可以变为别的数词，表示 "每几"。
一A一A can be an attributive as well as an adverbial. Such as, in 尼克喝了一杯又一杯, 一A一A acts as an attributive. When 一A一A acts as an adverbial, 一 can also be substituted by another numeral to indicate 每几.

Eg. 他把纸两张两张地放在一起。（意思是 "每两张放在一起"。The sentence means that every two pieces of paper are put together.）

练习 Exercises

1. 用量词或数量短语的重叠形式完成对话。Complete the dialogues with the reduplication of measure word or numeral-measure phrase.

〔1〕A：你觉得这些歌好听吗?

　　B：＿＿＿＿＿＿＿。

〔2〕A：你觉得这些衣服的颜色怎么样?

　　B：＿＿＿＿＿＿＿。

〔3〕A：你每次都来这家餐厅吃饭吗？

B：对，我 ＿＿＿＿＿＿＿＿＿。

〔4〕A：这么多的练习题，什么时候能做完啊？

B：＿＿＿＿＿＿＿＿地做，慢慢就做完了。

〔5〕A：你能保证自己每次都成功吗？

B：我不能保证 ＿＿＿＿＿＿＿＿。

〔6〕A：这些工艺品是手工做的吗？

B：是，＿＿＿＿＿＿＿＿。

〔7〕A：这个菜我做了＿＿＿＿＿＿＿＿，还是做不好。

B：你来帮你吧。

2. 看图，用量词和数量短语的重叠形式完成句子。Complete the sentences with the reduplication of measure words or numeral-measure phrase according to the pictures.

〔1〕

花园里种了很多花，＿＿＿＿＿＿＿＿
都 ＿＿＿＿＿＿＿＿。

〔2〕

大卫在运动场上跑了＿＿＿＿＿＿＿＿。

〔3〕

秋天到了，地上的落叶 ＿＿＿＿＿＿＿＿。

〔4〕

这些信 ＿＿＿＿＿＿ 都是妈妈寄来的。

47

离合词
Líhécí

离合词是一类非常特殊的动词。一般它可以由两个汉字构成，两者之间相当于动词和宾语的关系。合在一起表示一个单纯的意思，也可以分开用。

Separate disyllabic verb refers to a group of special verbs which usually can consists of two characters. One is equivalent to a verb and the other is an object. It can be used in combination indicating a single meaning or in separation.

Eg. 见面
    见过面
    见了一面
    见见面
    跟……见面

一 离合词一般都不能直接加宾语 A separate disyllabic verb cannot be directly followed by an object

格式　✗ AB+宾语

✗ 我见面朋友。
Wǒ jiàn miàn péngyou.

✓ 我跟朋友见面。
Wǒ gēn péngyou jiàn miàn.

✗ 我结婚他了。
Wǒ jié hūn tā le.

✓ 我跟他结婚了。
Wǒ gēn tā jié hūn le.

✗ 我毕业北京大学了。
Wǒ bì yè Běijīng dàxué le.

✓ 我从北京大学毕业了。
Wǒ cóng Běijīng dàxué bì yè le.

✗ 大卫帮忙玛丽。
Dàwèi bāng máng Mǎlì.

✓ 大卫帮了玛丽的忙。
Dàwèi bāng le Mǎlì de máng.

✓ 大卫给玛丽帮忙。
Dàwèi gěi Mǎlì bāng máng.

171

二 常用格式 Common patterns

1. 离合词一般可以重叠。 A separate disyllabic verb usually can be reduplicated.

 AAB

周末，玛丽常常跟大卫一起去唱唱歌、跳跳舞、跑跑步。
Zhōumò, Mǎlì chángchāng gēn Dàwèi yìqǐ qù chàngchang gē, tiàotiao wǔ, pǎopao bù.

2. "了"可以在离合词中间，也可以在句末；"着""过"一般在中间。 了 can be placed in the middle of a separate disyllabic verb or at the end of a sentence; 着 and 过 are usually placed in the middle.

格式 A 了 B / AB 了
A 着 B
A 过 B

同学们正上着课。
Tóngxué men zhèng shàng zhe kè.

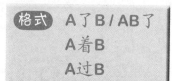

昨天，大卫跟老师见了面 /
Zuótiān, Dàwèi gēn lǎoshī jiàn le miàn /
见面了。
jiàn miàn le.

我已经报过名了。
Wǒ yǐjīng bào guò míng le.

3. 趋向补语、时量补语、数量补语、结果补语一般放在离合词中间。
Directional, time measure, action measure and result complements are usually placed in the middle of separate disyllabic verbs.

格式　A起B来
　　　A+几次/多长时间+（B）
　　　A+C+B

他们在路边聊
Tāmen zài lù biān liáo
起天来。
qǐ tiān lái.

他们聊了一会儿天。
Tāmen liáo le yíhuìr tiān.

聊完天，玛丽
liáo wán tiān, Mǎlì
回宿舍了。
huí sùshè le.

4. 离合词的正反疑问形式。Affirmative-negative interrogative form of a separate disyllabic verb.

格式　A不/没AB?

大卫：我毕业了，你毕没毕业?
Dàwèi: Wǒ bì yè le, nǐ bì méi bì yè?
朋友：没有，我 明年 毕业。
Péngyou: Méi yǒu, wǒ míngnián bì yè.

大卫：我要报名，你报不报名?
Dàwèi: Wǒ yào bào míng, nǐ bào bu bào míng?
朋友：我不报名。
Péngyou: Wǒ bú bào míng.

常用离合词用法表 Table of common usages of separate disyllabic verbs

	AB+宾语	AAB	A过B	A起B来	A 几次/多长时间（B）	A完B	A不/没AB
搬家	✗	✗	✓	✓	✓	✓	✓
帮忙	✗	✓	✓	✓	✓	✓	✓
报名	✗	—	—	—	—	✓	✓
毕业	✗	✗	✗	✗	✗	✗	✓
吵架	✗	✓	✓	✓	✓	✓	✓
点头	✗	✓	✓	✓	✓	✓	✓
放假	✗	✓	✓	✓	✓	✓	✓
见面	✗	✓	✓	✗	✓	✓	✓
结婚	✗	✗	✓	✗	✓	✓	✓
跑步	✗	✓	✓	✓	✓	✓	✓
请假	✗	✗	✓	✗	✓	✓	✓
生气	✗	✗	✓	✓	✓	✓	✓
睡觉	✗	✓	✓	✓	✓	✓	✓
说话	✗	✓	✓	✓	✓	✓	✓
跳舞	✗	✓	✓	✓	✓	✓	✓
洗澡	✗	✓	✓	✓	✓	✓	✓
游泳	✗	✓	✓	✓	✓	✓	✓
照相	✗	✓	✓	✓	✓	✓	✓

Attention

—表示这种说法可以说，但很不常用。
— indicates that it is acceptable but not common.

练习 Exercises

1. 看图，用离合词的各种形式完成对话。Complete the dialogue with various forms of separate disyllabic verbs according to the pictures.

玛丽：下午你写完作业一般做什么?

大卫：常去 ＿＿＿＿＿＿＿＿＿。（AAB）

玛丽：一般 ＿＿＿＿＿＿＿＿＿? （A多长时间（B））

大卫：一般每次 ＿＿＿＿＿＿＿＿。

玛丽：今天还 ＿＿＿＿＿＿＿＿? （A不AB）

大卫：想去游一会。一起去吧。

玛丽：好。＿＿＿＿＿＿＿＿我们一起去唱歌吧。（A完B）

大卫：好啊。你去那家新开的娱乐中心 ＿＿＿＿＿＿ 吗？（A过B）

玛丽：没有，那我们就去那儿吧。

大卫：行，休息一会儿再去。

玛丽：今天的运动这么多，晚上你 ＿＿＿＿＿＿ 一定很香。（A起B来）

2. 看图，用离合词的形式完成句子。Complete the sentences with forms of separate disyllabic verbs according to the pictures.

〔1〕
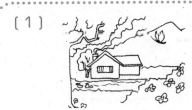
这儿的风景太美了! 大卫＿＿＿＿＿＿。

〔2〕

她又结婚了! 她已经＿＿＿＿＿＿。

48

副词（1）：也、都、全

Fùcí　　　(yī):　　　Yě,　　dōu,　　quán

一　也

1. 小句主语相同时，"也"是"而且"的意思。不能用"都""全"。
When the subjects of clauses are the same, 也 means 而且, while 都 or 全 cannot be used in this case.

格式　主语……，(主语) 也……

Attention
前后两句动词一样时，动词
要重复，不能省略。
When the verbs in clauses are the
same, they cannot be omitted.

玛丽很年轻，也很漂亮。
Mǎlì hěn niánqīng, yě hěn piàoliang.
她会说法语，也会说汉语。
Tā huì shuō Fǎyǔ, yě huì shuō Hànyǔ.

2. 小句主语不同。When the subjects of clauses are different.

格式　主语₁……，主语₂也……
　　　主语₁和主语₂（一样），都……

安妮很漂亮，玛丽也很漂亮。
Ānnī hěn piàoliang, Mǎlì yě hěn piàoliang.
安妮和玛丽（一样），都很漂亮。
Ānnī hé Mǎlì (yíyàng), dōu hěn piàoliang.
安妮在学汉语，玛丽也在学汉语。
Ānnī zài xué Hànyǔ, Mǎlì yě zài xué Hànyǔ.
安妮和玛丽（一样），都在学汉语。
Ānnī hé Mǎlì (yíyàng), dōu zài xué Hànyǔ.

二 都

1. 表示总括，主语是一个集合。 It indicates inclusion and the subject is a group.

格式 主语(A+B+C⋯⋯)+都⋯⋯

这些地方都很美。
Zhèxiē dìfang dōu hěn měi.

Attention

（1）陈问语（带疑问代词）外，"都"总括的词语要放在"都"前。
Except in questions with interrogative pronouns, the words summarized by 都 must be put before 都.
Eg. ✓那些地方我都去过。　　✗我都去过那些地方。

（2）副词后面是动词，"都"和"全"可以换用。如果是形容词，一般不用"全"。
If an adverb is followed by a verb, 都 and 全 are interchangeable. If an adverb is followed by an adjective, 全 is seldom used.

（3）"都"后面一般不能加名词性成分，但名词谓语中可用"都"。Usually 都 is seldom followed by nominal components. However, 都 can be used in the noun-predicated sentence.
Eg. ✗都学生
✓所有的学生
✓她们俩都长头发大眼睛。

2. 在疑问句中，代替"集合"的疑问代词在"都"后面。不能用"全"。In an interrogative sentence, the interrogative pronoun that substitutes "the group" follows 都 instead of 全.

格式 都+疑问代词

老师：这个假期你都去哪儿旅行了？
Lǎoshī: Zhège jiàqī nǐ dōu qù nǎr lǚxíng le?

老师：杭州很美，都谁去了？
Lǎoshī: Hángzhōu hěn měi, dōu shuí qù le?

3. "都"有"已经"的意思。都 also means 已经 (already).

格式 都⋯⋯了

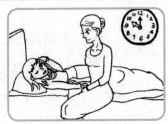

A: 几点了？
Jǐ diǎn le?
B: 都10点了，快起床吧。
Dōu shí diǎn le, kuài qǐ chuáng ba.

三　全

"全"还有形容词的用法。"也""都"没有。全 can also be used as an adjective while 也 or 都 cannot.

格式　全+名词+都……

全家	全班	全校	全市	全国
quán jiā	quán bān	quán xiào	quán shì	quán guó

全班都很努力。
Quán bān dōu hěn nǔlì.

练习　Exercises

1. 判断对错。True or false.

〔1〕都老师对学生很好。

〔2〕这些菜我都吃过。

〔3〕他去过苏州，也杭州。

〔4〕哪一课你们都学过?

〔5〕我和姐姐全很高兴。

〔6〕都同学对我很好。

〔7〕大卫会打篮球，也排球。

2. 用"也""都"或"全"填空。Fill in the blanks with 也, 都 or 全.

今年春节，我和姐姐_____回老家了。我们_____家很久没有聚在一起了。姐姐给爸爸妈妈买了很多礼物，我_____跟她一样，_____给他们买了礼物。爸爸妈妈_____很高兴。

_____十点半了，_____家人都睡觉了。哥哥睡了，弟弟_____睡了。

姐姐喜欢打太极拳，妹妹_____喜欢打太极拳。她们穿的衣服_____一样，打得_____很认真。

49

副词（2）：只、就、才
Fùcí (èr) : Zhǐ, jiù, cái

副词"只""就""才"都可以强调少量。
As adverbs, 只, 就 and 才 can be used to emphasize a small quantity.

一 强调少量时，副词后面可加数量短语 For emphasizing a small quantity, an adverb can be followed by a numeral-measure word phrase

格式 就/才/只（有）+数量短语

今天上课的人很少，就/才/只有三个人。
Jīntiān shàng kè de rén hěn shǎo, jiù / cái / zhǐyǒu sān ge rén.

格式 就/才/只+动词+数量短语

我就/才/只睡了四个小时。
Wǒ jiù / cái / zhǐ shuì le sì ge xiǎoshí.

二 "就"和"只"可以强调除此以外没有别的，排除其他，"才"没有这个意思 就 and 只 may emphasize that except this there is no other choice, excluding others, while 才 cannot

格式 就/只有+数量短语/名词短语+……

Attention

在"一、二"中，"只"后面是名词性成分时，常用"只有"，而不是"只"，特别是口语中。 When 只 is followed by a nominal component in I and II, 只有 instead of 只, is usually used especially in spoken Chinese.

这么多书里，就/只有这本书 好看。
Zhème duō shū lǐ, jiù / zhǐ yǒu zhè běn shū hǎokàn.

三 常用格式 Common pattern

格式 只+动词₁+不+动词₂

在这个格式中，不用"就""才"，意思是"只做动词₁，不做动词₂"。In this pattern 就 or 才 cannot substitute 只. The pattern means that only verb₁ is done while verb₂ is not.

老板只说不做，我们都不喜欢他。
Lǎobǎn zhǐ shuō bú zuò, wǒmen dōu bù xǐhuan tā.

老张在商场只逛不买。
Lǎo Zhāng zài shāngchǎng zhǐ guàng bù mǎi.

练 习 Exercises

1. 用"只""就"或"才"填空。Fill in the blanks with 只, 就 or 才.

〔1〕我们都不会法语，_____ 安妮会说。

〔2〕今天我觉得很累，_____ 跑了300米就跑不动了。

〔3〕我不喜欢那件事，所以_____ 不想做。

〔4〕这个假期很短，_____ 三天。

〔5〕学汉字不能_____ 看不写。

〔6〕我们班有二十个同学，女生多，男生少，_____ 七个男生。

2. 看图，用"只""就"或"才"完成句子。Complete the sentences with 只, 就 or 才 according to the pictures.

〔1〕

今天买了太多东西，她的钱包里 _____ 。

〔2〕

其他人都是男孩子，_____ 。

〔3〕

你看这件衣服多便宜，_____ 。

50
副词（3）：不、没、别
Fùcí (sān): Bù, méi, bié

"不""没""别"都是否定副词。
不, 没 and 别 are all adverbs of negative meaning.

"没/没有"也是动词。
没 or 没有 can also act as a verb.

Eg. 我没有时间。

在动词前　Before a verb

1. "不"一般否定现在和将来发生的事情。"不"否定人的主观愿望，指自己不想做某事，也可以指某个计划、想法改变了，后面常有"了"。不 is usually used to negate what is happening or what will happen. 不 negates one's personal wishes. It indicates that one does not want to do something. It also indicates that a plan or idea changes and it is often followed by 了.

格式　不+动词（+宾语）
　　　不+动词（+宾语）+了

不去，我不去医院。
Bú qù, wǒ bú qù yīyuàn.

大卫不去旅行了，他的腿摔断了。
Dàwèi bú qù lǚxíng le, tā de tuǐ shuāi duàn le.

2. "没"否定已经发生某事；"没"否定客观存在的事情，指事情没发生，某人没有经历过，人或事物没在某种状态中。没 negates something has happened; 没 negates something objectively existing. It also indicates that an event does not happen, a person does not experience an event, or a person or a thing is not in a particular state.

格式 没+动词+……
没+动词+过+……
没+动词+着+……

孩子病了，
Háizi bìng le,
妈妈**没**去上班。
māma méi qù shàng bān.

第一次

以前大卫**没**
Yǐqián Dàwèi méi
爬过长城。
pá guò Chángchéng.

大卫躺着，**没**坐着。
Dàwèi tǎng zhe, méi zuò zhe.

Attention
(1) 有"了"的句子，否定时去掉"了"。
In negation, 了 is omitted in a sentence with 了.
(2) 否定习惯性发生的事情不用"没"，用"不"。
不 instead of 没 is used to negate what happens habitually.
Eg. ✗马丁常常没去上课。
✓马丁常常不去上课。

3. **"别"用于当面说话，告诉对方不要怎样做或者不要继续这样做。** 别 is used in a face-to-face conversation to tell the listener neither to take any action nor to continue doing like this.

格式 别+动词

孩子们，**别**说话。
Háizi men, bié shuō huà.

格式 别+动词+了

别玩了。
Bié wán le.

二 在形容词前 Before an adjective

1. "不" 是对事物性质的否定，或指某种状态不再持续。不 is used to negate the nature of a matter or indicate that a state does not continue any more.

格式 不+形容词
　　　不+形容词+了

这件衣服不便宜。
Zhè jiàn yīfu bù piányi.

她已经不年轻了。
Tā yǐjīng bù niánqīng le.

2. "没" 表示某种变化没有发生。没 indicates that a change does not occur.

格式 （还）+没+形容词

他的病还没好。
Tā de bìng hái méi hǎo.

3. 面对说话人时，"别" 告诉对方不要超过某个限度。In a face-to-face conversation, 别 is used to tell the listener not to exceed a limit.

格式 别+太+形容词+（了）

别太高（了）！
Bié tài gāo (le)!

练习 Exercises

1. 用"不""没"或"别"填空。Fill in the blanks with 不, 没 or 别.

　　快放寒假了，同学们都在说自己的计划。大卫说："原来我打算去上海旅行，可是现在我＿＿＿＿去了，我的朋友来北京看我，我＿＿＿＿能让他一个人在这儿，我要在北京陪他玩。"马丁说："我＿＿＿＿打算呆在北京，我＿＿＿＿去过哈尔滨，我要跟中国朋友去那儿玩。"玛丽说："＿＿＿＿去哈尔滨！听说气温零下三十多度，太冷了！还是去海南岛吧，一点也＿＿＿＿冷。"

　　早上起来，小刚觉得＿＿＿＿舒服，他＿＿＿＿去上课，去了医院。医生说他发烧了，要在宿舍休息。他给玛丽打电话说："请你告诉老师，我发烧了，今天＿＿＿＿去上课了。"小刚睡了一天，到了晚上他的体温已经＿＿＿＿那么高了。玛丽来看他，说："＿＿＿＿着急，老师说会给你补课的。"

2. 看图，用"不""没"或"别"回答问题。Answer the questions with 不, 没 or 别 according to the pictures.

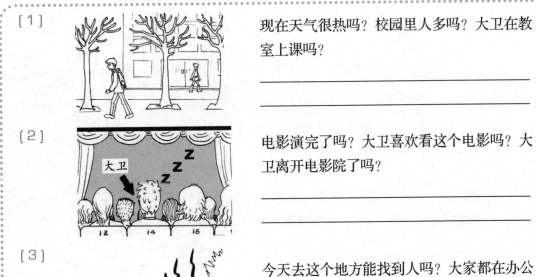

[1] 现在天气很热吗？校园里人多吗？大卫在教室上课吗？

[2] 电影演完了吗？大卫喜欢看这个电影吗？大卫离开电影院了吗？

[3] 今天去这个地方能找到人吗？大家都在办公室吗？有人接电话吗？

副词（4）：又、再、还
Fùcí (sì): Yòu, zài, hái

副词"又""再""还"都可以表示动作行为的重复和持续。

As adverbs, 又, 再 and 还 indicate the repetition and continuation of an action.

一 "又"和"再"

1. "又"常用于已经发生的事情，常和"了"一起用；"再"常用于还没有发生的事情。 又 is often used for events that have happened and it is often used together with 了; 再 is used for events that have not happened yet.

大卫以前去过，今天又去了，下个周末他想再去。
Dàwèi yǐqián qù guò, jīntiān yòu qù le, xià ge zhōumò tā xiǎng zài qù.

2. "又"表示有规律的、习惯性的事情又出现了。又 indicates that regular and habitual events occur again.

又到新年了。
Yòu dào xīnnián le.

186

3. 有能愿动词时，"又"在能愿动词前，"再"在能愿动词后。When there is a optative verb, 又 is placed before it and 再 is placed after it.

格式　又+能愿动词+做什么

放假了，玛丽又可以去旅行了。
Fàng jià le, Mǎlì yòu kěyǐ qù lǚxíng le.

格式　能愿动词+再+做什么

老师，您能再说一遍吗？
Lǎoshī, nín néng zài shuō yí biàn ma?

4. 否定副词在"再"前后都可以，表示事情以后不再重复或者延续。The adverb of negative meaning can be placed either before or after 再, which indicates that the event will not repeat or continue.

格式　没/不/别+再=再+没/不/别

我再没见过他。= 我没再见过他。
Wǒ zài méi jiàn guò tā. = Wǒ méi zài jiàn guò tā.

再不想看见他了。= 我不再想看见他了。
Zài bù xiǎng kàn jiàn tā le. = Wǒ bú zài xiǎng kàn jiàn tā le.

别再吃了。= 再别吃了。
Bié zài chī le. = Zài bié chī le.

二 "还" 和 "再"

1. "还" 和 "再" 都用于还没发生的事情。 还 and 再 are both used for events that have not happened.

　　"还"强调主观上要求事情重复或者延续，后面常有能愿动词；"再"强调客观上事情重复或延续。还 emphasizes a subjective demand that an event should repeat or continue and it is often followed by an optative verb; 再 emphasizes that an event repeats or continue objectively.

 还+（能愿动词）+做什么
　　　　再+做什么

已经下班了，明天再来吧。
Yǐjīng xià bān le, míngtiān zài lái ba.

Attention

如果句中有能愿动词，"能愿动词+再"跟"还+能愿动词"意思基本一样。
If there is an optative verb, optative verb+再 is similar to 还+optative verb in meaning.
Eg. 我累了，想再睡（还想睡）一会儿。

A: 以后你还（会）来中国吗？
　　Yǐhòu nǐ hái (huì) lái Zhōngguó ma?
B: 还（会）来！
　　Hái (huì) lái!

2. "还" 和 "再" 表示动作延续。还 and 再 indicate the continuation of actions.

　　"再"后面要用动词的重叠形式或者动词加数量补语形式，"还"不必这样。再 should be followed by the reduplication of verb or the combination of verb and quantity complement. However, it is not necessary for 还.

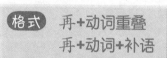 再+动词重叠
　　　　再+动词+补语

时间还早，我们再等等。
Shíjiān hái zǎo, wǒmen zài děngdeng.
时间还早，我们再等一会儿。
Shíjiān hái zǎo, wǒmen zài děng yíhuìr.

3. "还"有"仍然"的意思。还 also means still.

她以前学习很忙，
Tā yǐqián xuéxí hěn máng,
现在还那么忙。
xiànzài hái nàme máng.

练习 Exercises

1. 用"又""再"或"还"填空。 Fill in the blanks with 又，再 or 还.

最近麦克常常迟到，周一迟到，周二＿＿＿＿＿＿迟到了。昨天老师说，星期三他＿＿＿＿＿＿迟到就让他给全班同学唱歌。

今天是星期三，已经八点十分了，麦克＿＿＿＿＿＿没来。八点十五，麦克来了，老师说："麦克，你＿＿＿＿＿＿迟到了。你得给大家唱歌。"

麦克很不好意思，只好唱了一首歌。同学们开玩笑说："你唱得太好了，我们＿＿＿＿＿＿想听。明天一定要＿＿＿＿＿＿迟到啊！"

2. 看图，用"又"或"再"完成句子。Complete the sentences with 又 or 再 according to the pictures.

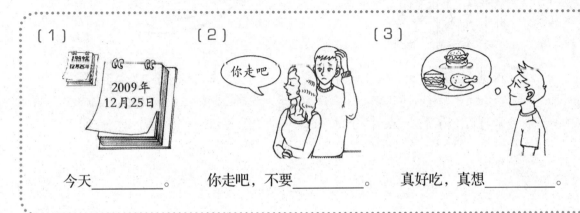

〔1〕 今天＿＿＿＿＿＿。

〔2〕 你走吧，不要＿＿＿＿＿＿。

〔3〕 真好吃，真想＿＿＿＿＿＿。

52

副词（5）：就、才

Fùcí (wǔ): Jiù, cái

"就"和"才[1]"作为副词跟时间相关时，它们表达的意思正好相反。

As adverbs relating to time, 就 and 才 indicates the opposite meanings.

一 常用格式 Common patterns

"就"强调说话人认为事情发生得早，进行得快、顺利；"才"强调说话人认为事情发生得晚，进行得慢、困难。就 emphasizes that the speaker thinks that the event occurs too early, too fast or too smoothly; 才 emphasizes that the speaker thinks that the event occurs too late, too slowly or too difficultly.

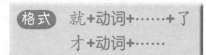

格式　就＋动词＋……＋了
　　　才＋动词＋……

八点上课，大卫七点半就
Bā diǎn shàng kè, Dàwèi qī diǎn bàn jiù

来了，马克八点十分才来。
lái le, Mǎkè bā diǎn shí fēn cái lái.

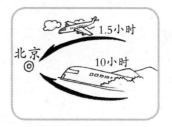

坐火车十个小时才到北京，
Zuò huǒchē shí ge xiǎoshí cái dào Běijīng,

坐飞机一个半小时就到了。
zuò fēijī yí ge bàn xiǎoshí jiù dào le.

注1：关于"就"和"才"的其他意思，请参看179页"52 副词（2）只、就、才"。

大卫很容易就找到了王府井，
Dàwèi hěn róngyì jiù zhǎo dào le Wángfǔjǐng,

麦克问了好几个人才找到王府井。
Màikè wèn le hǎo jǐ ge rén cái zhǎo dào Wángfǔ jǐng.

二 其他格式　Other patterns

"就"有"马上"的意思，也可以连接两件事情，表示两件事紧接着发生。

就 means immediately. It can link two events and indicates that the two events occur one immediately after another other.

格式　就＋动词
　　　动词$_1$＋了＋宾语$_1$＋就＋动词$_2$＋宾语$_2$

就来，就来！
Jiù lái, jiù lái!

大卫下了课就去图书馆。
Dàwèi xià le kè jiù qù túshūguǎn.

练习　Exercises

1. 判断对错。True or false.

〔1〕昨天晚上马克十二点才回到宿舍。

〔2〕昨天晚上，大卫十点就睡觉。

〔3〕这篇课文生词太多了，他看了一个小时就看完了。

〔4〕她很年轻才结婚。

〔5〕妈妈病了，他接到电话就回国了。

2. 用"就"或"才"填空。Fill in the blanks with 就 or 才.

　　大卫非常喜欢上汉语课，他觉得五十分钟的课很快_____过去了。马克不喜欢上课，他总是说："怎么还有五分钟_____下课？"大卫喜欢散步，他觉得走路去教室十分钟_____到了，可是马克很懒，他总是说："走路太慢了，十分钟_____能到教室，还是骑自行车吧。"今天是玛丽的生日，下了课，大卫和马克_____去买生日礼物，他们根据中国朋友的介绍，很快_____买到了不错的礼物。

3. 看图，用"就"或"才"完成句子。Complete the sentences with 就 or 才 according to the pictures.

〔1〕

一号选手一分钟_____，
三号选手一分钟_____。

〔2〕

小张送报很快，两个小时_____，
小李四个小时_____。

〔3〕

张小姐下了班_____，约会完_____。

53

副词（6）：太、真、很

Fùcí (liù): Tài, zhēn, hěn

"太" "真" "很" 都是程度副词。

太, 真 and 很 are all degree adverbs.

一 修饰形容词　Modifying adjectives

1. "太"表示的程度非常高，有"过分"、超出说话人心目中标准的意思，带有很强的感叹语气，常和"了"一起用。"真"表示的程度比较高，也有感叹语气。"很"是一般的程度副词，没有感叹语气，是客观的描述。太 indicates a very high degree and has the meaning of "excessively", or over the standard of the speaker's expectation. It has a strong tone of exclamation. It is usually used with 了. 真 indicates a high degree and a tone of exclamation. 很 is an adverb indicating a common degree without any tone of exclamation but only with objective description.

太+形容词+了
真+形容词
很+形容词

A: 这件衣服真贵！
Zhè jiàn yīfu zhēn guì!

B: 你看看那件，3000块，
Nǐ kànkan nà jiàn, sānqiān kuài,

太贵了！
tài guì le!

A: 今天真热！
Jīntiān zhēn rè!

B: 不是"真热"，
Bú shì "zhēn rè",

我觉得今天太热了！
wǒ juéde jīntiān tài rè le!

我们餐厅特色菜
Wǒmen cāntīng tèsè cài
很多，都很好吃。
hěn duō, dōu hěn hǎo chī.

今天的作业做
Jīntiān de zuòyè zuò
得很好。
de hěn hǎo.

Attention

(1) 如果"太"后面没有"了"，一般都是表达不满的意思。
If 太 is not followed by 了, it usually expresses dissatisfaction.
Eg. 这儿太脏、太乱。

(2) 形容词前没有"很"等程度副词时，一般是表示比较或者回答问题。
If there is no 很 or other degree adverbs before an adjective, it indicates comparison or answering questions.
Eg. A: 这个好还是那个好？
B: 那个好。

2. "真"修饰形容词后，不能再做定语修饰名词，"太""很"可以。
When 真 modifies an adjective, the adjective cannot modify a noun as an attributive while 太 and 很 can.

> **格式** ✗ 真+形容词+的+名词
> ✓ 太/很+形容词+的+名词

✗ 真贵的衣服	✓ 太贵的衣服	✓ 很好吃的菜
zhēn guì de yīfu	tài guì de yīfu	hěn hǎo chī de cài
✗ 真热的天	✓ 太热的天	✓ 很好的书
zhēn rè de tiān	tài rè de tiān	hěn hǎo de shū

Attention

(1) "太+形容词"在表示不满意的意思时可以修饰名词，表示赞叹时不行。
太+adjective can modify a noun when it expresses dissatisfaction; however, the pattern cannot express praise.
Eg. ✗ 他买到了太好的汉语书。

(2) "很+形容词"修饰名词时只作宾语不能单独作主语。
A noun modified by 很 + adjective only acts as an object and it alone cannot act as a subject.
Eg. ✗ 很漂亮的女孩是我妹妹。   ✓ 我妹妹是个很漂亮的女孩。

二 修饰动词 Modifying verbs

1. "太""真""很"也可以修饰一些表示心理情感的动词或短语，如喜欢、讨厌、想等等。太, 真 and 很 can also modify a few verbs or phrases expressing mentalities and emotions, such as 喜欢, 讨厌, 想, etc.

格式 太/真/很+动词+······

尼克太想吃了！
Níkè tài xiǎng chī le!

哎呀，真讨厌！
Āiyā, zhēn tǎo yàn!

大卫很喜欢中餐。
Dàwèi hěn xǐhuan zhōngcān.

2. "真"也可以修饰一般动词，强调情况是真的。真 can also modify common verbs to emphasize that the cases are true.

A: 你知道吗？
Nǐ zhīdào ma?

B: 我真不知道！
Wǒ zhēn bù zhīdào!

A: 大卫真通过考试了吗？
Dàwèi zhēn tōng guò kǎoshì le ma?
他才学了一年啊。
tā cái xué le yì nián a.

B: 对，真通过了！
Duì, zhēn tōng guò le!

练习 Exercises

1. 判断对错。True or false.

〔1〕我们有一个真好的老师。

〔2〕妈妈做了一顿太好吃的晚饭。

〔3〕在家没意思，玛丽太去旅行了！

〔4〕我们真希望以后能再来中国学习。

〔5〕姐姐生了一个很可爱的女儿。

〔6〕今天的语法太复杂，我真想请老师再说一遍。

〔7〕很可爱的小孩跑过来了。

〔8〕男朋友送给我一束太漂亮的花。

2. 看图，用"太""真"或"很"完成句子。 Complete the sentences with 太, 真 or 很 according to the pictures.

〔1〕

啊，她的身材_____！你看她手上的戒指_____！我_____想买一个。可是，50000块，_____！

〔2〕

A：这几天天气怎么样？

B：天气预报说北京今天34度，_____（热），明天27度，可是雨_____（小），后天28度，_____。

A：啊，后天天气不错，我好久没去爬山了，我们一起去吧。

B：_____！我也正想去爬山。

54
副词（7）：从来、一直
Fùcí (qī): Cónglái, yìzhí

"从来""一直"都是副词，表示从过去到说话时某种状态、动作持续不变。

As adverbs, 从来 and 一直 indicate that a status or an action remains unchanged from the past to the moment of speaking.

Eg. 我从来不知道他会说汉语。

我一直不知道他会说汉语。

"从来"和"一直"的用法区别1 The using difference between 从来 and 一直 I

"从来"只用来说明以前的情况，"一直"没有这个限制。从来 is only used for events in the past, while there is no such restraint for 一直.

我以前从来没学过汉语。
Wǒ yǐqián cónglái méi xué guò Hānyǔ.

以后我会一直学下去。
Yǐhòu wǒ huì yìzhí xué xiàqù.

二 "从来"和"一直"的用法区别2 The using difference between 从来 and 一直 II

"从来"说明的情况一般持续时间长，语气比较强，甚至已经是一种习惯；"一直"说明的情况持续时间可以比较短，可能是临时的，最近发生的事情，有时用"一直在……"来说明这种情况。从来 usually indicates that the event lasts for a long period, which carries a strong tone and even becomes a habit; 一直 indicates that the event lasts for a short period and it may be temporary or recent. Sometimes 一直在 is used in that case.

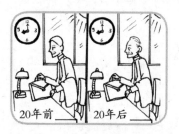

他从来不迟到。

Tā cónglái bù chídào.

我从来没骗过你。

Wǒ cónglái méi piàn guò nǐ.

考试时，马丁一直很紧张。

Kǎoshì shí, Mǎdīng yìzhí hěn jǐnzhāng.

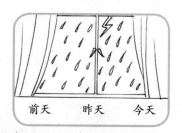

最近一直（在）下雨。

Zuìjìn yìzhí (zài) xià yǔ.

三 "从来"和"一直"的用法区别3　The using difference between 从来 and 一直 III

"从来"后面常用否定形式，用于肯定句时，一般要带上"就""就是""都""都是"等词；"一直"没有这个限制。从来 is usually followed by a negative form. In an affirmative sentence, 从来 usually goes with 就, 就是, 都, 都是, etc. However, there is no such restraint for 一直.

格式　从来+没+动词+过+……
　　　从来+不+动词+……

我从来没见过他。

Wǒ cónglái méi jiàn guò tā.

他从来就/都很努力。

Tā cónglái jiù / dōu hěn nǔlì.

他一直（就）很努力。

Tā yìzhí (jiù) hěn nǔlì.

Attention

"从来"也可以说"从"，用"从"必须跟否定形式。
从来 can be substituted by 从, which must go with a negative form.
Eg. 我从没见过他。

198

练习 Exercises

1. 用"从来"或"一直"填空。Fill in the blanks with 从来 or 一直.

〔1〕我的习惯是早上_____不吃早饭。

〔2〕最近玛丽的心情_____不太好，她想家。

〔3〕我会_____爱你到老。

〔4〕上午他_____在给我打电话，可是我忘了带手机。

〔5〕王老师_____没批评过学生，总是鼓励他们。

〔6〕你_____没吃过烤鸭，怎么知道它好吃不好吃？

2. 看图，用"从来"或"一直"完成句子。Complete the sentences with 从来 or 一直 according to the pictures.

〔1〕

A：这儿的菜你觉得怎么样？

B：太好了！_____。

〔2〕

A：我们休息一会吧。

B：不行，为了减肥，我要_____。

〔3〕

医生：你怎么了？

马丁：这几天_____。

医生：这是安眠药，你以前吃过吗？

马丁：_____。

医生：没吃过的话，吃半片就会有效果的。

55

结构助词 "的"

Jiégòu zhùcí "de"

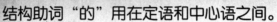

结构助词 "的" 用在定语和中心语之间。
As a structural particle, 的 is used between an attributive and a headword.

格式　定语 + 的 + 中心语

一 "的" 的用法　Usage of 的

1. 必须用 "的" 的情况。 的 is required in the following situations.

〔1〕表示领属关系。A relationship of possession is indicated.

格式　某人 + 的 + 某物

玛丽的书
Mǎlì de shū

李红的房子
Lǐ Hóng de fángzi

〔2〕动词短语作定语时。A verb phrase is used as an attributive.

格式　动词短语 + 的 + 名词

他说的话
tā shuō de huà

老师举的例子
lǎoshī jǔ de lìzi

[3] 两个字以上的形容词或短语作定语时。An adjective or adjective phrase of more than two characters is used as an attributive.

格式 **AB+的+名词**

> **Attention**
> 少数两个字的形容词和名词的关系比较紧密，在这些词里"的"可用可不用。
> 的 *is optional between a few two-character adjectives and nouns because of their close relationships.*
> *Eg.* 新鲜（的）空气
> 幸福（的）生活

美丽的风景
měilì de fēngjǐng

干净而整齐的房间
gānjìng ér zhěngqí de fángjiān

[4] 副词和单字形容词一起作定语时。The combination of adverb and single-character adjective acts as an attributive.

格式 **副词+形容词+的+名词**

很高的楼
hěn gāo de lóu

很厚的书
hěn hòu de shū

[5] 形容词的重叠式作定语。The duplication of an adjective acts as an attribute.

格式 **AA/AABB+的+名词**

红红的太阳
hónghóng de tàiyáng

高高大大的男孩儿
gāogāo dàdà de nán háir

2. 一般不用"的"的情况。 的 is not used in the following situations.

〔1〕 固定短语。Set phrases.

✓ 流行音乐
liúxíng yīnyuè

✗ 流行的音乐
liúxíng de yīnyuè

✓ 汉语水平考试
Hànyǔ shuǐpíng kǎoshì

✗ 汉语水平的考试
Hànyǔ shuǐpíng de kǎoshì

✓ 高楼大厦
gāo lóu dà shà

✗ 高的楼大的厦
gāo de lóu dà de shà

〔2〕 单字形容词作定语。A single-character adjective is used as an attributive.

格式 形容词+名词

红花　　小地方　　长头发　　好朋友
hóng huā　xiǎo dìfang　cháng tóufa　hǎo péngyou

〔3〕 表示人际关系或者东西的材质时。Interpersonal relationships or materials of things are involved.

Attention
在一些表示强调、对比和分类的情况下也可能出现"的"。
Sometimes 的 can also be used for emphasis, contrast and classification.

我妈妈　　他们经理　　丝绸衬衫
wǒ māma　tāmen jīnglǐ　sīchóu chènshān

二 名词性"的"字短语　Nominal phrases containing 的

代词、形容词、动词等跟"的"组成一个短语，相当于省略了中心语的名词短语。
A phrase that a pronoun, adjective or verb collocates with 的 is equivalent to the noun phrase that the headword is omitted.

格式 代词/形容词/动词+的=代词/形容词/动词+的+名词

A: 他是谁？
Tā shì shuí?

B: 送报纸的。（=送报纸的人）
Sòng bàozhǐ de. (=sòng bàozhǐ de rén)

A: 谁的书？
Shuí de shū?

B: 我的。（=我的书）
Wǒ de. (= wǒ de shū)

A: 你要买什么样的衣服？
Nǐ yào mǎi shénme yàng de yīfu?

B: 便宜的。（=便宜的衣服）
Piányi de. (= piányi de yīfu)

三 "的" "地" "得" 的区别　Distinctions between 的，地 and 得

"的" 后面是中心语，一般是名词或名词短语。的 is followed by a headword, which is usually a noun or noun phrase.

格式　**的+名词**

我的汉语书
wǒ de Hànyǔ shū

"地" 前面是状语，多为形容词或形容词短语，用来描写动作的状态；后面是动词或动词短语。地 is followed by a verb or verb phrase and preceded by an adverbial, which is often an adjective or adjective phrase indicating the status of the action.

格式　**形容词+地+动词**

高兴地说
gāoxìng de shuō

"得" 前面是动词，后面是补语，指出动作的状态、程度或对动作的评价等。得 is preceded by a verb and followed by a complement, which indicates the status, degree or evaluation of an action.

格式　**动词+得+补语**

考得很好
kǎo de hěn hǎo

考试完了，他高兴地说："我觉得我的汉语考得很好。"
Kǎoshì wán le, tā gāoxìng de shuō: "Wǒ juéde wǒ de Hànyǔ kǎo de hěn hǎo."

练习　Exercises

1. 下列句子是否需要 "的"，需要的画 "〇"，不需要的画 "×"。Tell whether 的 is required in the following sentences by marking O (required) or × (not required).

〔1〕请你把小王（　　）笔记拿给我看看。

〔2〕今天老师说（　　）话我没都听懂。

〔3〕这么能干（　　）小伙了，难怪老板喜欢他。

〔4〕他是一个很好（　　）朋友！

〔5〕世界杯（　　）足球赛开始了。

〔6〕她买了一辆小（　　）车。

〔7〕妈妈让我和我（　　）哥哥一起去参加比赛。

〔8〕商场正在大减价，门前排了一条长长（　　）队。

〔9〕我们要去参观（　　）村子离这儿很远。

〔10〕她有两张（　　）电影票。

2. 看图，猜猜他们的职业。 Guess what are their professions according to the pictures.

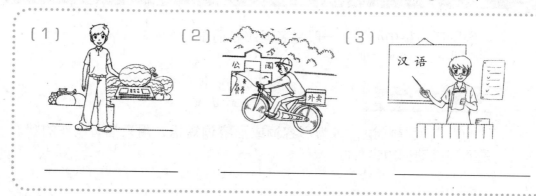

3. 用"的""地"或"得"填空。 Fill in the blanks with 的, 地 or 得.

今天＿＿＿＿＿＿球赛非常精彩！看，三号球员飞快＿＿＿＿＿＿跑着，比赛结束前一分钟他踢进了一个球。大家都说三号球员踢＿＿＿＿＿＿太好了！

今天是安妮＿＿＿＿＿＿生日。我给她买了一个非常漂亮＿＿＿＿＿＿蛋糕。安妮高兴＿＿＿＿＿＿说："谢谢你，玛丽！"你想＿＿＿＿＿＿真周到！吃完蛋糕，我们还开了一个晚会，大家都玩＿＿＿＿＿＿很开心。

56

助词 "吧"
Zhùcí　　　"ba"

> 语气助词 "吧[1]" 用在句尾，除了表示疑问以外，还有其他意思。
> As a modal particle, 吧 is used at the end of a sentence. It also indicates other meanings besides question.

一　表示商量、建议　Indicating discussion and suggestion

说话人提出一个想法，跟听话人商量，或是给对方提出建议。The speaker offers an idea to discuss with the listener or gives the listener a suggestion.

玛丽：我们休息一会儿吧。
Mǎlì: Wǒmen xiūxi yíhuìr ba.

玛丽：我们坐地铁还是公共汽车？
Mǎlì: Wǒmen zuò dìtiě háishi gōnggòng qìchē?

大卫：坐地铁吧。
Dàwèi: Zuò dìtiě ba.

二　表示催促、命令　Indicating urge and command

说话人用比较委婉的语气表示对听话人的催促和命令。The speaker expresses his or her urge or command to the listener in euphemism.

玛丽：快吃药吧，吃了病就好了。
Mǎlì: Kuài chī yào ba, chī le bìng jiù hǎo le.

妈妈：危险，给我吧。
Māma: Wēixiǎn, gěi wǒ ba.

注1：参见3页 "2 疑问句（2）：用 '吧' 的问句"。

205

三 表示同意、允许 Indicating approval and permission

经过商讨、说明后，说话人表示同意、允许。After discussion and explanation, the speaker expresses approval or permission.

老板： 这件又便宜又好看，我劝你买一件。
Lǎobǎn: Zhè jiàn yòu piányi yòu hǎokàn, wǒ quàn nǐ mǎi yí jiàn.

玛丽： 好吧。
Mǎlì: Hǎo ba.

大卫： 我是酒店的客人，可以先把行李放在
Dàwèi: Wǒ shì jiǔdiàn de kèrén, kěyǐ xiān bǎ xíngli fàng zài

这儿吗？
zhèr ma?

服务员： 可以，放在这儿吧。
Fúwùyuán: Kěyǐ, fàng zài zhèr ba.

练习 Exercises

1. 用"吧"完成对话。Complete the dialogues with 吧.

［1］ A：假期这么短，我们去不去旅行呢？

B：_____。

A：去哪儿呢？

B：_____。

［2］ A：要下雨了，我们_____。

B：嗯，_____。

［3］ A：尼克又玩电脑，快_____。

B：没事儿，玩一会儿再写。

［4］ A：今天太累了，我们_____。

B：明天就考试了，还是把这些题_____。

［5］ A：我们出去玩玩儿_____，天气好极了。

B：_____。

［6］ A：你那么喜欢玛丽，就_____。

B：好！明天我试试。

2. 看图，用"吧"完成对话。 Complete the dialogues according to the pictures with 吧.

〔1〕

玛丽：走哪条路呢？

大卫：_____。

玛丽：听你的，_____。

〔2〕

大卫：夏天适合喝绿茶，_____。

玛丽：还是_____，听说普洱茶可以减肥。

大卫：那两种都_____。

玛丽：_____，都买一些。

〔3〕

大卫：张老师，我写了一篇作文，明天上午可以去办公室请您帮我看看吗？

老师：可以，_____，我在办公室等你。

大卫：您想看电子版的还是手写的？

老师：_____，这样我还可以帮你看看汉字写得怎么样。

57

介词（1）：在、到、给
Jiècí (yī): Zài, dào, gěi

介词"在""到""给"引出不同的对象，它们跟名词、代词一起组成介词短语，既可以在句中作状语，也可以放在动词后面作补语。

Introducing different objects, the prepositions, 在, 到 and 给 combine with nouns or pronouns to form prepositional phrases, which can serve not only as adverbials but also as complements after verbs.

一　在

"在"主要引出时间和地点。在 mainly introduces time and location.

1. 在动词前。Before a verb.

 在+时间+做什么
　　　 在+哪儿+做什么

Attention
"在+时间+做什么"格式中"在"常省略。
在 is often omitted in the pattern of 在 + time + do something.

玛丽是在到了北京以后才开始学汉语的。
Mǎlì shì zài dào le Běijīng yǐhòu cái kāishǐ xué Hànyǔ de.

玛丽在图书馆看书。
Mǎlì zài túshūguǎn kàn shū.

2. 在动词后。After a verb.

 动词+在+时间
　　　 动词+在+地方

玛丽出生在冬天。
Mǎlì chūshēng zài dōngtiān.

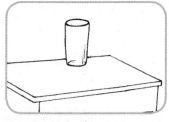

杯子放在桌子上。
Bēizi fàng zài zhuōzi shang.

Attention

只有部分动词可以用在"动词+在+时间"格式中，双音节的动词主要有"出生、发生、出现"等，
单音节的动词主要有"定、改、排、放"等。
Only some verbs can be used in the pattern verb+在+time. The double-syllable verbs mainly include 出生, 发生, 出现,
etc. The single-syllable verbs mainly include 定, 改, 排, 放, etc.

二 到

1. "到"可以引出时段、过程和事件的终点，也可以引出动作的
落点。到 can introduce a period, a process or the ending point of an event. It can also
introduce the dropping point of an action.

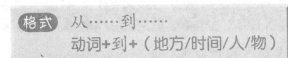

格式　从……到……
　　　动词+到+（地方/时间/人/物）

我每天上午从9点到12点
Wǒ měi tiān shàngwǔ cóng jiǔ diǎn dào shí'èr diǎn
上汉语课。
shàng Hànyǔ kè.

青蛙跳到一片叶子上。
Qīngwā tiào dào yí piàn yèzi shang.

Attention

(1)"动词+在+地方"和"动词+到+地方"有时可以互换。
Sometimes verb+在+place and verb+到+place are interchangeable.

Eg. ✓把书扔在床上。（扔完以后，书在床上。）
　　✓把书扔到床上。（扔书的动作最终的落点是床上。）

(2)"动词+在+地方"强调物体的静态位置，而"动词+到+地方"强调动作
的终点、落点，动作的结果。
Verb+在+place emphasizes the static location of an item while verb+到+place
emphasizes the destination, dropping point or result of an action.

Eg. ✓我们跑到书店避雨。　　✗我们跑在书店避雨。
　　✓我买到了那本书。　　✗我买在了那本书。

2. "到" 可以表明动作的结果。 别 can introduce the result of an action.

（找了半天，）玛丽看到大卫了。
(Zhǎo le bàntiān,) Mǎlì kàn dào Dàwèi le.

孩子够到了书架上的那本书。
Háizi gòu dào le shūjià shang de nà běn shū.

三 给

"给" 引出接受东西、服务的或动作的对象等。给 It introduces the receiver of an item, service or action.

 动词+给+某人+某物
给+某人+动词短语

学生送给老师一束鲜花。
Xuésheng sòng gěi lǎoshī yí shù xiānhuā.

服务员给客人拿毛巾。
Fúwùyuán gěi kèrén ná máojīn.

玛丽给妈妈打电话。
Mǎlì gěi māma dǎ diànhuà.

练习 Exercises

1. 用 "在" "到" 或 "给" 填空。Fill in the blanks with 在, 到 or 给.

〔1〕我们每天都_____食堂吃饭。

〔2〕昨天晚上我学习学_____十一点多。

〔3〕大卫常常_____玛丽买礼物。

〔4〕十九年前我出生_____法国的一个小城。

〔5〕我的钥匙丢了，找了半天也没找_____。

〔6〕一瓶花摆_____窗台上，很漂亮。

〔7〕我们说着笑着，一会就走_____了学校。

〔8〕爸爸累的时候，我常常_____他按摩。

2. 根据括号内的提示词，用"在""到"或"给"完成句子。Complete the sentences with 在, 到 or 给 according to the words given in the brackets.

　　　玛丽买了好多东西，吃的东西要_____（冰箱），书要_____（书架）。她还买了一个礼物，那是要_____（大卫），明天是大卫的生日。

　　　今天大卫和玛丽要去看电影，大卫_____（电影院门口）。玛丽来了，大卫把电影票_____（玛丽）。电影的时间是从8点_____（9点40分）。

- -

　　　大卫很喜欢跟小狗玩。你看，大卫站_____（院子），小狗跑_____大卫面前，大卫扔_____（一块骨头），小狗高兴极了。

58

介词（2）：从、离

Jiècí (èr): Cóng, lí

介词"从"引出一个时间段、一段路程、一件事情经过或者一个等级序列的起点，后面跟"到"搭配使用；介词"离"引出一个时间段、一段路程或者事情经过的终点。

As a preposition, 从 introduces the starting point of a period, distance, process or ranking sequence. 从 collocates with 到 after it. As a preposition, 离 introduces the end of a period, distance or process.

一 从

格式 从+起点+到+终点+……

距离
从起点 ······ 到终点

大卫每天从六点到七点跑步。
Dàwèi měi tiān cóng liù diǎn dào qī diǎn pǎo bù.

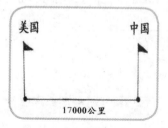

从美国到中国很远。
Cóng Měiguó dào Zhōngguó hěn yuǎn.

从填申请表到拿到护照
Cóng tián shēnqǐng biǎo dào ná dào hùzhào
用了一个月时间。
yòng le yí ge yuè shíjiān.

从孩子到老人都喜欢吃饺子。
Cóng háizi dào lǎorén dōu xǐhuan chī jiǎozi.

212

二 离

格式　离+终点+还有+多大距离
　　　离+终点+远/近

距离
起点　离……　终点

离上课/八点还有半个小时。
Lí shàng kè / bā diǎn hái yǒu bàn ge xiǎoshí.

邮局离银行很近。
Yóujú lí yínháng hěn jìn.

离考试 结束还有十分钟。
Lí kǎoshì jiéshù hái yǒu shí fēnzhōng.

Attention

(1) ✓ 从……到……　　　✗ 从……离……
Eg. ✓ 从我家到学校　　✗ 从我家离学校
　　✓ 从春天到秋天　　✗ 从春天离秋天

(2) "从+起点" 可以单独用，"离+终点" 不能单独用。
从+a starting point can be used alone, while 离+the ending point cannot.
Eg. A：我们从哪儿走？
　　B：从前面那条路。
　　A：快到了吧？
　　B：嗯，离天安门还有200米。

练习 Exercises

1. 用"从"或"离"填空。Fill in the blanks with 从 or 离.

　　我叫大卫，_____美国来。我的家乡_____北京很远，坐飞机_____我家乡到北京要13个小时。我现在在北京语言大学学习汉语，我每天上午_____8点到12点都有课。我现在住在学校的宿舍里，_____教室很近，走路5分钟就到了。下学期，我打算住在学校外面，我已经找到了一个房子，那儿_____学校骑自行车大概20分钟，我觉得还可以。最重要的是我可以锻炼身体，也有更多的机会练习说汉语。

2. 看图，用"从"或"离"回答问题。Answer the questions with 从 or 离 according to the pictures.

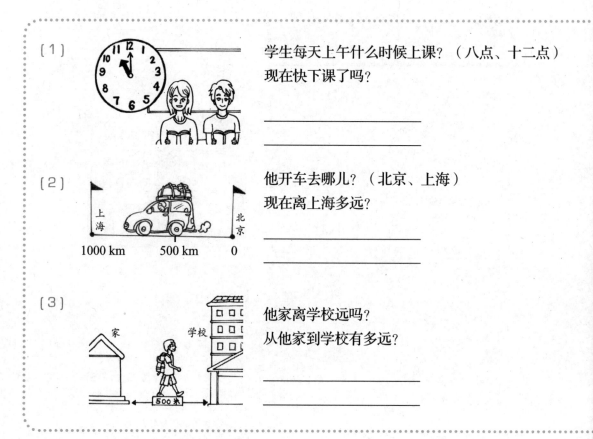

[1] 学生每天上午什么时候上课？（八点、十二点）
现在快下课了吗？

_____

_____

[2] 他开车去哪儿？（北京、上海）
现在离上海多远？

_____

_____

[3] 他家离学校远吗？
从他家到学校有多远？

_____

_____

59

介词（3）：往、向
Jiècí (sān):   Wǎng,   xiàng

"往"和"向"都是指示方向的介词，但"向"还可以指出动作的对象。这里只介绍它们用来指示方向的用法[1]。

Both 往 and 向 are prepositions indicating directions. 向 can also indicate the object of an action. Here introduces their usages of indicating directions.

一 相同的用法 Same usage

"往""向"后面都可以跟表示方位、处所的词。
往 and 向 can be followed by words indicating directions or locations.

格式 往/向+方位/处所

Attention
口语中常用"往"。
往 is often used in spoken Chinese.

往/向前走
wǎng / xiàng qián zǒu

学校

往/向学校走
wǎng / xiàng xuéxiào zǒu

二 不同的用法 Different usages

1. 不能用"往"。 Situations where 往 cannot be used.

〔1〕"向"可以直接跟名词，"往"不行。向 instead of 往 can be followed by noun.

注1：参见218页"60 介词（4）：跟、向、对"。

格式 向+某人

学生们**向**老师走过去。
Xuésheng men xiàng lǎoshī zǒu guò qù.

孩子**向**妈妈跑过来。
Háizi xiàng māma pǎo guò lái.

Attention

也可以用"往+某人/物+这儿/那儿"。
往+someone/something+这儿/那儿 can also be used.
Eg. 往老师那儿走过去。
　　往妈妈这儿跑过来。

〔2〕"向"后面的动词带"着"，表示静止的状态，不能用"往"。
The verb after 向 instead of 往 is followed by 着, which indicates a static status.

格式 向+……动词+着

他**向**下看**着**。
Tā xiàng xià kàn zhe.

〔3〕"向"后面也可以直接加"着"，"往"不行。向 instead of 往 can also be
directly followed by 着.

格式 向+着……

他继续**向着**南边走去。
Tā jìxù xiàng zhe nán biān zǒu qù.

2. 与"往"和"向"搭配的动词。 Verbs collocated with 往 and 向.

"往"和"向"还可以用在动词后，但是动词的范围不一样。"往"前面常用
动词有"派、开、寄、飞"等，"向"前面常用动词有"转、跑、走、射"
等。往 and 向 can also be used after verbs. However, the verbs fall into different categories. The
common verbs before 往 include 派，开，寄，飞, etc; the common verbs before 向 include 转，
跑，走，射, etc.

派往　　　开往　　　寄往　　　飞往
pài wǎng　kāi wǎng　jì wǎng　fēi wǎng

转向　　　跑向　　　走向　　　射向
zhuǎn xiàng　pǎo xiàng　zǒu xiàng　shè xiàng

练习 Exercises

1. 判断对错。True or false.

　〔1〕他往我看。

　〔2〕妈妈往孩子那儿看了一眼。

　〔3〕我们还是面向南边坐着吧。

　〔4〕大家向着家的方向走去。

　〔5〕朋友们，公司要把我派向中国工作。

　〔6〕孩子还没回来，妈妈一直向着家门口看。

2. 用"往"或"向"填空。Fill in the blanks with 往 or 向.

　　　那天我迷路了，不知道应该_____哪儿走。朋友告诉我，如果我_____天安门站着，对面就是北。他在西北路口等我。找到北以后，我们就_____着那个方向一直走。终于在西北路口看到了朋友，我高兴地_____朋友跑去。

　　　一天，我听见门外有狗叫声，_____门外一看，一直可爱的小狗正在_____走廊那边跑。我小声地喊："来！来！"小狗看看我，就_____我跑过来。

60

介词（4）：跟、对、向
Jiècí　　　(sì):　　　Gēn,　　duì,　　xiàng

"跟[1]" "对" "向[2]" 三个介词都可以指示动作的对象。如果后面的动词表示跟身体动作有关系的、比较具体的动作，它们一般可以互换。如：笑、摆手、打招呼、点头、说等等。

As prepositions, 跟, 向 and 对 can indicate the object of an action. The three propositions are interchangeable if the following verb expresses a concrete action that is related to body movements, such as 笑，摆手，打招呼，点头，说，etc.

格式　主语+跟/对/向+对象+动词

玛丽跟/对/向她笑了笑。
Mǎlì gēn / duì / xiàng tā xiào le xiào.

我跟/对/向他摆了摆手。
Wǒ gēn / duì / xiàng tā bǎi le bǎi shǒu.

一　跟

"跟" 相当于 "和"，在口语中更常用。跟 is equivalent to 和 and more often used in spoken Chinese.

格式　（A）跟B做什么=（A）和B做什么

大卫跟安妮在打网球。
Dàwèi gēn Ānnī zài dǎ wǎngqiú.

注1：参见231页 "64 '和' 和 '跟'"。
　2：参见215页 "59 介词（3）：往、向"。

（A）跟B一样/差不多＝
（A）和B一样/差不多

 （A）跟B（相）比＝
（A）和B（相）比

我的衣服跟他的衣服一样。
Wǒ de yīfu gēn tā de yīfu yíyàng.

跟哥哥比，我矮一点儿；
Gēn gēge bǐ, wǒ ǎi yìdiǎnr;

跟弟弟比，我高一点儿。
Gēn dìdi bǐ, wǒ gāo yìdiǎnr.

 （A）跟B有关系＝
（A）和B有关系

这本书跟中国历史有关系。
Zhè běn shū gēn Zhōngguó lìshǐ yǒu guānxi.

 对

1. "对" 表示人和人、人和事物之间的 "对待" 关系。对 refers to the treating relationship between persons or between persons and things.

 A对B怎么样

这个中国学生对留学生很友好。
Zhège Zhōngguó xuésheng duì liúxuéshēng hěn yǒuhǎo.

219

2. 用来表达从某人、某事的角度来看问题。It is used to express the perspective from which issues are looked at.

格式 对A来说，……怎么样

对大卫来说，这个菜很好吃。
Duì Dàwèi lái shuō, zhège cài hěn hǎo chī.
但是，对安妮来说，不太好吃。
Dànshì, duì Ānnī lái shuō, bú tài hǎo chī.

3. 常用固定格式。It is often used in fix patterns.

格式 对……感兴趣

大卫对太极拳感兴趣。
Dàwèi duì tàijíquán gǎn xìngqù.

三 向

"向"可以指示方向。向 can indicate directions.

Attention

"跟""向""对"后面适用哪些动词以及具体表示什么意思常常跟介词的本义有关。
Which verb follows 跟, 向 *or* 对 *and what the verb means have much to do with the denotation of the preposition.*

(1) "跟"的本义是"跟随、协同"，因此可以说"跟他打太极拳""跟他商量"，不能用"向"、"对"。
跟 *denotes "following or together with". Therefore it is appropriate to say* 跟他打太极拳, 跟他商量, *where* 向 *or* 对 *cannot be used.*

(2) "向"的本义是"指示方向和趋势"，因此可以说"向他学习"，不能用"对"，而如果用了"跟"，"跟他学习"意思就是"跟随他学习"。
向 *denotes "a direction or tendency". Therefore it is appropriate to say* 向他学习, *where* 对 *cannot be used. If* 跟 *is used in the phrase,* 跟他学习 *means following him to learn.*

(3) "对"的本义是"针对、对待"，因此可以说"对他进行调查"，调查的对象是"他"，不能用"跟""向"。
对 *indicates "in view of or with regard to". Therefore it is appropriate to say* 对他进行调查, *where the subject under investigation is* 他 *and* 跟 *or* 向 *cannot be used.*

四 与"跟""对""向"搭配的常用词语 Common words collocated with 跟，对，向

介词 preposition	搭配词语 words in collocation	例句 example
跟	商量、讨论、握手、聊天、开玩笑	我想跟你商量一下这件事。
对	关心、热情、友好、进行调查	老师对我们很关心。
向	介绍、学习、敬酒、跑过去、走过去	我向你介绍一下这家新公司。
跟、向	告别、打听、请假、借	12点的时候，我跟/向同学们告别。
向、对	表示祝贺、负责	我们向冠军表示祝贺。
跟、对、向	打招呼、点头、笑、摆手、挥手、说	我们跟新来的同学打了声招呼。

练 习 Exercises

1. 判断对错。True or false.

〔1〕对日本学生来说，汉字不太难。

〔2〕我最近在向安妮一起练习打网球。

〔3〕我对姐姐的生活习惯差不多。

〔4〕他跟我帮助太大了，我不知道怎么感谢他。

〔5〕我一直对中国文化很感兴趣。

〔6〕他的学习方法很好，我们应该向他学习。

〔7〕这件事跟我没关系。

2. 用"跟""对"或"向"填空。 Fill in the blanks with 跟，对 or 向.

我正在_____朋友讨论哪个队会赢时，比赛结束了，蓝队赢了。蓝队的球员们在场上_____大家挥手。观众们非常兴奋，他们也挥手_____球员们表示祝贺，还有人拿着花_____队员们跑去。

大卫_____书法非常感兴趣。他每周都会去书法老师家_____老师请教。老师也_____大卫非常热情，教得也很好。大卫练了一年，他的书法作品得了一等奖，朋友们都_____他表示祝贺。大卫说："_____我来说，练习书法是一种享受，我要一直学下去。"

61

"有的" 和 "一些"

"Yǒude" hé "yìxiē"

"有的" 是代词，代替整体中的某一部分；"一些" 是数量词，指不确定的量。

As a pronoun, 有的 is used to substitute a part in a whole; as a numeral-measure word, 一些 refers to an indefinite quantity.

一 相同用法 Same usage

"有的" 和 "一些" 可以和名词一起在句中做主语，名词也常省略。有的 and 一些 together with nouns can act as subjects and the nouns are often omitted.

格式
有的（名词）+……
一些（名词）+……

有的（人）在吃包子，有的（人）在吃饺子。
Yǒude (rén) zài chī bāozi, yǒude (rén) zài chī jiǎozi.

一些（人）在吃包子，一些（人）在吃饺子。
Yìxiē (rén) zài chī bāozi, yìxiē (rén) zài chī jiǎozi.

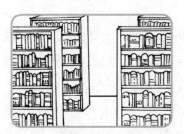

书架上有很多书，有的是汉语书，有的是英语书。
Shūjià shang yǒu hěn duō shū, yǒude shì Hànyǔ shū, yǒude shì Yīngyǔ shū.

书架上有很多书，一些是汉语书，一些是英语书。
Shūjià shang yǒu hěn duō shū, yìxiē shì Hànyǔ shū, yìxiē shì Yīngyǔ shū.

二 不同用法 Different usages

1. **"有的"可以代替一个，也可以代替多个，不确定；"一些"只能指多个。** 有的 can substitute one item or several items, which is indefinite; 一些 is only used to refer to several items.

A: 大卫，这些汉字你都认识吗？
　 Dàwèi, zhèxiē Hànzì nǐ dōu rènshi ma?
B: 有的认识，有的不认识，这个我不认识。
　 Yǒude rènshi, yǒude bú rènshi, zhège wǒ bú rènshi.

这些汉字有的 / 一些认识，
Zhèxiē Hànzì yǒude / yìxiē rènshi,
有的 / 一些不认识。
yǒude / yìxiē bú rènshi.

2. **"一些"在句中可以单独或跟其他词语一起作宾语，也可以在句中作补语，"有的"不行。** 一些 can act as an object alone or together with other word, or complement while 有的 cannot.

格式 主语+动词+一些（名词）
　　　 形容词+一些

他吃了一些米饭，
Tā chī le yìxiē mǐfàn,
还有一些。
hái yǒu yìxiē.

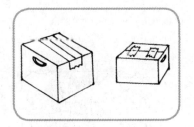

一个箱子大一些，
Yí ge xiāngzi dà yìxiē,
一个箱子小一些。
yí ge xiāngzi xiǎo yìxiē.

3. "有的时候"也可以说"有时候""有时"。"有时"比较接近书面语。有的时候 can be substituted with 有时候 or 有时. 有时 is more often used in written Chinese.

A: 你常去打球吗？
　　Nǐ cháng qù dǎ qiú ma?

B: 有的时候/有时候/有时去体育馆打球。
　　Yǒude shíhou / yǒu shíhòu / yǒushí qù tǐyùguǎn dǎ qiú.

最近天气有时晴，
Zuìjìn tiānqì yǒushí qíng,
有时下雨。
yǒushí xià yǔ.

练习　Exercises

1. 用"有的"或"一些"填空。Fill in the blanks with 有的 or 一些.

〔1〕 我认识＿＿＿＿中国朋友。

〔2〕 你看，这个坏了，那个是好的，这些东西＿＿＿＿好，＿＿＿＿不好。

〔3〕 她要是瘦＿＿＿＿就更漂亮了。

〔4〕 我＿＿＿＿时候心情不太好，很想家。

〔5〕 今天学的生词我记住了＿＿＿＿，可是＿＿＿＿已经忘了。

〔6〕 我不知道他们几个人叫什么名字，只知道＿＿＿＿来自美国，＿＿＿＿来自英国，还有两个是日本人。

2. 看图，用"有的"或"一些"完成对话。Complete the dialogues with 有的 or 一些 according to the pictures.

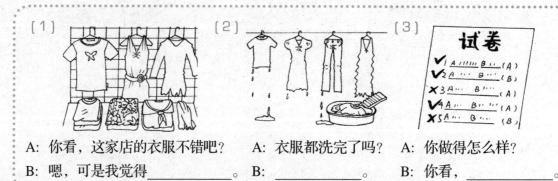

〔1〕
A: 你看，这家店的衣服不错吧？
B: 嗯，可是我觉得＿＿＿＿＿＿＿。

〔2〕
A: 衣服都洗完了吗？
B: ＿＿＿＿＿＿＿＿。

〔3〕
A: 你做得怎么样？
B: 你看，＿＿＿＿＿＿＿。

62

"二" 和 "两"
"Èr"　　hé　　"liǎng"

"二""两"都是数词，代表"2"。
Both 二 and 两 are numerals, indicating two.

一 一般用法　Common usages

1. 在个位、十位上读作"二(èr)"，在百位上多读作"二(èr)"，也可读作"两(liǎng)"。Two in the one's digit or in the ten's digit is pronounced as 二 (èr), and in the hundreds' digit is pronounced as 二 (èr) or 两 (liǎng).

2	*20*	*200*	*220*	*222*
二	二十	二百	二百二十	二百二十二
èr	èrshí	èrbǎi	èrbǎi èrshí	èrbǎi èrshí èr
		两百	两百二	两百二十二
		liǎngbǎi	liǎngbǎi èr	liǎngbǎi èrshí èr

2. 在千位、万位等首位时，读作"两(liǎng)"。Two in the first number of the thousand's digit or in the 10 thousand's digit is pronounced as 两 (liǎng).

2₀₀₀₀ 　两千
　　　　liǎngqiān

2₀₀₀₀₀ 　两万
　　　　liǎngwàn

2₀₀₀₀₀₀₀₀₀ 　两亿
　　　　liǎngyì

22₀₀₀ 　两万两千　　　　两万二（千）
　　　liǎngwàn liǎngqiān　　liǎngwàn èr(qiān)

二　在小数、分数、序数中都读作 "二(èr)" Two in a decimal, fraction or ordinal number is pronounced as 二 (èr)

0.2
零点二
líng diǎn èr

1/2
二分之一
èr fēn zhī yī

NO.2
第二
dì èr

三　跟量词组合　Combination with a measure word

在一般量词前，个位数用 "两"；多位数时，跟一般数字的用法相同。Before a common measure words, 两 is used in the one's digit; in an over two-digit number, 两 and 二 are used in the same way as numerals.

两个（苹果）
liǎng ge(píngguǒ)

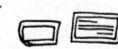
两张（票）
liǎng zhāng(piào)

两条（鱼）
liǎng tiáo(yú)

两辆（车）
liǎng liàng(chē)

十二个（星星）
shí'èr ge(xīngxīng)

Attention

(1) "两" 作为重量单位时，前面用 "二"。
二 is used before 两 as a weight unit.

Eg. 二两肉.

(2) "二" "两" 在中式的计量单位前可换用。
Used before Chinese measurement units, 二 and 两 are interchangeable.

Eg. 二斤/两斤　二尺/两尺　二寸/两寸

(3) 在国际计量单位前，用 "两"。
两 is used before international measurement units.

√两公里　√两英尺　√两公斤
✗二公里　✗二英尺　✗二公斤

四　"两" 可以用作概数　两 can be used as an approximate number

请您说两句吧。
Qǐng nín shuō liǎng jù ba.

练习 Exercises

1. 下面短文空处都是 "2"，看看是用 "二" 还是 "两"。Tell how 2 in each blank of the following paragraph should be used in 二 or 两.

　　今天是五月_____号，我来中国已经_____个月了，开始我不太习惯，第一，是因为我的汉语还不太好，第_____，是因为我没有朋友。最近，我认识了_____个中国朋友。他们常常带我去玩儿。有一天，我们一起去买东西，我对老板说："我要买二个苹果。"朋友告诉我："不对，应该说_____个苹果。"我说："好，两个苹果。老板，给你两十块钱。"朋友又说："不对，应该说_____十块钱。"我说："真麻烦！"老板听了笑着说："小伙子，习惯了就不麻烦了，欢迎你常来我的商店。"

2. 准确读出下列数字。Read the following numbers.

2222　　21　　0.52　　$\frac{2}{7}$

3. 看图，用 "二" 或 "两" 完成句子。Complete the sentences with 二 or 两 according to the pictures.

[1]

我家有爸爸、妈妈，_____姐姐，还有____狗。

[2]　2002年2月22日

____年____月____号，我的____姐姐生了____可爱的宝宝。

[3]

左边有____人，右边有四个人，左边的人是右边的____。（倍）

63

"刚" 和 "刚才"
"Gāng" hé "gāngcái"

"刚"是时间副词，表示对说话人来说事情发生的时间不长，可能是几分钟、几天、几个月；"刚才"是时间名词，表示很短的一段时间以前，常常是几分钟以前，可以单独回答问题。

As a time adverb, 刚 indicates that in the mind of the speaker the period of an occurrence is not long, maybe a few minutes, days or months. As a noun of time, 刚才 indicates the time a short period ago, usually a few minutes ago. It can be used alone in an answer.

Eg. A: 你是什么时候知道的？
    B: 刚才。

一 在句子中的位置 Positions in a sentence

"刚"应该放在主语后面，动词前面，还可重叠为"刚刚"；"刚才"既可以放在主语后面，动词前面，也可以放在句子前面。 刚 should be placed after a subject and before a verb, or in the duplication of 刚刚; 刚才 can be put after a subject and before a verb, or at the beginning of a sentence.

格式 ✓ 主语+刚+动词+……   ✓ 主语+刚才+动词+……
    ✗ 刚+主语+动词+……   ✓ 刚才+主语+动词+……

玛丽刚/刚刚结婚，很幸福。
Mǎlì gāng / gānggāng jié hūn, hěn xìngfú.

他刚才吃药了。刚才他吃药了。
Tā gāngcái chī yào le. Gāngcái tā chī yào le.

Attention

(1) 如果动词后面有时间或者数量做补语，用"刚"强调时间短，数量少，相当于"只"，不用"刚才"。
When a verb is followed by a time complement or a quantity complement, 刚 is used to emphasize a short period or a small quantity. It is equivalent to 只 while 刚才 can not be used in this case.

Eg. 他太忙了，昨天晚上刚睡了四个小时。

(2) "刚"可用在"刚……就……"格式中，表示一个动作完成后马上发生了另一个动作。
刚 can be used in the pattern 刚……就……, which indicates that after the completion of one action, another action immediately happens.

✓ 他刚出机场就接到了家人的电话。   ✗ 他刚才出机场就接到了家人的电话。

二 修饰名词 Modifying a noun

"刚才"可以直接修饰名词，"刚"不能这样用。刚才 can be used to modify a noun directly while 刚 cannot.

> 格式 ✗ 刚+的+名词
> ✓ 刚才+的+名词

儿子，爸爸刚才的话你别忘了。
Érzi, bàba gāngcái de huà nǐ bié wàng le.

刚才的电话是谁打来的。
Gāngcái de diànhuà shì shuí dǎ lái de.

三 跟否定形式 After negative form

"刚"后面不能加否定形式，否定时可以用"不是"否定"刚"后面的整个句子；"刚才"可以加否定形式。A negative form cannot be added after 刚. In negation, 不是 is used to negate the whole sentence after 刚. A negative form can be added to 刚才.

> 格式 ✓ 刚才+否定
> ✗ 刚+否定
> ✓（主语+）不是（+刚+动词+……）

A: 玛丽刚结婚吗？
   Mǎlì gāng jié hūn ma?
B: （她）不是（刚结婚），
   (Tā) bú shì (gāng jié hūn),
   她已经有孩子了。
   tā yǐjīng yǒu háizi le.

刚才我没去商店，
Gāngcái wǒ méi qù shāngdiàn,
去图书馆了。
qù túshūguǎn le.

练 习　Exercises

1. 用"刚"或"刚才"填空。Fill in the blanks with 刚 or 刚才.

〔1〕_____你说什么？我没听见。

〔2〕你怎么_____来了两天就要走？

〔3〕请你再说一遍_____的问题。

〔4〕大卫不是_____开始学习汉语，他已经学了一年了。

〔5〕_____我没说真话，我骗了你，对不起。

〔6〕今天早上，大卫_____从北京回到家，他还没倒过来时差，一直在家睡觉。_____一个朋友打来电话，说想来看他，他说："我累死了，_____睡了三个小时，你下午再来吧。"大卫醒来时，已经是中午，他对妈妈说："_____的电话是谁打来的，我迷迷糊糊说了几句，忘了问是谁。"

2. 看图，用"刚"或"刚才"回答问题。Answer the questions with 刚 or 刚才 according to the pictures.

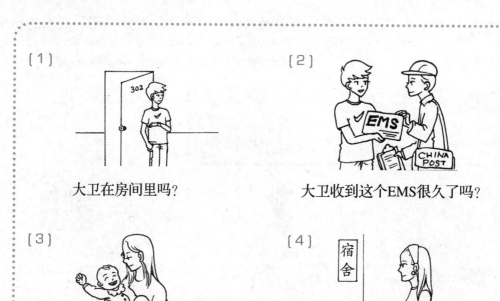

〔1〕大卫在房间里吗？

〔2〕大卫收到这个EMS很久了吗？

〔3〕最近，她的生活发生了什么变化？小宝宝很高兴，为什么？

〔4〕玛丽五分钟前在宿舍吗？她去哪儿了？

64

"和" 和 "跟"
"Hé"　hé　"gēn"

"和""跟"¹ 都可以做连词，连接两个并列成分，也可以做介词。"跟"还可以作动词，表示"跟随"。

Both 和 and 跟 can act as conjunctions to link two coordinated parts as well as prepositions. 跟 can also be used as a verb, indicating "following".

一 "和" 和 "跟" 作连词和介词　跟 and 和 as conjunctions and prepositions

它们作连词时，可以连接两个名词或代词，一般不能连接两个形容词、形容词短语、动词、动词短语以及小句。As conjunctions, they can link two nouns or pronouns rather than two adjectives, adjective phrases, verbs, verb phrases or clauses.

格式　A和/跟B

他和/跟她
tā hé / gēn tā
大卫和/跟玛丽
Dàwèi hé / gēn Mǎlì
他和/跟玛丽
tā hé / gēn Mǎlì

苹果和/跟桃子
píngguǒ hé / gēn táozi
这个和/跟那个
zhège hé / gēn nàge

Attention

✓ 她是一个年轻、漂亮的女孩。
✓ 那家餐厅非常干净，也很便宜。
✓ 我们聊天，跳舞。/我们聊天，还跳舞。
✓ 我去图书馆看书。
✓ 今天我要去银行，还要给我妈妈打电话。

✗ 她是一个年轻和/跟漂亮的女孩。
✗ 那家餐厅非常干净和/跟便宜极了。
✗ 我们聊天和/跟跳舞。
✗ 我去图书馆和/跟看书。
✗ 今天我要去银行，和/跟我给妈妈打电话。

注1：参见218页 "60 介词（4）：跟、对、向"。

二　"跟"作动词　跟 as a verb

"跟"也是动词，单独用时一般说"跟着"。跟 can also act as a verb and is usually used as 跟着.

马丁一直跟着大卫跑。
Mǎdīng yìzhí gēn zhe Dàwèi pǎo.

大卫跑得很快，马丁跟不上了。
Dàwèi pǎo de hěn kuài, Mǎdīng gēn bu shàng le.

练 习　Exercises

1. 用"和"或"跟"完成对话。Complete the dialogues with 和 or 跟.

〔1〕　A：寒假你打算去哪儿旅行？
　　　B：_____。

〔2〕　A：这次旅行你一个人去吗？
　　　B：_____。

〔3〕　A：你家有几口人？
　　　B：_____。

〔4〕　A：你喜欢吃哪些中国菜？
　　　B：_____。

〔5〕　A：你的国家跟中国一样吗？
　　　B：_____。

〔6〕　A：你会说哪些语言？
　　　B：_____。

2. 看图，用"和"或"跟"完成句子。Complete the sentences with 和 or 跟 according the pictures.

〔1〕

大卫_____在打球，
玛丽_____在看球。

〔2〕

上课时，同学们常常_____一起读课文。有时候老师会让两个同学一起读，今天老师请_____读课文。

〔3〕

妈妈，这是_____的照片。在学校，我常常_____一起出去玩儿，我们去过很多地方，今年暑假，我们去了_____。

65

"还是" 和 "或者"

"Háishi" hé "huòzhě"

"还是" 既可以做副词，又可以做连词。
还是 can be used as an adverb and as a conjunction.

一 还是

1. 副词"还是"表示动作、行为或状态没有发生改变，继续保持原来的情况。 As an adverb, 还是 indicates no change of an action, behavior or state but maintenance of the original status.

我洗完衣服一看，还（是）
Wǒ xǐ wán yīfu yí kàn, hái (shi)

有点儿脏，只好再洗一遍。
yǒudiǎnr zāng, zhǐhǎo zài xǐ yí biàn.

这个动画片小明已经看过
Zhège dònghuàpiàn Xiǎomíng yǐjīng kàn guò

一遍了，但他还（是）想看。
yí biàn le, dàn tā hái (shi) xiǎng kàn.

Attention

(1) 用在动词、形容词前的"还是"可以省略掉"是"，但用在全句主语前的"还是"不能省略掉
"是"。
When 还是 is followed by a verb or an adjective, 是 can be omitted; however, 是 cannot be omitted when 还是 precedes the subject of a sentence.

Eg. ✓ 今年还是男生人数比较多。　✗ 今年还男生人数比较多。
✓ 还是他来做我们的导游。　✗ 还他来做我们的导游。

(2) "还是"经常跟"虽然、尽管"一起搭配使用，表示转折关系，强调情况并没有改变。
还是 often goes with 虽然 or 尽管, indicating a contrasting relation. 还是 is used to emphasize no change of the status.

Eg. 虽然我们多年没见，但还是像原来那么亲密。
尽管遇到了很多困难，我们还是取得了成功。

2. 副词"还是"表示经过比较和考虑，最后做出了选择，后面引出选择的结果。As an adverb, 还是 indicates that a choice is made after comparison and consideration and 还是 introduces the result of the choice.

香山太远了，
Xiāng Shān tài yuǎn le,
还是去颐和园吧。
háishi qù Yíhé Yuán ba.

周五我要工作，
Zhōuwǔ wǒ yào gōngzuò,
还是选周末吧。
háishi xuǎn zhōumò ba.

3. 连词"还是"用在句中表示选择关系。选择项可以是两个，也可以是多个。As a conjunction, 还是 used in a sentence indicates an alternating relation. There may be two options or more.

A: 请问，您要喝咖啡还是喝茶？
Qǐngwèn, nín yào hē kāfēi háishi hē chá?
B: 一杯绿茶，谢谢。
Yì bēi lǜchá, xièxie.

A: 你七点去，还是八点去，
Nǐ qī diǎn qù, háishi bā diǎn qù,
还是八点半去？
háishi bā diǎn bàn qù?
B: 八点吧。
Bā diǎn ba.

二 连词"还是"与"或者"的区别 Differences between 还是 and 或者 as conjunctions

1. "或者"表示选择只能用在陈述句中，不能用在疑问句中。When 或者 indicates an alternating relation, it can only be used in a declarative sentence rather than an interrogative sentence.

✓ 我们明天去还是后天去？
Wǒmen míngtiān qù háishi hòutiān qù?

✗ 我们明天去或者后天去？
Wǒmen míngtiān qù huòzhě hòutiān qù?

✓ 你一个人去还是跟朋友一起去？
Nǐ yí ge rén qù háishi gēn péngyou yìqǐ qù?

✗ 你一个人去或者跟朋友一起去？
Nǐ yí ge rén qù huòzhě gēn péngyou yìqǐ qù?

2. 有的句子虽然整体上看不是疑问句，但也只能用"还是"不能用"或者"，因为包含"还是"的小句其实还是疑问形式。还是 rather than 或者 should be used in the sentence that does not appear to be an interrogative sentence on the whole, because the clause containing 还是 is still an interrogative form.

✓ 我不知道应该去北京还是去上海。
　 Wǒ bù zhīdào yīnggāi qù Běijīng háishi qù Shànghǎi.

✗ 我不知道应该去北京或者去上海。
　 Wǒ bù zhīdào yīnggāi qù Běijīng huòzhě qù Shànghǎi.

✓ 问玛丽还是问安妮，我还没决定。
　 Wèn Mǎlì háishi wèn Ānnī, wǒ hái méi juédìng.

✗ 问玛丽或者问安妮，我还没决定。
　 Wèn Mǎlì huòzhě wèn Ānnī, wǒ hái méi juédìng.

练习 Exercises

1. 用"还是"完成句子。Complete the sentences with 还是.

[1] 他是个好学生，从来不迟到。今天下了很大的雪，交通非常糟糕，＿＿＿＿＿＿＿。

[2] 像去年一样，公司的这个决定＿＿＿＿＿＿＿＿＿＿。

[3] 坐公交去太不方便了，要倒两次车，＿＿＿＿＿＿＿＿＿＿。

[4] 小王这几天身体不好，这件事＿＿＿＿＿＿＿＿＿。

[5] 我不知道这本书是新的＿＿＿＿＿＿＿＿＿＿。

[6] 他今天坐飞机到北京，你去接他＿＿＿＿＿＿＿＿？

2. 用"还是"或"或者"填空。Fill in the blanks with 还是 or 或者.

[1] 这件事问老张＿＿＿＿＿老王都可以。

[2] 我不知道飞机上午到＿＿＿＿＿下午到。

[3] 你打算吃中餐＿＿＿＿＿吃西餐？

[4] 你去机场接他，＿＿＿＿＿我去机场接他，＿＿＿＿＿小张去机场接他，都行。

[5] 洗衣机你准备买国产的＿＿＿＿＿进口的？

[6] 国产的＿＿＿＿＿进口的都可以，只要质量好就行。

3. 看图，用"还是"或"或者"完成对话。Complete the dialogue with 还是 or 或者 according to the pictures.

A：您好，是青年旅馆吗？我和朋友想订房间。

B：您好，这里是青年旅馆。请问你们是＿＿＿＿＿＿＿？（今天，以后）

A：今天住。我们一共六位，双人间＿＿＿＿＿＿＿三人间都可以。

B：我们现在只有双人间，请问你们＿＿＿＿＿＿＿？（一楼，二楼）

A：最好是二楼。请问多少钱一天？

B：我们的房价有好几种，您可以选择每天120元的，＿＿＿＿＿＿每天180元的，请问您想订哪种？

A：每天180的太贵了，我们＿＿＿＿＿＿＿。（便宜的）
　　请给我们预定每天120元的三个双人间，谢谢。

B：不客气。随时欢迎您光临。

66

"一下儿" 和 "一点儿"
"Yíxiàr"　　　hé　　　"yìdiǎnr"

"一下儿"表示动作的量少，程度轻；"一点儿[1]"表示事物的量少，程度轻。当对人发出请求时，它们都可以让语气变得比较轻松、有礼貌。

一下儿 indicates the small amount of an action and its slight degree; 一点儿 indicates the small quantity of things and its slight degree. When a request is given, the use of the two phrases can result in an easy and polite tone.

一　一下儿

"一下儿"用在动词后面，相当于动词的重叠式 AA，宾语可以省略。一下儿 can be used after a verb. It is equivalent to the duplication of verb AA, whose object can be omitted.

格式　动词+一下儿（+宾语）

老师，您看一下儿/看看，我写得对不对？
Lǎoshī, nín kàn yíxiàr / kànkàn, wǒ xiě de duì bu duì?

二　（一）点儿

"（一）点儿"用在宾语前面，宾语可以省略。一点儿 is used before an object, which can be omitted.

格式　动词+（一）点儿（+宾语）

小姐，请给我倒（一）点儿（红酒）。
Xiǎojiě, qǐng gěi wǒ dào (yì)diǎnr (hóng jiǔ).

注1：参见239页 "67 '有点儿'和'一点儿'"。

练习 Exercises

1. 用"一下儿"或"一点儿"完成句子。Complete the sentences with 一下儿 or 一点儿.

〔1〕 A：你＿＿＿＿＿，这是谁唱的歌啊？

　　　B：好的，让我想想。

〔2〕 A：该休息一会儿了。

　　　B：＿＿＿＿＿，我马上就做完了。

〔3〕 A：饭后还有水果，要吗？

　　　B：好的，我再吃＿＿＿＿＿。

〔4〕 A：旅行的事你想好了吗？

　　　B：还没有，我再＿＿＿＿＿。

〔5〕 校　长：我给大家＿＿＿＿＿，这是张老师。

　　　同学们：张老师好。

〔6〕 A：作业做完了吗？

　　　B：没呢，还＿＿＿＿＿。

2. 看图，用"一下儿"或"一点儿"写出语气比较轻松、有礼貌的句子。Write sentences in an easy and polite tone with 一下儿 or 一点儿 according to the pictures.

〔1〕 小朋友，＿＿＿＿＿。

〔2〕 小姐，＿＿＿＿＿？
　　　先生，＿＿＿＿＿。

67

"有点儿" 和 "一点儿"
"Yǒudiǎnr"　hé　"yìdiǎnr"

"有点儿" 和 "一点儿[1]" 都有数量少，程度低的意思。"有点儿" 是副词，"一点儿" 是个数量词。

Both 有点儿 and 一点儿 indicate a small quantity and a low degree. 有点儿 is an adverb and 一点儿 is a numeral-measure word.

一 有点儿

"有点儿" 可以修饰形容词和动词，一般用来表达说话人消极、不满的情绪。

有点儿 can be used to modify adjectives and verbs and usually expresses the speaker's passivity or dissatisfaction.

格式 有点儿+形容词/动词

这个问题有点儿难。
Zhège wèntí yǒudiǎnr nán.

她有点儿害怕。
Tā yǒudiǎnr hàipà.

Attention

(1) "有点儿" 修饰的动词一般都是表示心理情感的动词，常见的有：讨厌、害怕、恨、烦、生气、怀疑、遗憾等等。

The verbs modified by 有点儿 usually indicate emotions and feelings including 讨厌，害怕，恨，烦，生气，怀疑，遗憾, etc.

(2) 不能说 "她有点儿高兴，有点儿漂亮"。这个格式不用于表达积极的、正面的情绪。

她有点儿高兴，有点儿漂亮 is not acceptable because such a pattern is not used to express positive feelings.

注1：参见237页 "66 '一下儿'和'一点儿'"。

二 一点儿

"一点儿"一般修饰名词；也可以放在形容词后面，常常表示比较的结果。
一点儿 is usually used to modify nouns; it can be placed after an adjective to indicate the result of comparison.

格式 [1] 动词+（一）点儿（+名词）
[2] 形容词+（一）点儿

[1] 杯子里有一点儿红酒，她每天
Bēizi lǐ yǒu yìdiǎnr hóng jiǔ, tā měi tiān
晚上喝一点儿（红酒）。
wǎnshang hē yìdiǎnr (hóng jiǔ).

[2] 哥哥（比弟弟）高一点儿。
Gēge (bǐ dìdi) gāo yìdiǎnr.

三 "有点儿"和"一点儿"

当表达消极、不满的意义时，"有点儿"和"一点儿"都可以使用，但是"有点儿"在句中作状语，"一点儿"作补语。When expressing passivity or dissatisfaction, 有点儿 and 一点儿 are interchangeable; however, 有点儿 is an adverbial while 一点儿 is a complement.

格式 有点儿+形容词=形容词+了+（一）点儿

这件衣服有点儿大。
Zhè jiàn yīfu yǒudiǎnr dà.
这件衣服大了（一）点儿。
Zhè jiàn yīfu dà le (yì)diǎnr.

她的眼镜有点儿大。
Tā de yǎnjìng yǒudiǎnr dà.
她的眼镜大了（一）点儿。
Tā de yǎnjìng dà le (yì)diǎnr.

Attention

"形容词+一点儿"可以表示要求、建议。
Adjective+一点儿 can be used for request or suggestion.

Eg. 回家路上小心一点儿。　车开得有点儿快，慢一点儿。　这件衣服有点儿贵，便宜一点儿。

练习 Exercises

1. 用"有点儿"或"一点儿"填空。Fill in the blanks with 有点儿 or 一点儿.

〔1〕工作了一天，他觉得_____累。回到家，他喝了_____水，吃了_____饭就
睡觉了。

〔2〕他病了，_____不舒服。吃药以后，他觉得好_____了。

〔3〕这两件衣服，一件大了_____，一件小了_____，都_____不合适。逛了一
天，还是买不到合适的衣服，让我_____生气。

〔4〕有的汉字留学生都觉得_____难。

〔5〕如果你早上早_____起床就不会迟到了。

〔6〕这双鞋_____大，有没有小_____的?

〔7〕孩子已经睡着了，说话的声音_____高，能不能低_____?

2. 看图，用"有点儿"或"一点儿"描述图片内容。Use 有点儿 and 一点儿 to
describe each picture.

〔1〕

这是马丁的房间，窗户_____，
桌子也_____。书架上的书 _____，衣服_____。他的
_____。

〔2〕

这个人头发_____，胡子也
_____，衣服_____。他的
包_____。

〔3〕

姐姐个子_____，妹妹_____。姐姐的头发_____。
妹妹的头发_____。姐姐的裙子_____，妹妹的裙
子_____。

68

"差不多" 和 "差一点儿"

"Chàbuduō" hé "chà yìdiǎnr"

"差不多"和"差一点儿"既可以作为动词短语单独使用，也可以在句中作副词。
差不多 and 差一点儿 can be used alone as verb phrases. They can also be used as adverbs in sentences.

一 差不多

"差不多"指几乎达到某种程度、数量或接近某种状态。差不多 indicates the closeness in reaching a degree and quantity or approaching a state.

格式 [1] 主语+差不多

[2] 主语+差不多+……

[3] 差不多+……

[1] 这两个苹果的大小差不多。
Zhè liǎng ge píngguǒ de dà xiǎo chàbuduō.

这两个苹果差不多。
Zhè liǎng ge píngguǒ chàbuduō.

[2] 大卫差不多看完了。
Dàwèi chàbuduō kàn wán le.

[3] A: 到北京大学还有多远？
Dào Běijīng Dàxué hái yǒu duō yuǎn?

B: 差不多500米。
Chàbuduō wǔ bǎi mǐ.

二 差一点儿

"差一点儿"是指由于一点点偏差，某种情况接近实现但没实现，或者某种情况勉强实现了。用"差一点儿"时有惋惜或庆幸的感情色彩。"差一点儿"也常说"差点儿"。差一点儿 indicates that something has almost been achieved but not achieved due to a little error, or that an event has just fulfilled despite a little error. The phrase carries a connotation of pity or luck. 差一点儿 is often substituted with 差点儿.

1. 事情是说话人不希望的，也没有发生，有庆幸的语气。Something is not wished by the speaker and does not happen. It is spoken in a lucky tone.

格式　主语+差点儿/差点儿没+……

老人差点儿/差点儿
Lǎorén chàdiǎnr / chàdiǎnr
没被汽车撞倒。
méi bèi qìchē zhuàng dǎo.

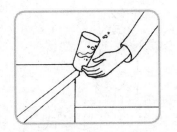

杯子差点儿/差点儿
Bēizi chàdiǎnr / chàdiǎnr
没掉在地上。
méi diào zài dì shang.

Attention

这种情况"差一点儿"和"差一点儿设"意思一样，都指事情没发生。
In this case, 差一点儿 and 差点儿 are the same in meaning and both indicate that the event did not happen.

2. 事情是说话人希望的，但没有发生，常有遗憾、惋惜的感觉。Something is wished by the speaker but does not happen. It is spoken in a regretful or pity tone.

格式　主语+差点儿+……

尼克差点儿就通过考试了。
Níkè chàdiǎnr jiù tōngguō kǎoshì le.

Attention

句中常用"就……了"。

就……了 is often used in such sentences.

哎呀，大卫差点儿
Āiyā, Dàwèi chàdiǎnr
就得第一名了。
jiù dé dì yī míng le.

3. 事情是说话人希望的，也发生了，常有庆幸的感觉。Something is wished by the speaker and does happen. It is spoken in a lucky tone.

格式　主语+差点儿+没+……

Attention

"差点儿+（希望发生的事情）"，意思是没发生；"差点儿没+（希望发生的事情）"，意思是发生了。

差点儿+(what was wished) means no realization; 差点儿没+(what was wished) means realization.

尼克差点儿没通过考试。
Níkè chàdiǎnr méi tōngguò kǎoshì.

大卫差点儿没得第一名。
Dàwèi chàdiǎnr méi dé dì yī míng.

练习 Exercises

1. 用"差不多""差一点儿"或"差点儿没"填空。Fill in the blanks with 差不多，差一点儿 or 差点儿没.

　　姐姐和妹妹身材_____，长相也_____。但是姐姐和妹妹的性格可不一样。姐姐是个很认真的人，而妹妹是个很马虎的人，她觉得做事情_____就行了。考试的时候姐姐得了61分，_____通过考试，她紧张极了。妹妹得了58分，她却说："没关系，58分跟60分_____。"旅行的时候，_____还有5分钟火车就要开车了，妹妹才赶到火车站，她_____赶上火车，姐姐说："你看，你_____错过火车，下次早点来。"妹妹却说："还有5分钟呢，时间_____够了，放心吧。"

2. 看图，用"差不多"或"差一点儿"完成对话。Complete the dialogues with 差不多 or 差一点儿 according to the pictures.

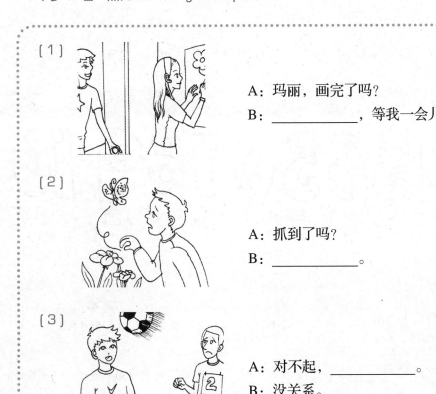

[1]
A：玛丽，画完了吗？
B：_____，等我一会儿。

[2]
A：抓到了吗？
B：_____。

[3]
A：对不起，_____。
B：没关系。

数字、序数词、号码和钱的表达法

Shùzì, xùshùcí, hàomǎ hé qián de biǎodá fǎ

一 基数 Cardinal number

一	二	三	四	五	六	七	八	九	十
yī	èr	sān	sì	wǔ	liù	qī	bā	jiǔ	shí

Attention

一百以上的大数，例如"110、1100、11000"，如果后面没有量词，"十、百、千"等位数单位名可以不说，读作"一百一、一千一、一万一"。其他数字也一样，例如"530"，可以说"五百三"。但如果两位数中间有"零"，后面的数字单位一定要说。例如"1010"读作"一千零一十"。

If large numbers more than 100, such as 110, 1,100, and 11,000 are not followed by measure words, the units of the ten's place, hundred's place and thousand's place can be omitted in speaking and the numbers are pronounced as 一百一, 一千一 and 一万一. This also applies to other numbers. For example, 530 can be pronounced as 五百三. If there is a zero between two digits, the unit after the latter digit must be pronounced. For example, 1,010 should be pronounced as 一千一零一十.

11	12……	19	20
十一	十二……	十九	二十
shíyī	shí'èr……	shíjiǔ	èrshí

21	30	31	40……	90	100
二十一	三十	三十一	四十……	九十	一百
èrshíyī	sānshí	sānshíyī	sìshí……	jiǔshí	yìbǎi

101	110	111	120
一百零一	一百一十	一百一十一	一百二十
yìbǎi líng yī	yìbǎiyīshí	yìbǎi yīshíyī	yìbǎi èrshí

121……	190
一百二十一……	一百九十
yìbǎi èrshíyī……yìbǎi jiǔshí	

1000	1110	1010
一千	一千一百一十	一千零一十
yìqiān	yìqiān yībǎi yīshí	yìqiān líng yīshí

1001
一千零一
yìqiān líng yī

10000	100000	1000000	10000000	100000000
一万	十万	一百万	一千万	一亿
yíwàn	shíwàn	yìbǎiwàn	yìqiānwàn	yíyì

二 小数 Decimal

小数点后面的数字要一个一个地读出，"．"读作"点"。Numbers after a decimal point should be pronounced one by one and the point is pronounced as 点(diǎn).

$$\pi \approx 3.14159\cdots\cdots$$

三点一四一五九
sān diǎn yī sì yī wǔ jiǔ

零点五
líng diǎn wǔ

三 分数 Fraction

从分母开始读，分母和分子都按数字读出。A fraction is pronounced with the denominator starting. The denominator and the numerator are pronounced as are numerals.

$\dfrac{1}{2}$ 二分之一
èr fēn zhī yī

$\dfrac{2}{3}$ 三分之二
sān fēn zhī èr

四 序数 Ordinal number

格式 第+整数

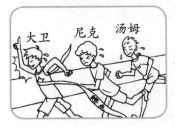

这次比赛大卫第一（名），
Zhè cì bǐsài Dàwèi dì yī (míng),
尼克第二，汤姆第三。
Níkè dì èr, Tāngmǔ dì sān.

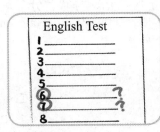

第六（题）和第七
Dì liù (tí) hé dì qī
（题）有点儿难。
(tí) yǒudiǎnr nán.

Attention

(1) 除了"第+整数"的格式以外，在汉语中很多情况下可以直接用基数词表示序数。
Besides the pattern 第+整数, in many cases cardinal number can be used directly as ordinal number.

Eg. 我家住在21号楼。
我每天坐331路公共汽车上班。

(2) 序数词后也常用"量词"或者"量词+名词"。
An ordinal number is often followed by a measure word or a measure word + a noun.

Eg. 第一个、第一个人。

五 号码 Number

号码要直接读出数字，其中"1"读作"yāo"，"2"读作"èr"，不读"liǎng"。两位的号码按基数的读法读。A Number is pronounced the same as the numeral. 1 is pronounced as yāo and 2 is pronounced as èr rather than liǎng. A two-digit number is pronounced the same as two-digit numeral.

A: 你的电话号码是多少？
Nǐ de diànhuà hàomǎ shì duōshao?
B: 82301122
Bā èr sān líng yāo yāo èr èr

A: 你住在几号房间？
Nǐ zhù zài jǐ hào fángjiān?
B: 509（号）（房间）。
Wǔ líng jiǔ (hào)(fángjiān).

大卫住在23楼。
Dàwèi zhù zài èrshísān lóu.

大卫是2号。
Dàwèi shì èr hào.

六 钱的读法 Pronunciation of money

中国的钱叫人民币，单位有"元""角""分"。口语中常说"块""毛""分"。
The Chinese money is called Renminbi. Its monetary units include 元，角 and 分. In spoken Chinese, 块，毛 and 分 are usually used.

格式　1元（块）=10角（毛）=100分
……元/块　　　　　　　……元/块……（角/毛）
……角/毛……（分）　　……元/块……角/毛……（分）

[1]

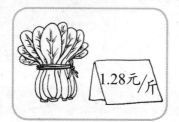

1.28元/斤

A: 多少钱一斤？
　 Duōshao qián yì jīn?
B: 一块两毛八。
　 Yí kuài liǎng máo bā.

[2]

猪肉
¥25.50

这块猪肉她花了二十五块五。
Zhè kuài zhū ròu tā huā le èrshíwǔ kuài wǔ.

[3]

田字格本
¥0.85　¥1.05

这块橡皮八毛五，这个
Zhè kuài xiàngpí bā máo wǔ, zhège
本子一块零五（分）。
běnzi yí kuài líng wǔ (fēn).

[4]

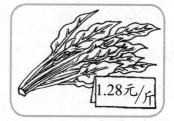

1.28元/斤

蔬菜一斤一块两毛八。
Shūcài yì jīn yí kuài liǎng máo bā.

Attention

(1) "2" 单独用做个位时，读作 "两"[1]，例如：两块、两毛、两分/二分；在多位数中时，读作
"二"，例如：12块，读作 "十二块"。

In a one-digit number, 2 is pronounced as 两, such as 两块, 两毛, and 两分/二分; in a multi-digit number, 2 is pronounced as 二, such as, 12 块 is pronounced as 十二块.

(2) 口语中当钱数单位连用时，最后一个单位可以不说，例如：1.50元，读作 "一块五"。

When two monetary units are used in succession in speaking, the second one can be omitted. For example, 1.50元 is pronounced as 一块五.

(3) 例[3]中，要把 "零" 读出。

零 in example [3] should be pronounced.

练 习 Exercises

1. 读出下列跟中国有关系的数字。Read the numerals relating to China.

[1] 中国的人口：1 300 000 000

[2] 中国的面积：9 600 000

[3] 中国的民族：56

[4] 中国人口占世界人口：$\frac{1}{5}$

[5] 平均每天中国人吃的饭(kg)：800 000 000

[6] 平均每天中国人吃的鸡蛋(kg)：18 790 000

[7] 每年来中国的留学生：223 500

2. 看图说数字或填空。Read the numbers aloud or fill in the blanks according to the pictures.

[1]

读出这些电话号码。

[2]

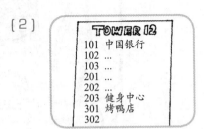

请问中国银行、健身中心、烤鸭店
都在几号楼几号房间？

注1：参见225页 "62 '二' 和 '两'"。

〔3〕

玛丽一共看了三台电脑，她觉得_____台电脑有点儿贵，_____不太好看，_____价格、样子都还不错。

3. 说说你身边的东西多少钱。Tell how much the items around you cost.

电脑(PC)_____ T恤衫(T-shirt)_____ 汉语书(Chinese book)_____

书包(school bag)_____   手机(cell phone)_____

4. 看图，说说每种东西的价格是多少。Tell the price of each item in the pictures.

超市 优惠特价

3.08元   4.50元   5.90元

14.05元   5.99元   3.75元

2.84元   6.10元   3.18元

70
年、月、日、星期的表达法

Nián, yuè, rì, xīngqī de biǎodá fǎ

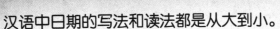

汉语中日期的写法和读法都是从大到小。
In Chinese a date is pronounced and written from general to specific.

 ······年······月·····日，星期······

A: 今天几号？星期几？
　　Jīntiān jǐ hào? Xīngqī jǐ?
B: 2008年8月8号，星期五。
　　Èr líng líng bā nián bā yuè bā hào, xīngqī wǔ.
　　（二零零八年八月八号，星期五）
　　（Èrlíng líng bā nián bā yuè bā hào, xīngqī wǔ)

一　年、月、日

　　"年"要分别读出每个数字，再加上"年"；"月""日"要读出整个数字，再加上"月""日"。Each digit in a year is read one by one and then 年 is added; both digits in a month or a date are read as a whole and then 月 or 日 is added.

1999年12月25日
yī jiǔ jiǔ jiǔ nián shí'èr yuè èrshí wǔ rì
（一九九九年十二月二十五日）
(yī jiǔ jiǔ jiǔ nián shí'èr yuè èrshí wǔ rì)

2000年1月1号/日
èr líng líng nián yī yuè yī hào / rì)
（二零零年一月一号/日）
(èr líng líng nián yī yuè yī hào / rì)

Attention
(1) "日"也可以说"号"，在口语中常用。日 can often be substituted with 号 which is often used in spoken Chinese.
(2) "2000年"也可以说"两千年"。2000年 can also be read as 两千年.

二 星期

星期的表达法是"星期"加上数字。A day is pronounced as 星期 and the number.

Attention

"星期日"也叫"星期天"。
星期日 is also called 星期天.

练习 Exercises

1. 写出并读出全家人的生日。Write and read the birthdays of your family.

我爸爸的生日是＿＿＿＿＿＿＿＿。　我弟弟的生日是＿＿＿＿＿＿＿＿＿。

我妈妈的生日是＿＿＿＿＿＿＿＿。　我妹妹的生日是＿＿＿＿＿＿＿＿＿。

我哥哥的生日是＿＿＿＿＿＿＿＿。　我的生日是＿＿＿＿＿＿＿＿＿＿。

我姐姐的生日是＿＿＿＿＿＿＿＿。

2. 看图说日期。Tell the dates according to the pictures.

[1] 今年是＿＿＿＿＿年，去年是＿＿＿＿，明年是＿＿＿＿。

[2] 今天是10月10号，星期二，昨天是＿＿＿＿，明天是＿＿＿＿。

[3] ＿＿＿＿＿是国庆节，＿＿＿＿＿是中秋节，在中国我们都放假。

71

时点、时段的表达法

Shídiǎn, shíduàn de biǎodá fǎ

时间的表达法分为时点和时段。

Expressions of time are divided into expressions of time points and expressions of duration.

一 时点表达法 Expressions of time points

1. 时点的单位 "点" "分" "秒"。 Units for time points, 点, 分 and 秒.

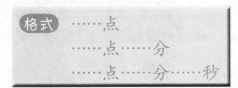

格式
……点
……点……分
……点……分……秒

八点
bā diǎn

八点（零）五分
bā diǎn (líng) wǔ fēn

八点二十五（分）
bā diǎn èrshí wǔ (fēn)

四十六分（三十秒）
sìshíliù fēn (sānshí miǎo)

Attention

(1) 整点时，"点"也可以说成"点钟"。
When talking about integral o'clocks, 点 can also be substituted by 点钟.

Eg. ✓八点 ✓八点二十五（分）
✓八点钟 ✗八点钟二十五（分）

(2) "十分"以内可以读成"零……分"、"零……"、"……分"；过了"十分"，单位"分"可以不说。
A time point within ten minutes can be pronounced as 零……分, 零…… or ……分. As for a time point over ten minutes 分 can be omitted.

Eg. 八点零五分、八点零五、八点五分
八点十二（分）

2. "刻、半、差" 的用法。 Usage of 刻, 半 and 差.

现在是八点一刻。
Xiànzài shì bā diǎn yí kè.

现在是八点半。
Xiànzài shì bā diǎn bàn.

现在是差五分九点/九点差五分。
Xiànzài shì chā wǔ fēn jiǔ diǎn/jiǔ diǎn chā wǔ fēn.

现在是差一刻九点/八点四十五/八点三刻。
Xiànzài shì chā yí kè jiǔ diǎn/bā diǎn sìshíwǔ / bā diǎn sān kè

二 时段表达法 Expressions of duration

1. 短时段的表达法是：小时、刻、分钟、秒。(一刻是15分钟。) Units for duration: 小时, 刻, 分钟 and 秒. (1刻 equals to 15 分钟.)

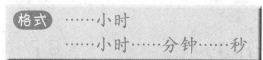

格式　……小时
　　　……小时……分钟……秒

汉语课：上了两个小时
Hànyǔ kè:　shàng le liǎng ge xiǎoshí

给妈妈打电话：打了一刻钟/
gěi māma dǎ diànhuà: dǎ le yí kè zhōng /
十五分钟
shíwǔ fēnzhōng

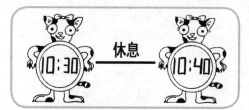

休息：休息十分钟
xiūxi:　xiūxi shí fēnzhōng

他跑一圈用了一分十二秒。
Tā pǎo yì quān yòng le yì fēn shí'èr miǎo.

2.长时段的表达法是：早上、上午、下午、晚上、天、星期、月、年…… Units for long duration: 早上，上午，下午，晚上，天，星期，月，年……

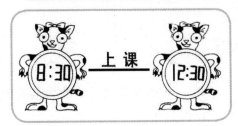

上课： 上了一上午/
shàng kè: shàng le yí shàngwǔ /
四个小时
sì ge xiǎoshí

放假： 放七天/
fàng jià: fàng qī tiān /
一个星期假
yí ge xīngqī jià

找工作： 找了半年/
zhǎo gōngzuò: zhǎo le bàn nián /
六个月工作
liù ge yuè gōngzuò

练 习 Exercises

1. 说说你的生活。Talk about your life.

〔1〕 你什么时候起床?

〔2〕 你什么时候去教室? 什么时候开始上课? 上课上多长时间?

〔3〕 你什么时候吃午饭? 吃多长时间?

〔4〕 你什么时候写作业? 写多长时间?

〔5〕 你什么时候睡觉? 每天睡多长时间?

〔6〕 你跑50米用多长时间?

〔7〕 你学汉语多长时间了?

〔8〕 你来中国多长时间了?

2. 看图，用时点和时段的表达法，描写小狗的生活。 Use the expressions of time points and duration to describe the daily life of the dog according to the pictures.

狗狗每天_____都会醒来。起来以后，他会对着主人叫_____。_____他们一起去跑步，从_____，到_____，差不多_____。

狗狗_____开始吃饭，一般要吃_____。_____主人上班去了，狗狗要在家看门。每天它都在家等主人回来，这样的生活它已经过了_____。

72

概数表达法（1）：几、多

Gàishù   biǎodá   fǎ   （yī）：   jǐ,   duō

一 几

格式　几（十/百/千/万/十万……）+量词（+名词）
　　　十/二十……九十+几/多+量词（+名词）
　　　十/二十……九十+几/多+万+量词（+名词）

几个孩子在操场上玩儿。
Jǐ ge háizi zài cāochǎng shang wánr.

这篇日记有几百个字。
Zhè piān rìjì yǒu jǐ bǎi ge zì.

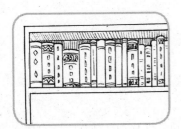

书架上有十几/多本书。
Shūjià shang yǒu shí jǐ / duō běn shū.

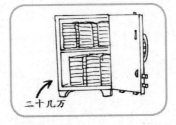

箱子里有二十几/多万块（钱）。
Xiāngzi lǐ yǒu èrshí jǐ / duō wàn kuài (qián).

> **Attention**
> 后两种形式也可以用"多"。
> 多 can also be used in the last two examples.

二 多

> 格式 [1] 一……九十/百/千/万……+多+量词（+名词）
> 　　　[2] 一/二……九+量词+多（+名词）

[1] 他五十多岁，每个月挣
Tā wǔshí duō suì, měi ge yuè zhèng
三千多块（钱）。
sānqiān duō kuài (qián).

[2] 十块多钱
shí kuài duō qián

Attention

(1) 格式[1]中：　✓十多　　　✓十万多　　　✓三千多块

　　　　　　　　✗一十多　　　✗一十万多　　　✗三千几块

(2) 格式[2]中，事物一定要能拆分成更小单位，如：钱数、重量、时间、长度等。"十块多"意思是比十块多一点，不到十一块，如果是十一块到十九块要说"十多块"。

In pattern [2], something has to be divided into smaller units, such as money, weight, time, length, etc. 十块多 means that the sum is more than 十块 but less than 十一块. If the sum is between 十一块 and 十九块, it should be 十多块.

五斤多香蕉
wǔ jīn duō xiāngjiāo

练习 Exercises

1. 用"几"或"多"的适当形式填空。Fill in the blanks with the proper forms of 几 or 多.

[1] 他只会说"你好！""谢谢！""再见！"等＿＿＿句汉语。

[2] "140、150、160……"这儿有一百＿＿＿块钱。

[3] 这个小孩儿100天大了，也就是说＿＿＿了。（月）

[4] 我们＿＿＿人要一起去旅行。

[5] 从我的国家坐飞机要＿＿＿。（小时）

[6] 我每天晚上睡＿＿＿。（小时）

2. 看图，用"几"或"多"完成句子。 Complete the sentences with 几 or 多 according to the pictures.

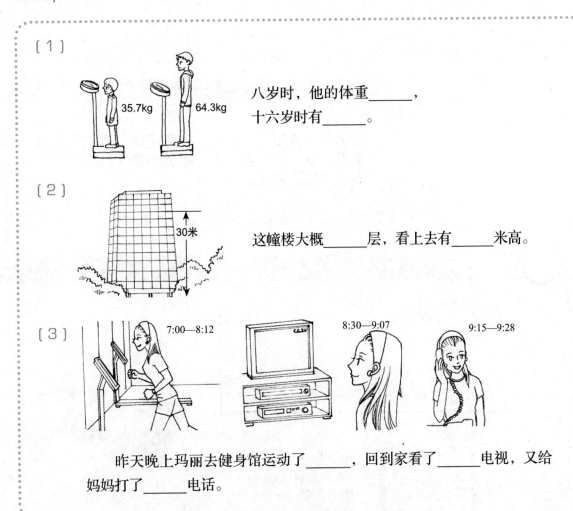

〔1〕

八岁时，他的体重_____，
十六岁时有_____。

〔2〕

这幢楼大概_____层，看上去有_____米高。

〔3〕

昨天晚上玛丽去健身馆运动了_____，回到家看了_____电视，又给
妈妈打了_____电话。

73

概数表达法（2）：大概、左右、相邻数字

Gàishù biǎodá fǎ　(èr)：　　Dàgài,　zuǒyòu,　xiāng lín shùzì

数词和"大概""左右"一起用可以表示大概的数量。从"一"到"九"相邻的两个数字也可以表示大概的数量。

A numeral together with 大概 or 左右 can indicate an approximate quantity. Two adjacent numbers in the range from 1 to 9 can also express an approximate quantity.

一　大概

格式
大概＋多少
大概＋多少＋量词
大概＋动词＋多少＋量词（＋名词）
动词＋大概＋多少＋量词（＋名词）

A: 看了多少？
　　Kàn le duōshao?
B: 大概一半。
　　Dàgài yí bàn.

大概三十块
dàgài sānshí kuài

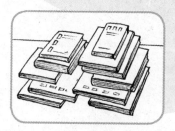

桌子上大概有十本书。
Zhuōzi shang dàgài yǒu shí běn shū.

大卫大概写了二十多个字。
Dàwèi dàgài xiě le èrshí duō ge zì.
大卫写了大概二十多个字。
Dàwèi xiě le dàgài èrshí duō ge zì.

二 左右

格式　数词+左右
　　　数词+量词+左右
　　　数词+量词+名词+左右

还有三分之一左右。
Háiyǒu sān fēn zhī yī zuǒyòu.

这幢楼三十米左右。
Zhè zhuàng lóu sānshí mǐ zuǒyòu.

十个人左右
shí ge rén zuǒyòu

Attention

这个结构前面也可以加上"大概"。*Such a structure can be preceded by* 大概,
Eg. 大概一百个左右.

三 相邻数字　Adjacent numbers

格式　相邻数字+量词

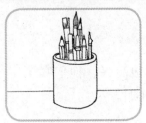

七八支笔
qī bā zhī bǐ

四五个菜
sì wǔ ge cài

Attention

(1) 十以下的数字（≤9），要说"一两个"不能说"一二个"。十以上用相邻数字表述概数时，去掉相同的数字。十和二十这样的整数可以说"一二十个"。
For numbers under 9, 一两个 *cannot be substituted with* 一二个*. When two adjacent numbers above 10 express an approximate quantity, the same number is omitted. Integers like 10 and 20 can be used as* 一二十个.

Eg. 十七八个　五六百　两千二三（百）

(2) 这个格式也可以跟"大概""左右"一起用。
Such a pattern can also go with 大概 *or* 左右.

Eg. 大概七八支
四五个左右
这条鱼大概三四斤左右。

练习 Exercises

1. 用"大概""左右"或相邻数字回答问题。Answer the questions with 大概, 左右 or adjacent numbers.

〔1〕你们班有多少人？男生多少个，女生多少个？

〔2〕你们学校有多少学生？

〔3〕你认识多少个汉字？

〔4〕你的老师有50岁吗？

〔5〕你有多少本书？

〔6〕你包里有多少钱？

〔7〕你想多大结婚？

〔8〕在你们国家，人们多大年龄退休？

2. 看图，用"大概""左右"或相邻数字完成句子。Use 大概, 左右 or adjacent numbers to complete the sentences according to the pictures.

〔1〕

我觉得这些苹果＿＿＿＿重，一共＿＿＿＿钱。

〔2〕

今天大家都很高兴，他们喝了＿＿＿＿啤酒，玩了＿＿＿＿小时。

〔3〕

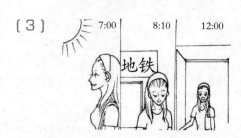

今天玛丽要去一家公司面试，早上她＿＿＿＿点出门，坐了＿＿＿＿分钟地铁才到公司。老板说，参加面试的人有＿＿＿＿30%能得到这个工作。面试完，玛丽＿＿＿＿点回到家。

74

动词 + 了

Dòngcí + le

"了"可以作动态助词，表示事情或者动作的发生、完成；"了"还可以做语气助词，表示变化。

了 can serve as an aspect particle, indicating the occurrence or completion of a thing or an action; it can also be a modal particle, indicating change.

一 动态助词"了" 了 as an aspect particle

1. 常用格式。 Common patterns.

格式

肯定形式：动词+（+宾语）+了　　动词+补语（+宾语）+了
否定形式：没+动词　　　　　　　　（还）没+动词（+……）+呢
疑问形式：……了吗/没有?

大卫：吃了吗/没有?
Dàwèi: Chī le ma / Méiyǒu?

玛丽：吃了。你呢?
Mǎlì: Chī le. nǐ ne?

大卫：还没吃呢。
Dàwèi: Hái méi chī ne.

大卫：昨天你看电影了吗/没有?
Dàwèi: Zuótiān nǐ kàn diànyǐng le ma / méiyǒu?

玛丽：没看。
Mǎlì: Méi kàn.

大卫和尼克都写作业了。
Dàwèi hé Níkè dōu xiě zuòyè le.

大卫写完了。
Dàwèi xiě wán le.

尼克没写完。
Níkè méi xiě wán.

Attention

(1) 如果句中没有结果补语时，表示事情发生了，但可能完成了，也可能还没完成。

If there is not a result complement in the sentence, it indicates that the event has happened with the possibility of completion or not.

Eg. 尼克写作业了，可是没写完。

(2) "（还）没+动词（+……）+呢"常用来表示打算做，但是还没有做。

（还）没+verb（+……）+呢 is often used for an unfulfilled intention.

Eg. 我买了新课本，玛丽还没买呢。

(3) 当一件事情发生了，为了强调动作完成了，可以用"动词+了+宾语+了"表示。

When something has happened, verb+了+objective+了 can be used to indicate the completion of the action.

Eg. 我吃了晚饭了，真的吃了。

263

2. 其他格式。Other patterns.

〔1〕 动词+了+量词+宾语
　　　　　　　动词₁+宾语+动词₂+宾语+了

Attention

"动词+了"带宾语时，宾语前要有数量词或其他词语作定语。如果宾语前没有数量词或其他定语时，句末要有语气助词"了"才能成句，以引起注意、传达某种信息。

When verb+了 carries an object, it should be modified by a numeral-measure word or other attributives. Without the numeral-measure word or after attributives before the object, 了 as a modal particle should be added at the end of the sentence to catch attention or deliver information.

玛丽买了三本书。
Mǎlì mǎi le sān běn shū.

大卫买了一个新书包。
Dàwèi mǎi le yí ge xīn shūbāo.

大卫喝了两瓶可乐。
Dàwèi hē le liǎng píng kělè.

玛丽去邮局取包裹了。
Mǎlì qù yóujú qǔ bāoguǒ le.

玛丽去超市买水果了。
Mǎlì qù chāoshì mǎi shuǐguǒ le.

〔2〕 动词₁了……（就）动词₂……
　　　　　　　动词（+了）+多少（+宾语）+了

玛丽打算下了课就去邮局。
Mǎlì dǎsuàn xià le kè jiù qù yóujú.

玛丽打算吃了晚饭去看电影。
Mǎlì dǎsuàn chī le wǎnfàn qù kàn diànyǐng.

玛丽学了四个

Mǎlì xué le sì ge

月汉语了。

yuè Hànyǔ le.

大卫跑了三圈了。

Dàwèi pǎo le sān quān le.

Attention

(1) "了" 既可以表示过去完成，也可以表示预计或假设将来完成。常用"……动词+了……就……" 句式。

了 indicates completion in the past. It also can indicate the expected or supposed completion in the future. The pattern ……verb+了…… 就…… is often used.

(2) "动词1+了……（就）动词2" 格式中，如果动词1带宾语，宾语可以是一个简单形式。这里宾语不是全句的语义重点。

In the pattern "verb1+了……（就）verb2", if verb 1 goes with an object, the object can be a simple form. Here the object is net the key point of the meaning of the sentence.

(3) "动词+了+量词+宾语" 跟 "动词（+了）+量词（+宾语）+了" 的区别是，前者指事情已经发生、完成；后者指事情已经完成一部分或者进行了一段时间，可能还要继续。

The difference between verb+了+measure word+object and verb（+了）+measure word（+object）+了 is that the first indicates that the event has happened and completed while the latter indicates that part of the event has completed or the event has been happening for a period of time and it is likely to continue.

3. 不能用 "了" 的情况。 Situations where 了 cannot be used.

[1] 经常发生的事情不能用 "了"。 了 cannot be used with what happens often.

✗ 我每天/经常早上吃饭了。　　　✓ 我早上吃饭了。

Wǒ měi tiān/jīngcháng zǎoshang chī fàn le.　　　Wǒ zǎoshang chī fàn le.

[2] 不强调完成的句子不能用 "了"。 了 cannot be used in a sentence that does not emphasize completion.

✓ 今天我七点起床，八点去教室上课，十二点下课。

Jīntiān wǒ qī diǎn qǐ chuáng, bā diǎn qù jiāoshì shàng kè, shí'èr diǎn xià kè.

二 语气助词 "了" 了 as a modal particle

格式　动词 +（……）+ 了
　　　　形容词 + 了
　　　　动词 + 了
　　　　（都/已经）+ 名词 + 了

大卫累了，不想跑了。

Dàwèi lèi le, bù xiǎng pǎo le.

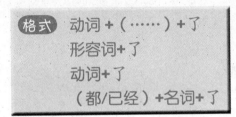

Attention

"（都/已经）+名词+了"中的名词应该是位于一个序列中的名词、名词短语或数量词短语。

The noun in（都/已经）+noun+了 should be a noun, noun phrase or numeral-measure phrase in a sequence.

都十一点了，
Dōu shíyī diǎn le,
小宝宝困了。
xiǎo bǎobao kùn le.

秋天了，天气凉了。
Qiūtiān le, tiānqi liáng le.

练 习 Exercises

1. 用"了"完成对话。Complete the dialogues with 了.

〔1〕 A：今天上课没看见你，你怎么了？

B：＿＿＿＿＿＿＿＿＿＿＿＿。（拉肚子、医院）

A：拉肚子！昨天晚上你吃什么了？

B：＿＿＿＿＿＿＿＿＿＿＿＿。（凉、热）

A：那么多东西你都吃完了吗？

B：＿＿＿＿＿＿＿＿＿＿＿＿。（都）

A：＿＿＿＿＿＿＿＿＿＿＿＿？（医生、什么药）

B：医生给我开了一些拉肚子的药。

A：你好好休息吧。

〔2〕 A：你毕业了吗？

B：＿＿＿＿＿＿＿＿＿＿＿，（快）

还有一年。

〔3〕 A：你有男朋友吗？

B：有，＿＿＿＿＿＿＿＿＿＿＿。（三年）

你呢？

A：＿＿＿＿＿＿＿＿＿＿＿。（结婚）

〔4〕 A：你的家乡现在是什么季节，天气怎么样？

B：＿＿＿＿＿＿＿＿＿＿＿。（夏天）

〔5〕　A：春天到了，天气_____。（暖和）

　　　B：是啊，你看，花_____，（开）

　　　　　树也_____。（绿）

〔6〕　A：明年你还在这儿学习吗？

　　　B：_____，（不）

　　　　　我打算回国。

　　　A：你学了多长时间了？

　　　B：_____。（三年）

2. 看图，用"了"完成句子。 Complete the sentences with 了 according to the pictures.

〔1〕　今天玛丽去买_____。买了多少呢？你看，她买_____。

〔2〕　今天晚餐我们_____。我吃_____（包子），大卫_____（饺子）。我们的果汁都_____。

〔3〕　你看，这是我们全家的照片，十年过去了，爸爸_____，妈妈_____。姐姐已经_____。我_____，可是我_____。

75

动词 + 着
Dòngcí + zhe

动词加上动态助词"着"表示动作或状态持续。
A verb adding the aspect particle 着 indicates the continuation of an action or a state.

一 常用格式 Common patterns

1. **格式** 肯定形式：主语+动词+着　　　主语+动词+着+宾语
处所+动词+着+宾语/主语+在+处所+动词+着

否定形式：没+动词+着

疑问形式：动词+着+吗/没有？

A: 门开着吗/没有？
　Mén kāi zhe ma / méiyǒu?

B: 门开着。
　Mén kāi zhe.

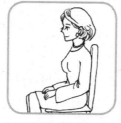

妈妈没站着，妈妈坐着。
Māma méi zhàn zhe, māma zuò zhe.

玛丽穿着裙子。
Mǎlì chuān zhe qúnzi.

Attention

(1) 表示动作状态持续的句子中不能再用表示动作完成的"了"。
了, which indicates the completion of an action, cannot be used in the sentence that indicates the continuation of a state.

Eg. ✗ 门关着了。

(2) "着"后边不能再有补语。
着 cannot be followed by a complement.

Eg. ✗ 她画着画一个小时。

大卫戴着帽子。
Dàwèi dài zhe màozi.

2. `格式` 正/在/正在+动词+着+（宾语）+呢

表示动作正在进行，"着"不出现也可以。It indicates that an action is occurring and 着 is not required.

他正在家里看（着）电视呢。
Tā zhèngzài jiā lǐ kàn (zhe) diànshì ne.

3. `格式` 形容词+着呢

表示程度很高，有"很""非常"的意思。It indicates a high degree and means 很 or 非常.

最近我忙着呢，没有时间逛商场。
Zuìjìn wǒ máng zhe ne, méiyǒu shíjiān guàng shāngchǎng.

二 表示存在 Indicating existence

`格式` 处所+动词+着+宾语
主语+在+处所+动词+着

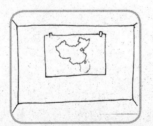

墙上贴着地图。=
Qiáng shang tiē zhe dìtú.
地图在墙上贴着。
Dìtú zài qiáng shang tiē zhe.

窗台上摆着花。=
Chuāngtái shang bǎi zhe huā.
花在窗台上摆着。
Huā zài chuāngtái shang bǎi zhe.

三 表示另一个动作的伴随方式 Indicating the way how another action accompanies this verb

`格式` 动词₁+着+（宾语₁）+动词₂+（宾语₂）

老师站着讲课。
Lǎoshī zhàn zhe jiǎng kè.

学生坐着听讲。
Xuésheng zuò zhe tīng jiǎng.

小孩儿哭着说话。
Xiǎoháir kū zhe shuō huà.

四 表示持续着的动作或状态中断，紧接着第二个动作开始或转入第二种状态 Indicating the interruption of a continuous action or state, followed by the start of another action or the change to another state

格式 动词₁+着+动词₁+着+动词₂+……

这本书很有意思，
Zhè běn shū hěn yǒu yìsi,
玛丽看着看着笑了。
Mǎlì kàn zhe kàn zhe xiào le.

快迟到了，大卫走着
Kuài chídào le, Dàwèi zǒu zhe
走着跑了起来。
zǒu zhe pǎo le qǐlái.

Attention

第二个动词后面要有其他成分，一般是表示变化的"了"或者补语。
If there is another component after the second verb, it is usually 了 indicating change or a complement.

Eg. ✗ 玛丽看着看着笑。
　　✗ 尼克走着走着跑。

练习 Exercises

1. 根据叙述将物品标在图中合适的位置。Mark the items in proper positions on the picture according to the sentences.

门口地上放着一双鞋①。
窗台上摆着一盆花②。
桌子上放着电话③。
写字台上放着台灯和书包④。
墙上挂着全家福照片⑤。

2. 用"动词₁+着+动词₂"或者 "动词₁+着+动词₁+着+动词₂"描述图中内容。

Describe each picture with verb$_1$+着+verb$_2$ or verb$_1$+着+verb$_1$+着+verb$_2$.

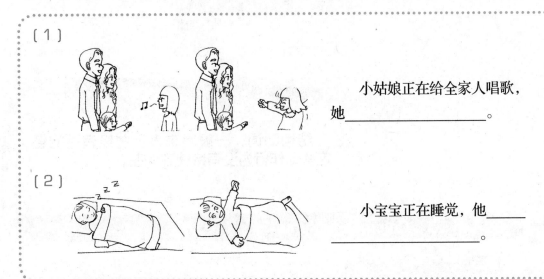

〔1〕

小姑娘正在给全家人唱歌，她_____。

〔2〕

小宝宝正在睡觉，他_____
_____。

76

动词 + 过
Dòngcí + guò

"过"结构助词，一般用来表示曾经有过的经历，这些动作行为没有持续到现在。

As a structural particle, 过 is usually used to indicate experiences ever having. These actions or behaviors do not last till now.

一 常用格式 Common patterns

格式　动词+过……
　　　形容词+过

玛丽以前胖过。
Mǎlì yǐqián pàng guò.

Attention

(1) "过"加在动词后也可表示完成。
过 is added after verbs to indicate completion.

Eg. 你吃过饭了吗？

(2) 宾语要放在"过"后面，"动词+过+宾语"。如果有事情发生的地方，地方放在动词前面，"在+地方+动词+过+……"。
The object should be placed after 过, verb+过+object. If a place is involved, it should be put before the verb, 在+place+verb+过……

玛丽小时候去过长城，
Mǎlì xiǎo shíhou qù guò Chángchéng,
在长城上照过相。
zài Chángchéng shang zhào guò xiàng.

二 疑问形式和否定形式 Interrogative and negative patterns

格式　动词+过……吗/没有？
　　　没+动词+过+……

玛丽: 你见过她吗？
Mǎlì: Nǐ jiàn guò tā ma?
大卫: 没见过。
Dàwèi: Méi jiàn guò.

玛丽：这本书你读过没有？
Mǎlì: Zhè běn shū nǐ dú guò méiyǒu?
大卫：没读过。
Dàwèi: Méi dú guò.

三 "了"和"过"的区别　Differences between 了 and 过

"了"可以表示不久以前已经完成的事情，"过"主要表示较长时间以前的经历。不过"动词+过"有时也可以表示动作完成。如"吃过饭再去"的意思就是"吃了饭再去"。了 indicates what was completed a short period ago, while 过 indicates an experience of a long period ago. However, verb+过 sometimes can also indicate the completion of an action. For example, 吃过饭再去 means 吃了饭再去.

通常"了"和"已经"一起用；"过"和"曾经"一起用。了 often goes with 已经, while 过 often goes with 曾经.

A: 吃了吗？
Chī le ma?
B: （已经）吃了。
(Yǐjīng) chī le.

年轻的时候，我是一个游泳
Niánqīng de shíhou, wǒ shì yí ge yóu yǒng
运动员，（曾经）得过第一名。
yùndòngyuán, (céngjīng) dé guò dì yī míng.

练习　Exercises

1. 用"了"或"过"完成对话。Complete the dialogues with 了 or 过.

〔1〕A：你以前来过北京吗？

　　B：＿＿＿＿＿＿＿＿＿＿。

〔2〕A：这些题难吗？

　　B：不难，我以前都＿＿＿＿＿＿。

〔3〕A：_____？

　　　B：没有，这是我第一次骑自行车。

〔4〕A：_____？

　　　B：听过，歌词好像很熟悉。

〔5〕A：这个语法还要再讲一遍吗？

　　　B：不用了，我们已经_____。

〔6〕A：你以前做过什么工作？

　　　B：_____。

2. 看图，用"了"或"过"填空。Fill in the blanks with 了 or 过 according to the pictures.

　　　春节，大卫和玛丽没回国，去_____一个中国朋友家。他们没在中国过_____春节，也没放_____鞭炮，都是第一次。他们觉得很有意思，朋友家准备_____很多好吃的东西，大卫一个人吃_____二十多个饺子，他高兴地对朋友说："我从来没吃_____这么多中国美食。"

- -

　　　他们曾经听老师说_____古代的中国人常坐轿子。旅行的时候，玛丽也坐_____一次，她觉得很好玩儿。在一家老照相馆，大卫和玛丽还试穿_____中国的传统衣服。他们拍_____很多照片。这些都是他们从来没有经历_____的事情。

77

快要/快/就要/要……了

Kuàiyào / kuài / jiù yào / yào …… le

"快要/快/就要/要……了" 表示某事将要发生。

快要/快/就要/要……了 indicates that an event is about to happen soon.

格式 主语+要……了
      主语+快/快要……了
      主语+就要……了

电影要开演了。
Diànyǐng yào kāi yǎn le.
电影快/快要开演了。
Diànyǐng kuài / kuàiyào kāi yǎn le.
电影（八点）就要开演了。
Diànyǐng (bā diǎn) jiù yào kāi yǎn le.

要开车了。
Yào kāi chē le.
快/快要开车了。
Kuài / kuàiyào kāi chē le.
（五分钟后）就要开车了
(Wǔ fēnzhōng hòu) jiù yào kāi chē le

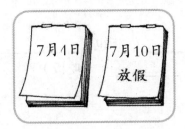

今天是7月4号，下周就要放假了。
Jīntiān shì qī yuè sì hào, xià zhōu jiù yào fàng jià le.

下个月姐姐就要结婚了。
Xià ge yuè jiějie jiù yào jié hūn le.

Attention

句子前面有具体时间时，用"就要"，不能用"快要"。

When a specific time is given at the beginning of a sentence, 就要 rather than 快要 is used.

练习 Exercises

1. 判断对错。True or false.

〔1〕明天我快要回国了。

〔2〕我快要毕业了。

〔3〕就要比赛开始了。

〔4〕快要飞机起飞了。

〔5〕下周二就要过年了。

〔6〕十分钟后妈妈快要回来了。

2. 看图，用"快要/快/就要/要……了"完成句子。Complete the sentences with 快要/快/就要/要……了 according to the pictures.

〔1〕 轮船＿＿＿＿＿＿＿＿＿＿，妈妈和孩子马上＿＿＿＿＿＿＿＿＿＿。

〔2〕 树＿＿＿＿＿＿，花＿＿＿＿＿＿，春天马上＿＿＿＿＿＿。

〔3〕 汤＿＿＿＿＿＿，饭也＿＿＿＿＿＿＿＿，再过几分钟＿＿＿＿＿＿。（吃饭）

78

正在⋯⋯⋯⋯呢
Zhèngzài ⋯⋯ ne

> "正在""在""正"和"呢"搭配使用表示正在进行。
>
> 正在, 在 and 正 are used with 呢 together to indicate what is going on.

格式
主语+正在⋯⋯（呢）
主语+在⋯⋯（呢）
主语+正⋯⋯呢
主语+⋯⋯呢

小鸟正在唱歌（呢）。
Xiǎo niǎo zhèngzài chàng gē (ne).
小鸟在唱歌（呢）。
Xiǎo niǎo zài chàng gē (ne).
小鸟正唱歌呢。
Xiǎo niǎo zhèng chàng gē ne.
小鸟唱歌呢。
Xiǎo niǎo chàng gē ne.

妈妈正在打扫房间（呢）。
Māma zhèngzài dǎsǎo fángjiān (ne).
妈妈在打扫房间（呢）。
Māma zài dǎsǎo fángjiān (ne).
妈妈正打扫房间呢。
Māma zhèng dǎsǎo fángjiān ne.
妈妈打扫房间呢。
Māma dǎsǎo fángjiān ne.

Attention

(1) 否定时用"没在⋯⋯"，或者就用"没有"简单回答。没在 ⋯⋯is used in negation. Or 没有 is used in a simple answer.

Eg. A：你在画画吗？
B：我没在画画/没有，我练习写汉字呢。

(2) "正"强调正在发生，后面可以有介词"从"；"在"强调正在持续，可以和"还""一直"一起用。两者不能互换。 正 is used to emphasize what is happening and the preposition 从 can be used after it; 在 is used to emphasize what is continuing and often goes with 还 and 一直. Those two usages cannot be exchanged.

Eg. A：写作业呢？
B：嗯，正写呢。
（一个小时以后）
A：作业写完了吗？
B：还在写呢。今天上午一直在写，就没停。

277

练习 Exercises

1. 用"正在……呢"完成对话。Complete the dialogues with 正在……呢.

〔1〕A：你在做什么呢？

B：＿＿＿＿＿＿＿＿＿＿＿＿。

〔2〕A：你在看英文书吗？

B：＿＿＿＿＿＿＿＿＿＿＿＿。

〔3〕A：＿＿＿＿＿＿＿＿＿＿＿＿？

B：我正准备晚饭呢。

〔4〕A：＿＿＿＿＿＿＿＿＿＿＿＿？

B：没有，我不舒服，休息呢。

〔5〕A：最近忙什么呢？

B：我最近＿＿＿＿＿＿＿＿＿＿＿＿。

〔6〕A：现在去你家方便吗？

B：不好意思，＿＿＿＿＿＿＿＿＿＿＿＿，你下午来吧。

2. 看图，用"正在……呢"的适当形式完成句子。Complete the sentences with the proper form of 正在……呢 according to the pictures.

〔1〕

快看，图书馆里的同学们
＿＿＿＿＿＿，玛丽＿＿＿＿＿＿。

花园里，爷爷＿＿＿＿＿＿，奶
奶＿＿＿＿＿＿，小孙子＿＿＿＿＿＿。

〔2〕

草地上，大卫和玛丽＿＿＿＿＿＿，旁边有几
只小松鼠＿＿＿＿＿＿。

79

是······的

Shì ...... de

在已经知道事情发生的情况下，可以用"是······的"强调事情发生的时间、方式、地点、目的、动作的发出者等。

Given the fact that an event has happened, 是······的 is used to emphasize the time, manner, place, purpose and doer involved in the occurrence of the event.

格式　主语+是+时间+动作+的　　主语+是+为什么+动作+的
　　　主语+是+方式+动作+的　　是+谁+动作+的
　　　主语+是+地点+动作+的

同学：　听说你去旅行了，你是
Tóngxué：Tīngshuō nǐ qù lǚxíng le, nǐ shì
　　　　什么时候回来的？
　　　　shénme shíhou huí lái de?

玛丽：　我是8号回来的。
Mǎlì：　Wǒ shì bā hào huí lái de.

同学：　你是跟大卫一起去的吗？
Tóngxué：Nǐ shì gēn Dàwèi yìqǐ qù de ma?

玛丽：　不是跟大卫一起去的，
Mǎlì：　Bú shì gēn Dàwèi yìqǐ qù de,
　　　　我是自己去的。
　　　　wǒ shì zìjǐ qù de.

同学：　你是坐飞机去的吗？
Tóngxué：Nǐ shì zuò fēijī qù de ma?

玛丽：　不是，我是坐火车去的。
Mǎlì：　Bú shì, wǒ shì zuò huǒchē qù de.

同学：　这茶叶是在哪儿买的？
Tóngxué：Zhè cháyè shì zài nǎr mǎi de?

玛丽：　是在杭州的茶叶店买的，
Mǎlì：　Shì zài Hángzhōu de cháyè diàn mǎi de,

　　　　是为祝贺大卫的生日买的。
　　　　shì wèi zhùhè Dàwèi de shēngrì mǎi de.

Attention

(1) "的"后面可以加宾语，但是宾语也常作为话题放在句子前面，例如：话题+"是……的"。
的 can be followed by an object, which is often treated as the topic and placed at the beginning of the sentence. The pattern is: topic+是……的.

Eg. 玛丽是在杭州买的茶。/茶（玛丽）是在杭州买的。

(2) 否定时用"不是……的"。
The negative pattern is 不是……的.

Eg. 玛丽不是在杭州买的茶。

孩子：妈妈，这幅画是谁画的？
Háizǐ: Māma, zhè fú huà shì shuí huà de?
妈妈：是达芬奇画的。
Māma: Shì Dáfēnqí huà de.

练习　Exercises

1. 根据情景，用"是……的"回答问题。Answer the questions with 是……的 according to the situation.

〔1〕老师在问一个想继续学习汉语的学生。
你是什么时候学的汉语？　＿＿＿＿＿＿＿＿＿
你是在哪儿学的汉语？　＿＿＿＿＿＿＿＿＿
你是请家教教你的吗？　＿＿＿＿＿＿＿＿＿

〔2〕一个学生买了新电脑，另一个学生问他关于电脑的问题。
你的电脑是在哪儿买的？　＿＿＿＿＿＿＿＿＿
你的电脑是什么时候买的？　＿＿＿＿＿＿＿＿＿
你的电脑是谁给你买的？　＿＿＿＿＿＿＿＿＿

2. 用"是……的"回答问题。Answer the questions with 是……的.

大卫：这个礼物是谁送来的？
尼克：＿＿＿＿＿＿＿＿＿＿。（玛丽）
大卫：是什么时候送来的？
尼克：＿＿＿＿＿＿＿＿＿＿。（一个小时）
大卫：这张照片是在哪儿照的？
玛丽：＿＿＿＿＿＿＿＿＿＿。（桂林）
大卫：是什么时候去的？
玛丽：＿＿＿＿＿＿＿＿＿＿。（去年暑假）
大卫：你是怎么去的？
玛丽：＿＿＿＿＿＿＿＿＿＿。（火车）

80

一……都/也+没有/不
Yī …… dōu / yě + méiyǒu / bù

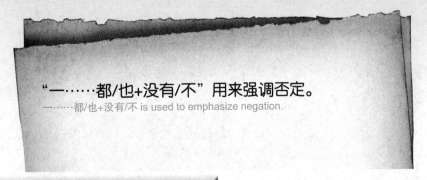

"一……都/也+没有/不"用来强调否定。
一……都/也+没有/不 is used to emphasize negation.

格式

[1] 一+量词+名词+都/也+没有
[2] 一+量词+名词+都/也+没/不+动词
[3] 一点儿+名词+都/也+没有
[4] 一点儿+名词+都/也+没/不+动词

[5] 一点儿+都/也+没有+名词
[6] 一点儿+都/也+不+形容词
[7] 一点儿+都/也+没/不+动词+名词

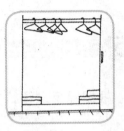

[1]（衣柜里）一件衣服
　（Yīguì lǐ) yí jiàn yīfu
都/也没有。
dōu / yě méiyǒu.

[2] 一个汉字都/也没写。
Yí ge Hànzì dōu / yě méi xiě.

[3]（最近大卫忙得）
　(Zuìjìn dà wèi máng de)
一点儿时间都/也没有。
yìdiǎnr shíjiān dōu / yě méiyǒu.
一点儿都/也没有时间。
yìdiǎnr dōu / yě méiyǒu shíjiān.

[4]（大卫病了，）
　(Dàwèi bìng le,)
一点儿东西都/也不想吃。
yìdiǎnr dōngxi dōu / yě bù xiǎng chī.
一点儿都/也不想吃东西。
yìdiǎnr dōu / yě bù xiǎng chī dōngxi.

〔5〕空调开着，（宿舍里）一点儿都/也不热。
Kōngtiáo kāi zhe, (sùshě lǐ) yìdiǎnr dōu / yě bú rè.

Attention

⑴ 在上下文清楚的情况下，"名词"可以省略。
When the context is clear, noun can be omitted.

⑵ "不"后面如果是动词，一般是能愿动词，或者表示心理情感的动词，如：想、会、喜欢、感兴趣……
The verb after 不 is usually a optative verb or verb indicating emotion and feeling, such as 想, 会, 喜欢, 感兴趣, etc.

练习 Exercises

1. 根据提示词语，用"一……都/也+没有/不"的恰当形式完成句子。Complete the sentences with the proper form of 一……都/也+没有/不 according to the words given in the brackets.

〔1〕我的汉语书都送给她了，我现在_____。（没有）

〔2〕最近我买了很多东西，现在_____。（钱）

〔3〕刚来中国的时候，我_____，现在我已经会说很多了。（汉语）

〔4〕这些菜不好吃，我_____。（不想吃）

〔5〕天气太热了，_____。（出去）

〔6〕今天的语法很难，我_____。（不会）

2. 看图，用"一……都/也+没有/不"的恰当形式完成句子。Complete the sentences with the proper form of 一……都/也+没有/不 according to the pictures.

〔1〕

今天天气不好，_____（阳光）。

[2]
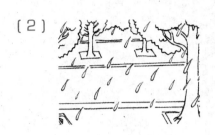
今下大雨了，路上_____（人）。

[3]

孩子走了以后，_____（电话），妈妈很担心。

[4]

听说中药_____（好喝），大卫_____（想喝）。

连•••••• 都/也••••••

Lián …… dōu / yě ……

一 语义特征 Characteristics of meaning

这个问题，连我们老师都觉得难。
Zhège wèntí, lián wǒmen lǎoshī dōu juéde nán.

1. 说话人说话时有一个前提，是对某事物的评价。When the speaker speaks, a precondition is implied, which is the comment on something.

这个问题很难。
Zhège wèntí hěn nán.

2. 在说话人心中，已经对跟这个评价相关的内容进行了一个排序，如：水平高低、能力强弱、频率高低等等。In the mind of the speaker, what is related to the comment has been rated according to the level, capacity, frequency, etc.

老师　→ 学生
lǎoshī　　xuéshēng
(水平高) (水平低)
(shuǐpíng gāo) (shuǐpíng dī)

3. 通过"连……都……"强调这个序列中的一端。One end of the order is emphasized by 连……都……

连我们老师都觉得难。
Lián wǒmen lǎoshī dōu juéde nán.

4. 句式的作用有三个。三个作用中，说话人强调的是哪个，要根据语境来判断。The pattern has three functions. The function needed by the speaker is implied in the context.

[1] 突出说明序列中的其他成员也都具有同样的特征和感受。Emphasizing that other members in the order have the same characteristic and feeling.

[2] 突出前提。Giving prominence to the precondition.

[3] 对所强调的情况表示惊讶。Expressing surprise at what is emphasized.

[1] 连老师都觉得难，
　　Lián lǎoshī dōu juéde nán,
　　同学们当然都觉得难。
　　tóngxué men dāngrán dōu juéde nán.

[2] 连老师都觉得难，
　　Lián lǎoshī dōu juéde nán,
　　说明这个问题真的很难。
　　shuōmíng zhège wèntí zhēn de hěn nán.

[3] 真没想到，连老师都
　　Zhēn méi xiǎng dào, lián lǎoshī dōu
　　觉得难！
　　juéde nán!

形式特征 **Characteristics of forms**

1.强调主语。 Emphasizing subjects.

格式　连+主语+都/也+怎么样

（柜子太高了，）连爸爸都/也够不着。　　（山太高了，）连鸟都/也飞不上去。
(Guìzi tài gāo le,) lián bàba dōu/yě gòu bu zháo.　(Shān tài gāo le,) lián niǎo dōu/yě fēi bu shàng qù.

2.强调宾语。 Emphasizing objects.

格式　（主语+）连+宾语+都/也+怎么样
　　　连+宾语+（主语）+都/也+怎么样

（大卫很喜欢做菜，）连饺子都/会包。　（他去过很多地方，）连非洲
(Dàwèi hěn xǐhuan zuò cài,) lián jiǎozi dōu/yě huì bāo.　(Tā qù guò hěn duō dìfang,) lián Fēizhōu

　　　　　　　　　　　　　　　　　他都/也去过。
　　　　　　　　　　　　　　　　　tā dōu/yě qù guò.

285

3. 强调动词。Emphasizing verbs.

格式　（宾语+主语+）连+动词+都/也+没/不+动词

（她怕蛇，）蛇她连看都/也不敢看。
(Tā pà shé,) shé tā lián kàn dōu/yě bù gǎn kàn.

（我完全不了解汉字，）来中国
(Wǒ wánquán bù liǎojiě Hànzì,) lái Zhōngguó
以前，汉字我连见都/也没见过。
yǐqián, Hànzì wǒ lián jiàn dōu/yě méi jiàn guò.

4. 强调时间。Emphasizing time.

格式　（主语+）连+时间+都/也+怎么样

他是个网虫，连夜里都/也在上网。
Tā shì ge wǎngchóng, lián yè lǐ dōu/yě zài shàng wǎng.

他最近很忙，连周日都/也不休息。
Tā zuìjìn hěn máng, lián zhōurì dōu/yě bù xiūxi.

练习　Exercises

1. 用"连……都/也……"完成对话。Complete the dialogues with 连……都/也…….

〔1〕A：听说中国有很多好玩的地方，你去过哪儿？

　　　B：我工作太忙了，_____。（北京）

〔2〕 A：2008年奥运会在哪儿举行？

B：北京啊，＿＿＿＿＿＿＿。（小孩）

〔3〕 A：听说他受伤了。

B：是啊，他每天躺在床上，＿＿＿＿＿＿＿。（动）

〔4〕 A：什么！你要一个人在中国旅行！你刚来，＿＿＿＿＿＿＿。（怎么买票）

B：没关系，不懂我可以问啊。

〔5〕 A：真好吃，这是我第一次吃烤鸭。

B：啊，你来北京这么久了，＿＿＿＿＿＿＿！（烤鸭）

〔6〕 A：张师傅太极拳打得怎么样？

B：好极了，＿＿＿＿＿＿＿！（外国学生）

2. 完成短文。Complete the paragraph.

　　大卫刚来中国的时候，连"你好"＿＿＿＿＿＿＿（不会），连＿＿＿＿＿没去过（天安门），连＿＿＿＿＿＿＿没吃过（烤鸭）。一年以后，大卫进步很快，连新疆＿＿＿＿＿＿＿（去），＿＿＿＿＿＿＿都能读懂（中文报纸），连＿＿＿＿＿＿＿夸他汉语进步得快（老师）。

82

每⋯⋯⋯ 都⋯⋯⋯
Měi ⋯⋯ dōu ⋯⋯

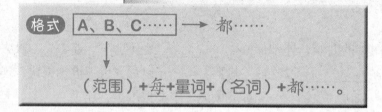

"每⋯⋯都⋯⋯" 表示某一范围内所有成员或某一整体的所有部分都具有同样的属性。"每" 后面是量词，"每+量词" 也可以用量词的重叠形式替换。

每⋯⋯都⋯⋯ indicates that every member in a group or every part of a whole group shares the same attribute. 每 is followed by a measure word. 每+ measure word can be substituted with the duplication of the measure word.

格式 A、B、C⋯⋯ → 都⋯⋯

↓

（范围）+每+量词+（名词）+都⋯⋯。

范围可以是人、事物、时间、地方等。 The group can be person, thing, time or place, etc.

我们班同学每个都很努力。
Wǒmen bān tóngxué měi ge dōu hěn nǔlì.

我们班个个（同学）都很努力。
Wǒmen bān gègè (tóngxué) dōu hěn nǔlì.

这些衣服每件都很漂亮。
Zhèxiē yīfu měi jiàn dōu hěn piàoliang.

这些衣服件件都很漂亮。
Zhèxiē yīfu jiànjiàn dōu hěn piàoliang.

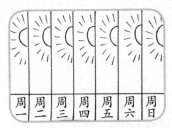

最近每天都很晴朗。

Zuìjìn měi tiān dōu hěn qínglǎng.

最近天天都很晴朗。

Zuìjìn tiāntiān dōu hěn qínglǎng.

这些饭店每家我都去过。

Zhèxiē fàndiàn měi jiā wǒ dōu qù guò.

这些饭店家家我都去过。

Zhèxiē fàndiàn jiājiā wǒ dōu qù guò.

Attention

(1) "天" 既是名词也是量词，因此后面不能再加上"名词"。除了"天"以外，还有 "周""月""年"等。

天 *is both an noun and a measure word, so it cannot be followed by a noun. This rule also applies to* 周, 月 *and* 年.

(2) "每个" 也可以用 "每个人" "每人" "人人"，后面不能再加名词。

每个 *can be substituted by* 每个人, 每人 *or* 人人 *and none of them can be followed by a noun.*

练 习 Exercises

1. 用 "每⋯⋯都⋯⋯" 完成对话。Complete the dialogues with 每⋯⋯都⋯⋯.

〔1〕A：你们的老师了解你们吗？

B：＿＿＿＿＿＿＿＿＿＿＿＿。

〔2〕A：你常常锻炼身体吗？

B：＿＿＿＿＿＿＿＿＿＿＿＿。

〔3〕A：学过的汉字你都认识吗？

B：＿＿＿＿＿＿＿＿＿＿＿＿。

〔4〕A：你对学校周围熟悉吗？

B：＿＿＿＿＿＿＿＿＿＿＿＿。

〔5〕A：亲爱的，你想我吗？

B：＿＿＿＿＿＿＿＿＿＿＿＿。

〔6〕A：最近你心情不错吧？

B：＿＿＿＿＿＿＿＿＿＿＿＿。

2. 用"每……都……"回答问题。Answer the questions with 每……都…… according to the pictures.

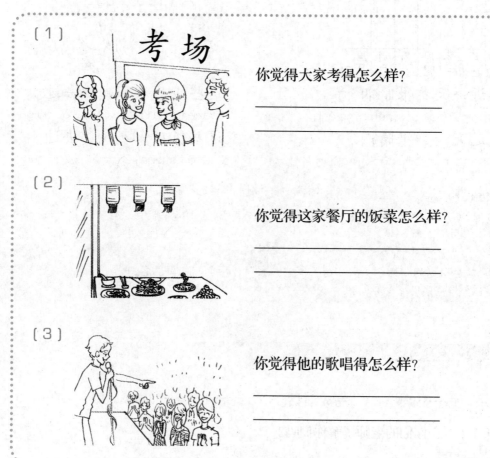

〔1〕

你觉得大家考得怎么样?

_____

_____

〔2〕

你觉得这家餐厅的饭菜怎么样?

_____

_____

〔3〕

你觉得他的歌唱得怎么样?

_____

_____

83

"越……越……" 和
"Yuè ...... yuè ......" hé

"越来越……"
"yuè lái yuè ......"

"越" 是副词，"越……越……" 和 "越来越……" 都用来表示程度逐渐加深。
越 is an adverb. Both 越……越…… and 越来越…… indicate the gradual increase of a degree.

一 越……越……

随着前面情况的变化，后面情况的程度也加深。The degree in the latter situation increases with the former situation.

> **格式** 主语+越+动词₁/形容词₁+越+动词₂/形容词₂
> 主语₁+越+动词₁/形容词₁，主语₂+越+动词₂/形容词₂

尼克越吃越能吃，越吃越胖。
Níkè yuè chī yuè néng chī, yuè chī yuè pàng.

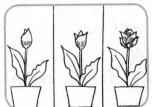

花越开越大，越大越漂亮。
Huā yuè kāi yuè dà, yuè dà yuè piàoliang.

老师越说，尼克越不明白。
Lǎoshī yuè shuō, Níkè yuè bù míngbai.

二 越来越……

随着时间的变化，程度加深。The degree increases with time.

格式 主语+越来越+形容词/动词（+……）

最近尼克越来越爱吃肉，
Zuìjìn Níkè yuè lái yuè ài chī ròu,
所以他越来越胖。
suǒyǐ tā yuè lái yuè pàng.

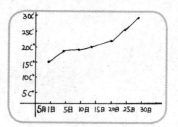

气温越来越高。
Qìwēn yuè lái yuè gāo.

Attention

(1) "越来越"后面多为形容词，动词一般是表示心理情感的动词，如：喜欢、感兴趣、了解、信任等。

越来越 is mostly followed by an adjective. The verb usually expresses emotions and feelings, such as 喜欢，感兴趣，了解，信任, etc.

(2) "越来越"后面不能再加 "……起来" "非常……" 等表示程度变化或程度高的词语。

越来越 cannot be followed by words that indicate changes of degree or high degree, such as ……起来 and 非常…….

Eg. ✓他越来越胖。　　✗他越来越胖起来。　　✗他越来越非常胖。

练习 Exercises

1. 用 "越……越……" 或 "越来越……" 完成句子。Complete the sentences with 越……越…… or 越来越…….

〔1〕A：现在你的汉语学怎么样？

B：_____。

〔2〕孩子们_____，爸爸妈妈_____。

〔3〕A：你对汉语感兴趣吗？

　　　B：＿＿＿＿＿＿＿＿。

〔4〕开始时写汉字写得比较慢，如果常常练习，你就会＿＿＿＿＿。

〔5〕在北京学习了两年，我对北京＿＿＿＿＿。

〔6〕A：身体好些了吗？

　　　B：＿＿＿＿＿。

〔7〕认识玛丽以后，大卫＿＿＿＿＿，他希望当玛丽的男朋友。

〔8〕小男孩儿长大了，而且＿＿＿＿＿，变成了一个高大的小伙子。

2. 看图，用 "越……越……" 或 "越来越……" 完成句子。 Complete the sentences with 越……越…… or 越来越…… according to the pictures.

〔1〕

开始大卫还在中间，后来他＿＿＿＿（快），跑到了前面。同学们都喊着 "大卫，加油！" 声音＿＿＿＿＿＿＿＿＿＿＿＿（大）。

〔2〕

下雨了。雨＿＿＿＿＿＿＿＿（大），打伞的人＿＿＿＿＿＿（多）。

84

除了……（以外），也/还/都……

Chúle …… (yǐwài), yě / hái / dōu ……

一 除了……以外，也/还……

"除了……以外，也/还……"表示排除已经知道的，补充别的。除了……以外，也/还…… means besides, to exclude what have known and add other things.

格式 [1] 除了A（以外），B也……。
[2] 除了A（以外），主语+还/也……。
} → A + B

[1]

除了玛丽（以外），
Chúle Mǎlì (yǐwài),

安妮也会说英语。
Ānnī yě huì shuō Yīngyǔ.

除了护照（以外），
Chúle hùzhào (yǐwài),

钱和手机也非常重要。
qián hé shǒujī yě fēicháng zhòngyào.

Attention

"B"是主语时，在"也"前面；"B"是谓语动词或者宾语时，在"也/还"后面。

When B serves as the subject, it is placed before 也; when B serves as the predicate or object, it is placed after 也/还.

Eg. ✗ 除了玛丽以外，也安妮会说英语。

294

（2）

除了北京（以外），
Chúle Běijīng (yǐwài),

玛丽还去过成都和广州。
Mǎlì hái qù guò Chéngdū hé Guǎngzhōu.

除了网球（以外），
Chúle wǎngqiú (yǐwài),

大卫也喜欢游泳。
Dàwèi yě xǐhuan yóu yǒng.

二　除了……以外，都……

"除了……以外，都……"表示在某个范围内，排除其中一部分，其他的都有相同的情况。除了……以外，都…… means except, to exclude one part in a certain range and the rest is in the same situation.

格式　除了A（以外），别的……（B、C、D……）都……

↓

BCD··· + A

除了玛丽（以外），
Chúle Mǎlì (yǐwài),

别的同学都来上课了。
biéde tóngxué dōu lái shàng kè le.

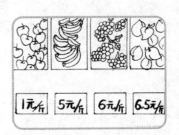

除了苹果（以外），香蕉、
Chúle píngguǒ (yǐwài),　xiāngjiāo,

葡萄、桃子都很贵。
pútáo, táozi dōu hěn guì.

练习 Exercises

1. 用"除了……（以外），也/还/都……"改写句子。Rewrite the sentences with 除了……（以外），也/还/都……

〔1〕我喜欢小猫，也喜欢小狗。

〔2〕他有一个弟弟，还有两个妹妹。

〔3〕我喜欢喝可乐，安妮也喜欢喝可乐。

〔4〕新年晚会上我要唱歌，玛丽也要唱歌。

〔5〕我每天都坚持跑步，我哥哥也每天都坚持跑步。

〔6〕宿舍里只有我每天早上跑步，其他人都不跑步。

〔7〕尼克喜欢吃饺子，大卫和玛丽都喜欢吃包子。

〔8〕尼克考得还可以，听力考试没通过，语法、口语和阅读考试通过了。

2. 看图完成句子。Complete the sentences according to the pictures.

〔1〕

除了爸爸、妈妈以外，_____。
全家人除了向大卫表示祝贺以外，_____。

〔2〕 安妮 玛丽 山本

除了玛丽以外，_____。
他们_____，还唱了自己国家的歌曲。

〔3〕 宿舍

昨天晚上除了大卫以外，_____。
因为他要参加HSK考试，_____。

85

二次否定和 "非……不可"

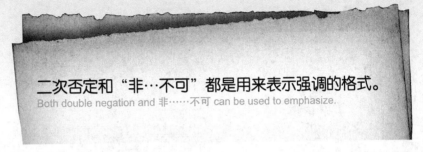

Èr cì fǒudìng hé "fēi …… bùkě"

> 二次否定和 "非…不可" 都是用来表示强调的格式。
> Both double negation and 非……不可 can be used to emphasize.

一 二次否定 Double negation

二次否定是在一个句子中主要动词或能愿动词的前后用了两个否定词来强调肯定，比单个肯定形式的表达效果更强烈。Double negation is to use two negatives words before or after the major verb or optative verb in a sentence to emphasize affirmation. It reaches a stronger effect than a declarative sentence.

地球上的事没有他不知道的。
Dìqiú shang de shì méiyǒu tā bù zhīdào de.
没有不知道＝都知道
méiyǒu bù zhīdào=dōu zhīdào

快要考试了，我不得不开夜车学习。
Kuàiyào kǎoshì le, wǒ bùdébù kāi yèchē xuéxí.
不得不＝必须
bùdébù=bìxū

> **Attention**
> 很多能愿动词都可以构成 "不+能愿动词+不" 的格式，来加强肯定。
> *Many optative verbs can be used in the pattern "不+optative verb+不" to emphasize affirmation.*
>
> *Eg.* 这次比赛你不能不参加。（不能不参加＝必须参加）
> 　　老王说了要来，他不会不来的。（不会不来＝一定会来）
> 　　这么重要的事情，我们不该不告诉你。（不该不告诉你＝绝对应该告诉你）

二 非……不可

"非……不可"强调必须要怎么样或事情一定会怎么样。"不可"还可以换为
"不行""不成"。非……不可 emphasizes obligation and certainty. 不可 can be changed
into 不行, 不成.

格式 非+动词短语/某人+不可

大卫想：我非得冠军
Dàwèi xiǎng: wǒ fēi dé guànjūn
不可/不行/不成。
bùkě / bùxíng/bùchéng.

要想救那个女孩儿，
Yào xiǎng jiù nàge nǚháir,
非超人不可。
fēi chāorén bùkě.

这么热的天，吃的不放在
Zhème rè de tiān, chī de bú fàng zài
冰箱里非坏了不可。
bīngxiāng lǐ fēi huài le bùkě.

Attention

口语中，"非"后面如果是"要""得"或者是多音节的动词或动词短语时，"不可"常常省略。
"非"后加的如果是名词性短语，"不可"不能省略。
In spoken Chinese, 不可 is often omitted if 非 is used before 要, 得 or polysyllabic verbs or verb phrases. However, if 非 is used before noun phrase, 不可 can not be omitted.

Eg. ✓不让他去，他却非要去（不可）。   ✓大夫非让他住院（不可），可他不想住。

✓这件事情要办好非你不可。   ✗这件事情要办好非你。

练习 Exercises

1. 用"二次否定"的形式改写句子。Rewrite the sentences with double negation.

〔1〕张爱玲的小说我都读过。   〔4〕工作的事情我必须跟父母商量一下。

〔2〕成龙演的电影我都看过。   〔5〕这个消息我们应该告诉他。

〔3〕我了解这儿所有的情况。   〔6〕这件事情他一定知道。

2. 用"非……不可"完成对话。Complete the dialogues with 非……不可.

〔1〕A：这次考试有信心吗？

    B：有，_____。

〔2〕A：你_____吗？

    B：对，成为中国通是我的梦想。

〔3〕A：他病得很厉害吗，要送医院吗？

B：很厉害，我觉得_____。

〔4〕A：不找人帮忙，我们自己做行不行？

B：我觉得不行，_____。

〔5〕A：你觉得谁能完成这个任务。

B：_____。

〔6〕妈妈：你_____吗？

儿子：对，我一直都非常想去中国，让我去吧。

3. 用 "二次否定" 完成短文。 Complete the paragraph with double negation.

　　　　放暑假了，我要回国去看爸爸、妈妈和弟弟。弟弟很可爱，他特别喜欢看动画片，迪士尼（Disney）的动画片，_____。一想到能见到可爱的弟弟，我就非常高兴。我是4点的飞机，可是在机场等到5点，飞机也没来。服务员告诉我："别担心，飞机_____。" 到了晚上8点飞机才起飞。我觉得爸爸妈妈一定在机场等我，对了，还有我弟弟，他也说要去机场接我，我想他说去，就_____。

4. 看图，用 "非……不可" 完成句子。 Complete the sentences with 非……不可 according to the pictures.

〔1〕

花好长时间没浇水了，_____。

〔2〕

ICE CREAM ♥

孩子_____。

86

好容易/好不容易+才∘∘∘∘∘∘

Hǎo róngyì / hǎo bù róngyì + cái ......

在"好容易/好不容易+才……"中，"好容易"和"好不容易"都表示"非常不容易"的意思。整个格式表示非常不容易才做到或完成一件事情。

In the pattern of 好容易/好不容易+才……, both 好容易 and 好不容易 mean 非常不容易(very difficult). The whole pattern means that it is extremely difficult to do or finish something.

格式 好容易/好不容易+才…

你家真难找，我好容易/
Nǐ jiā zhēn nán zhǎo, wǒ hǎo róngyì/

好不容易才找到。
hǎo bù róngyì cái zhǎo dào.

小声点儿，孩子好容易/
Xiǎo shēng diǎnr, háizi hǎo róngyì/

好不容易才睡着。
hǎo bù róngyì cái shuì zháo.

Attention

"好容易"的意思跟"好不容易"一样时，一般都是在句子中作状语，而且后面还有副词"才"。"好容易"如果不做状语，它仍然可以表示"非常容易"的意思。

When 好容易 and 好不容易 share the same meaning, they usually serve as the adverbials in the sentence and are followed by the 才. When 好容易 is not used as an adverbial, it still expresses the meaning of 非常容易 (very easy).

Eg. 你说了这个菜的做法，说得好容易，要做的话就不一定那么容易了。

(好容易 serves as the complement here)

练 习 Exercises

1. 用"好容易/好不容易+才……"改写句子。Rewrite the sentence with 好容易/好不容易+才…….

〔1〕 这篇文章我看了两遍才看懂。

〔2〕 我记了很长时间才记住这些生词。

〔3〕 我花了好几个小时才把房间收拾干净。

〔4〕 这件事情解释了好几回才解释清楚。

〔5〕 我考了两次，终于通过了考试。

〔6〕 我做了好长时间，终于把作业做完了。

2. 看图，用"好容易/好不容易……"完成对话。Complete the dialogues with 好容易/好不容易…… according to the pictures.

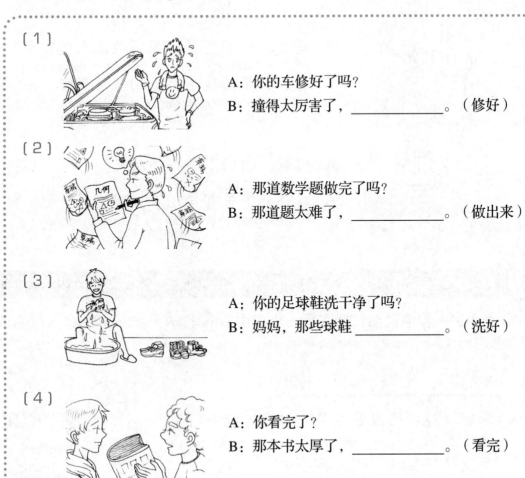

〔1〕

A：你的车修好了吗？

B：撞得太厉害了，＿＿＿＿＿＿＿＿。（修好）

〔2〕

A：那道数学题做完了吗？

B：那道题太难了，＿＿＿＿＿＿＿＿。（做出来）

〔3〕

A：你的足球鞋洗干净了吗？

B：妈妈，那些球鞋＿＿＿＿＿＿＿＿。（洗好）

〔4〕

A：你看完了？

B：那本书太厚了，＿＿＿＿＿＿＿＿。（看完）

再　说
Zàishuō

"再说" 既是动词又是连词。
再说 can be used as a verb or a conjunction.

一 动词 "再说" 再说 as a verb

表示把事情留到以后办理或者考虑。As a verb, 再说 indicates that something will be considered or handled in the future.

A: 玛丽，你不是早就想买这本书吗？
　　Mǎlì, nǐ búshì zǎo jiù xiǎng mǎi zhè běn shū ma?
B: 我今天带的钱不够，回头再说吧。
　　Wǒ jīntiān dài de qián búgòu, huítóu zàishuō ba.

A: 安妮，咱俩下午去邮局吧。
　　Ānnī, zán liǎng xiàwǔ qù yóujú ba.
B: 我今天下午有点儿事，明天再说吧。
　　Wǒ jīntiān xiàwǔ yǒudiǎnr shì, míngtiān zàishuō ba.

二 连词 "再说" 再说 as a conjunction

表示进一步地说明，补充另一个理由。As a conjunction, 再说 indicates further explanation and addition of another reason.

格式 A, 再说(,) B, ……

玛丽，现在已经五点了，邮局可能关门了，
Mǎlì, xiànzài yǐjīng wǔ diǎn le, yóujú kěnéng guān mén le,

再说还下着雨，明天再去吧。
zàishuō hái xià zhe yǔ, míngtiān zài qù ba.

A: 玛丽，你怎么10点才起床？
   Mǎlì, nǐ zěnme shí diǎn cái qǐ chuáng?

B: 昨天晚上我睡得太晚了，再说，今天没
   Zuótiān wǎnshang wǒ shuì de tài wǎn le, zàishuō, jīntiān méi

什么事，我想好好休息休息。
shénme shì, wǒ xiǎng hǎo hǎo xiūxi xiūxi.

练 习 Exercises

1. 用"再说"完成句子。Complete the sentences with 再说.

〔1〕经理最近出差了，你辞职的事情＿＿＿＿＿＿。

〔2〕已经到上课时间了，你的问题＿＿＿＿＿＿。

〔3〕钱你先拿着治病，什么时候还钱＿＿＿＿＿＿。

〔4〕现在已经很晚了，＿＿＿＿＿＿，你就别回去了，住在这儿吧。

〔5〕完成这个任务需要的人很多，＿＿＿＿＿＿，所以还是明天再商量吧。

〔6〕现在给他打电话已经来不及了，＿＿＿＿＿＿，我们下次再叫他。

2. 看图，用"再说"完成句子。Complete the sentences with 再说 according to the pictures.

〔1〕

已经八点了，＿＿＿＿＿，（上课）
赶快起床！

〔2〕

A：小张，你下周还得出一次差。
B：经理，我最近感冒了，＿＿＿＿＿，
   （儿子，生病）您还是派别人去吧。

〔3〕

A：玛丽，明天上午去打羽毛球吧。
B：啊，不行，我跟别人约好爬山了，
   ＿＿＿＿＿。

〔4〕

A：你今天能陪我去看电影吗？
B：我现在工作比较忙，＿＿＿＿＿。

88

"一边⚬⚬⚬⚬⚬⚬一边⚬⚬⚬⚬⚬⚬" 和
"Yìbiān ...... yìbiān ......" hé

"又⚬⚬⚬⚬⚬⚬又⚬⚬⚬⚬⚬⚬"
"yòu ...... yòu ......"

一 一边……一边……

"一边……一边……" 表示两种动作、行为同时进行。一边……一边……
indicates the two actions or behaviors happen at the same time.

格式 主语+一边+动词₁/动词短语₁+一边+
动词₂/动词短语₂

玛丽一边唱一边跳。
Mǎlì yìbiān chàng yìbiān tiào.

玛丽一边做饭一边跟大卫聊天。
Mǎlì yìbiān zuò fàn yìbiān gēn Dàwèi liáo tiān.

Attention

(1) "一边……一边……" 也可以省略为 "边……边……"。
一边……一边…… can be shortened as 边……边……

(2) 省略 "一" 以后，"边" 和单音节的动词组合时，中间不停顿。
There is no pause between two combinations of 边 and monosyllabic verb when 一 is omitted.

(3) 主语不同的情况比较少见。
It is quite rare that the subjects are different.

Eg. 老师一边说，学生们一边记。

二 又……又……

又……又……表示两种性质都具备，也可以表示两种行为都出现，但不一定是同时。又……又…… indicates possession of two attributes or appearance of two behaviors, which may not happen simultaneously.

格式　主语+又+形容词₁+又+形容词₂
主语+又+动词/动词短语₁+又+动词₂/动词短语₂

西瓜又大又圆。
Xīguā yòu dà yòu yuán.

爷爷在家又种花又养鸟。
Yéye zài jiā yòu zhòng huā yòu yǎng niǎo.

Attention

(1) "又……又……"后面也可以是短语。
又……又…… can be followed by phrases.
Eg. 大卫又爱学习，又爱帮助别人。

(2) "又……又……"也可以作定语和补语。
又……又…… can also act as an attributive or a complement.
Eg. 一个又大又圆的西瓜。
他写得又快又好。

练习 Exercises

1. 用"一边……一边……"或"又……又……"完成句子。 Complete the sentences with 一边……一边…… or 又……又…….

〔1〕A：休息的时候你常常做什么？

B：＿＿＿＿＿＿＿＿＿＿。（听音乐、锻炼身体）

〔2〕A：昨天晚上的演出怎么样？

B：＿＿＿＿＿＿＿＿＿＿，我很喜欢。（精彩、感人）

〔3〕A：除夕你们做什么？

B：我们常常＿＿＿＿＿＿＿＿。（看电视、包饺子）

〔4〕A：新老师怎么样？

B：很好，＿＿＿＿＿＿＿＿。（年轻、热情）

〔5〕A：昨天的约会怎么样？

B：我们去了一家不错的餐厅，＿＿＿＿＿＿＿＿，很愉快。（吃、聊）

〔6〕A：周末做什么了？

B：＿＿＿＿＿＿＿＿，好累。（洗衣服、打扫房间）

2. 用"一边……一边……"或"又……又……"完成句子。Complete the sentences with 一边……一边…… or 又……又…….

这本中文书＿＿＿＿＿（简单、有趣），大卫＿＿＿＿＿（看、笑）。

学生们＿＿＿＿＿（看、学），学得＿＿＿＿＿（快、好）。

这家咖啡厅＿＿＿＿＿（干净、安静），大卫和玛丽在这儿＿＿＿＿＿（喝咖啡、聊天）。

89

一方面……，另一方面……

Yì fāngmiàn……,　　　lìng yì fāngmiàn……

"一方面……，另一方面……"连接两个分句，组成一个表示并列关系的复句，提醒听话人注意两方面的情况。

一方面……、另一方面……links the two clauses in coordination. It is used to remind the listener of the both aspects.

格式 一方面……，另一方面……

妈妈： 你在中国，一方面要好好
Māma:　 Nǐ zài Zhōngguó, yì fāngmiàn yào hǎo hǎo

学习，另一方面也要注意
xuéxí, lìng yì fāngmiàn yě yào zhùyì

锻炼身体。
duànliàn shēntǐ.

Z C S
zh ch sh

汉语的发音一方面要注意语音，
Hànyǔ de fā yīn yì fāngmiàn yào zhùyì yǔyīn,

另一方面也要注意语调。
lìng yì fāngmiàn yě yào zhùyì yǔdiào.

Attention

主语可以是两个分句共用一个，也可以是两个分句各有各的主语。两分句共用一个主语的时候，主语可以在第一个分句的最前面，也可以在"一方面"这个词语的后面。

The two clauses can share the same subject or either have their own subject. When they share one subject, the subject can be placed at the very beginning of the first clause or after 一方面.

Eg. 旅行一方面可以让人放松，另一方面也可以开阔眼界。
　　一方面旅行可以让人放松，另一方面也可以开阔眼界。
　　一方面很多毕业生找不到工作，另一方面很多工作毕业生不愿意去做。

练习 Exercises

1. 用"一方面……，另一方面……"改写句子。Rewrite the sentences with 一方面……，另一方面…….

〔1〕学好汉语要多读多听，也要多说多写。

〔2〕游泳要注意方法，也要注意速度。

〔3〕人越来越多，环境越来越糟糕。

〔4〕中国的汽车更多了，污染问题也更严重了。

〔5〕年轻的时候要努力学习知识，也要培养自己的兴趣。

〔6〕父母要理解孩子，孩子也要理解父母。

2. 看图，用"一方面……，另一方面……"完成句子。 Complete the sentences with 一方面……，另一方面…… according to the pictures.

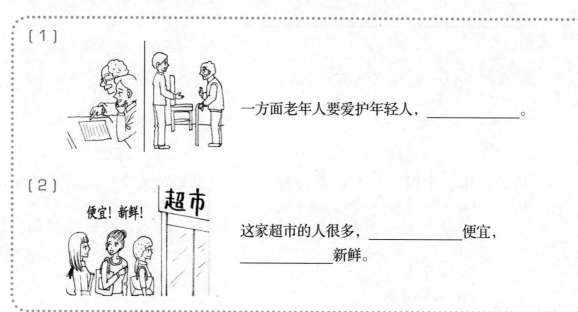

〔1〕

一方面老年人要爱护年轻人，＿＿＿＿＿＿＿＿。

〔2〕

这家超市的人很多，＿＿＿＿＿＿便宜，
＿＿＿＿＿＿新鲜。

90

Yī ..... jiù .....

一 表示两个动作、行为紧接着发生，中间没有停顿 Indicating two actions or behaviors occur in succession without any pause in the middle

玛丽一上飞机就把手机关了。
Mǎlì yí shàng fēijī jiù bǎ shǒujī guān le.

玛丽一回到家就给大卫打电话。
Mǎlì yì huí dào jiā jiù gěi Dàwèi dǎ diànhuà.

Attention

主语不同时，主语要分别在"一""就"前面。
When the subjects differ, they have to be placed before 一 and 就 respectively.

Eg. ✗玛丽一回到宿舍就大卫来看他。
✓玛丽一回到宿舍大卫就来看他。

二 表示每当具备某个条件时就会出现某种结果 Indicating that a result will be caused if a specific condition is fulfilled

小宝宝一看见大猩猩就哭。
Xiǎo bǎobao yí kàn jiàn dàxīngxing jiù kū.

尼克一考试就紧张。
Níkè yí kǎoshì jiù jǐnzhāng.

练 习　Exercises

1. 用"一……就……"完成句子。Complete the sentences with 一……就……．

〔1〕 老板：那封重要的邮件你发给我了吗？

　　　职员：_____。（上班、发）

〔2〕 尼克不喜欢看书，他常常_____。（看书、想睡觉）

〔3〕 医生：哪里不舒服？

　　　病人：最近_____。（跳、腰疼）

〔4〕 天气太热了，_____。（回家、洗澡）

〔5〕 我自己想了半天也不明白，可是老师_____。（说、明白）

〔6〕 他最近不喝咖啡了，因为他_____。（咖啡、睡觉）

2. 看图，用"一……就……"完成短文。Complete the paragraph with 一……就……
according to the pictures.

　　　大卫的妈妈病了，他决定马上回国。大卫_____（回宿舍、
收拾）。这时离飞机起飞只有两个小时了，他_____（出门、跳
上），_____（到、换登机牌）。大卫终于赶上了飞机，很快他就能看
到妈妈了。

91

先……，再/又……，然后……，最后……

Xiān ……, zài / yòu ……, ránhòu ……, zuìhòu ……

"先……，再/又[1]……，然后……，最后……"
连接动作，按照时间顺序来描述依次发生的动作
情况。

先……，再/又……，然后……，最后……links actions according to the time order.

格式 先……，再/又……，然后……，最后……。

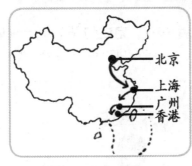

这次旅行，玛丽先去了北京，又去了上海，
Zhè cì lǚxíng, Mǎlì xiān qù le Běijīng, yòu qù le Shànghǎi,
然后到了广州，最后到香港看了看。
ránhòu dào le Guǎngzhōu, zuìhòu dào Xiānggǎng kàn le kàn.

我每天六点起床，先打半个小时太极拳，
Wǒ měi tiān liù diǎn qǐ chuáng, xiān dǎ bàn ge xiǎoshí tàijíquán,
再朗读半个小时英语，然后吃早饭，
zài lǎngdú bàn ge xiǎoshí Yīngyǔ, ránhòu chī zǎofàn,
最后再去上课。
zuìhòu zài qù shàng kè.

Attention

"先……，再/又……，然后……，最后……"中的四个词语不
是每一个都必须出现的，可以根据具体情况选择其中的几个。
The four words in 先……，再/又……，然后……，最后……don't have
to appear all at once and their appearance depends on specific situations.

Eg. 你先写作业，一会儿再看电视。
你先去超市，再去一趟书店，最后把这封信寄出去。

注1: 参见186页"51 副词（4）：又、再、还"。

练习 Exercises

1. 用"先……，再/又……，然后……，最后……"完成句子。Complete the sentences with 先……，再/又……，然后……，最后…….

> 　　学习每篇课文的生词，老师一般都是先＿＿＿＿＿＿＿＿＿＿（读），读完生词老师再＿＿＿＿＿＿＿＿（写），然后＿＿＿＿＿＿＿＿（造句），等我们每个人都用生词造了句子以后，老师最后＿＿＿＿＿＿＿＿＿＿。
>
> --
>
> 　　小孩儿总是＿＿＿＿＿＿＿＿＿＿（爬），＿＿＿＿＿＿＿＿＿＿（走），
> ＿＿＿＿＿＿＿＿＿＿（跑）。

2. 看图，用"先……，再/又……，然后……，最后……"完成句子。Complete the sentences with 先……，再/又……，然后……，最后…… according to the pictures.

〔1〕

公安局　　美国使馆签证　　订票处

　　要出国留学，必须先＿＿＿＿＿＿＿＿＿，再到公安局＿＿＿＿＿＿＿＿，然后去大使馆＿＿＿＿＿＿＿，最后＿＿＿＿＿＿＿。

〔2〕

héng　　　shù　　　piě　　　nà

　　想写好汉字，应该掌握汉字的正确笔顺，比如"木"字，应该先＿＿＿＿＿，再＿＿＿＿＿，然后＿＿＿＿＿，最后＿＿＿＿＿。

〔3〕

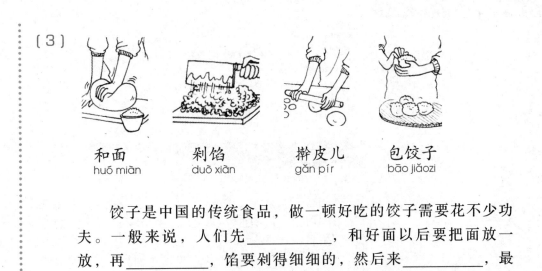

和面　　　　剁馅　　　　擀皮儿　　　包饺子
huó miàn　　duò xiàn　　gǎn pír　　bāo jiǎozi

　　饺子是中国的传统食品，做一顿好吃的饺子需要花不少功夫。一般来说，人们先_____，和好面以后要把面放一放，再_____，馅要剁得细细的，然后来_____，最后_____。

92

因为……，所以……

Yīnwèi ……, suǒyǐ ……

"因为……，所以……" 连接两个表示因果关系的分句，前一分句表示原因，后一分句表示结果。

因为……，所以……links two clauses indicating a causal relation. The first clause indicates the reason and the second indicates the result.

格式 因为……，所以……

因为他生病了，所以没有来
Yīnwèi tā shēng bìng le, suǒyǐ méiyǒu lái
上课。
shàng kè.

因为下雨了，所以足球场上
Yīnwèi xià yǔ le, suǒyǐ zúqiú chǎng shang
没人踢球。
méi rén tī qiú.

Attention

(1) "因为" 和 "所以" 既可以同时出现在一个复句中，也可以单独使用。

因为 and 所以 can both appear in a complex sentence at the same time, or either of them can appear alone.

Eg. 他生病了，所以没有来上课。
他因为生病了，没有来上课。

(2) 前一分句中，主语在 "因为" 前后都可以；后一分句中，主语在 "所以" 后面。

In the first clause, the subject can appear before or after 因为; in the second clause, the subject is placed after 所以.

Eg. ✓因为他生病了，所以没来上课。　　✓因为（他）生病了，所以他没来上课。
　　✓他因为生病了，所以没来上课。　　✗因为（他）生病了，他所以没来上课。

练习 Exercises

1. 用"因为……，所以……"完成对话。Complete the dialogues with 因为……所以…….

〔1〕A：你今天为什么迟到了？

B：_____。

〔2〕A：你为什么没有完成作业？

B：_____。

〔3〕A：这次成绩怎么会这么糟糕？

B：_____。

〔4〕A：举行运动会的日期为什么推迟了？

B：_____。

〔5〕A：这个暑假你怎么没去旅行？

B：_____。

〔6〕A：你怎么不租离学校近点儿的房子？

B：_____。

2. 看图完成短文。Complete the paragraph according to the pictures.

行李
超重

今年暑假我找了一份工作，因为挣了不少钱，所以____。（北京）在北京旅行的时候发生了很多有趣的事情，有一次坐公交车，因为看不懂中文，所以_____，结果离我想去的地方越来越远。还有一次因为_____，所以全身都淋湿了，差点儿感冒，吃了一顿"火锅"才暖和起来。我特别喜欢中国结，还给家人和朋友买了很多件旗袍。结果回国的时候，因为_____，所以行李箱超重了。

93

虽然……, 但是/却……

Suīrán……, dānshì / què ……

"虽然……, 但是/却……" 连接两个分句，构成一个表示转折关系的复句，先肯定 "虽然" 后面表示的情况，再重点说明 "但是" 后面要表达的内容。

虽然……但是/却……links two clauses indicating contrast. At first, what is after 虽然 is affirmed, and then what is after 但是 is explained as the focus.

格式 虽然……, 但是/却……

外面虽然很冷，但是屋子里很
Wàimiàn suīrán hěn lěng, dānshì wūzi lǐ hěn
暖和。
nuǎnhuo.

虽然我爷爷年纪大了，身体
Suīrán wǒ yéye niánjì dà le, shēntǐ
却很好。
què hěn hǎo.

Attention

(1) "虽然" 可以用在前一分句的主语前或主语后。
虽然 can be placed before or after the subject in the first clause.

Eg. ✓虽然这孩子年龄不大，但是很懂事。
✓这孩子虽然年龄不大，但是很懂事。

(2) "但是" 要放在后一分句前。如果主语出现，"但是" 放在主语前，"却" 放在主语后。
但是 should be placed before the second clause. If there is a subject, 但是 is placed before it while 却 is placed after it.

Eg. 虽然路比较远，但是交通很方便。
虽然路比较远，交通却很方便。

(3) "但是" 和 "却" 也可以一起出现在第二个分句中。
但是 and 却 can both appear in the second clause at the same time.

Eg. 虽然他没来过北京，但是（他）却知道很多北京的故事。

练习 Exercises

1. 用"虽然……，但是/却……"和给出的词语连成完整的复句。Form a complete sentence with 虽然……但是/却…… and the given words.

〔1〕衣服　　　　有点儿贵　　　很合适

〔2〕屋子　　　　小　　　　　　干净整齐

〔3〕学汉语　　　时间不长　　　学得很好

〔4〕我　　　　　很累　　　　　玩得高兴

〔5〕下雪了　　　不太冷

〔6〕生词很多　　都记住了

2. 看图完成短文。Complete the paragraph according to the pictures.

　　　　今年冬天妈妈带我去香港旅行了。妈妈的朋友住在香港，机场虽然离她家很远，但是＿＿＿＿＿＿。那时候香港虽然＿＿＿＿＿，但是一点儿也不冷。妈妈的朋友每天带我们出去玩儿，还去了"迪斯尼"（Disney）。虽然"迪斯尼"＿＿＿＿＿，但我们还是买了票，在里面玩了一天。晚上回到家，我们都觉得有点累。不过，虽然我们有点儿累，心里却＿＿＿＿＿。有机会你也去香港玩儿吧。

94

"要是……（的话），就……"和

"Yàoshì …… (dehuà), jiù ……" hé

"如果……，就……"

"rúguǒ ……, jiù ……"

"要是……（的话），就……"或"如果……，就……"连接成一个复句，前一分句表示假设，后一分句表示假设情况下产生的结果或得出的结论。跟"要是……（的话）"相比，"如果……，就……"用于书面语的情况更多些。

要是……（的话），就…… or 如果……，就…… links the two clauses in a complex sentence. The first clause indicates an assumption and the second one indicates the result or conclusion. 如果……，就…… is more often used in written contexts than 要是……（的话），就……

格式 要是……（的话），就……

如果……，就……

要是你想家了（的话），
Yàoshi nǐ xiǎng jiā le (dehuà),
就给妈妈打电话。
jiù gěi māma dǎ diànhuà.

如果还有不懂的地方，
Rúguǒ hái yǒu bù dǒng de dìfang,
就请举手。
jiù qǐng jǔ shǒu.

Attention

(1) 后面的句子中如果有主语，主语放在"就"前面。

If there is a subject in the second clause, it should be placed before 就.

Eg. ✗ 要是累了，就你休息一会吧。

✓ 要是累了，你就休息一会吧。

(2) "如果……"的末尾也可以加助词"的话"，"如果……的话，就……"更口语化一些。

的话 can be added at the end of the first clause, and 如果……的话，就…… is more colloquial.

Eg. 如果有时间的话，我想亲自去看看。

318

练 习 Exercises

1. 用"要是……（的话），就……"或"如果……，就……"完成对话。
Complete the dialogues with 要是……（的话），就…… or 如果……，就…….

〔1〕A：咱们明天去不去爬山？

　　B：＿＿＿＿＿＿＿＿＿＿＿＿＿＿＿＿。

〔2〕A：晚上你去不去看电影？

　　B：＿＿＿＿＿＿＿＿＿＿＿＿＿＿＿＿。

〔3〕A：请问你可以来我们公司工作吗？

　　B：＿＿＿＿＿＿＿＿＿＿＿＿＿＿＿＿。

〔4〕A：咱们需要买一本《英汉词典》吗？

　　B：＿＿＿＿＿＿＿＿＿＿＿＿＿＿＿＿。

〔5〕A：这个星期天咱们还踢球吗？

　　B：＿＿＿＿＿＿＿＿＿＿＿＿＿＿＿＿。

〔6〕A：他第一次到中国来，请老师多帮助他。

　　B：＿＿＿＿＿＿＿＿＿＿＿＿＿＿＿＿。

2. 看图，完成句子。 Complete the sentences according to the pictures.

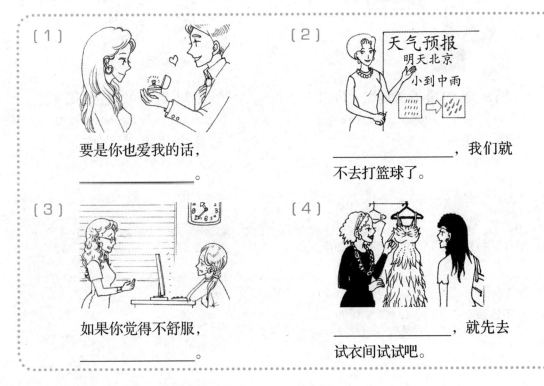

〔1〕 要是你也爱我的话，＿＿＿＿＿＿＿＿＿＿。

〔2〕 ＿＿＿＿＿＿＿＿＿＿，我们就不去打篮球了。

〔3〕 如果你觉得不舒服，＿＿＿＿＿＿＿＿＿＿。

〔4〕 ＿＿＿＿＿＿＿＿＿＿，就先去试衣间试试吧。

95

不但......, 而且......

Búdàn ......,   érqiě ......

"不但……，而且……"连接两个分句，表示递进关系。

不但……，而且…… links two clauses. It is used to indicate addition.

格式 主语+不但……，而且……

不但+主语₁……，而且+主语₂……

玛丽不但喜欢唱歌，而且

Mǎlì búdàn xǐhuan chàng gē, érqiě

唱得很好。

chàng de hěn hǎo.

不但玛丽喜欢吃中国菜，

Búdàn Mǎlì xǐhuan chī Zhōngguó cài,

而且安妮也喜欢吃。

érqiě Ānnī yě xǐhuan chī.

Attention

"不但……，而且……"的两个分句如果是同一个主语，那么"不但"要放在第一个分句主语的后面，如果两个分句分别有两个主语，那么"不但"要放在第一个分句主语的前面。

When the two clauses linked by 不但……而且……share one subject, 不但 should be placed after the subject in the first clause. When either clause has their own subject, 不但 should be placed before the subject in the first clause.

Eg. 他不但会说英语，而且会说法语。

不但他会说英语，而且他的爸爸也会说英语。

练习 Exercises

1. 用"不但……，而且……"改写句子。Rewrite the sentences with 不但……而且…….

〔1〕玛丽会说汉语，玛丽的哥哥也会说汉语。

〔2〕王刚喜欢打篮球，还喜欢踢足球。

〔3〕他会画画儿。他的画画得很好。

〔4〕李老师会打太极拳。李老师打得很好。

〔5〕我会唱京剧。我妈妈也会唱京剧。

〔6〕哈尔滨的冬天很冷。哈尔滨的冬天常常刮风。

2. 看图，用"不但……，而且……"完成句子。Complete the sentences with 不但……而且…… according to the pictures.

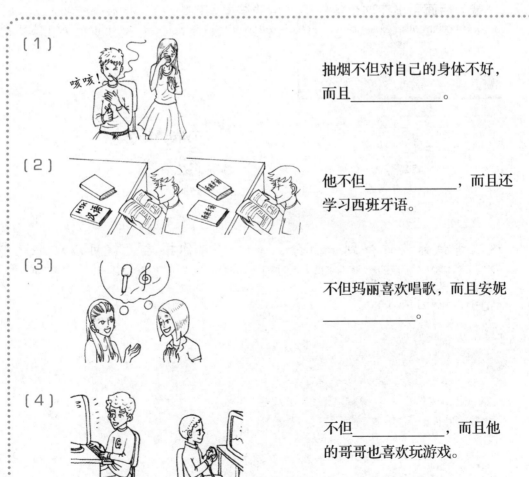

〔1〕 抽烟不但对自己的身体不好，
而且_____。

〔2〕 他不但_____，而且还
学习西班牙语。

〔3〕 不但玛丽喜欢唱歌，而且安妮
_____。

〔4〕 不但_____，而且他
的哥哥也喜欢玩游戏。

96

"只要……，就……"和
" Zhǐyào……, jiù……" hé

"只有……，才……"
" zhǐyǒu……, cái……"

一 "只要……，就……"

"只要……，就……"连接的是一个条件复句，"只要"后面引出必要条件，"就"后面引出在这个条件下产生的结果。只要……，就…… links the two clauses in a conditional complex sentence. 只要 is followed by the necessary condition, and 就 is followed by the result of the condition.

格式 只要……，就……

这次考试只要你得到一百分，
Zhè cì kǎoshì zhǐyào nǐ dé dào yì bǎi fēn,
就给你买一台电脑。
jiù gěi nǐ mǎi yì tái diànnǎo.

只要你报名，就可以参加比赛。
Zhǐyào nǐ bào míng, jiù kěyǐ cānjiā bǐsài.

Attention

(1) "只要"可以用在主语前或者主语后。
    只要 can be placed before or after the subject.
    Eg. 只要你给我们打个电话，我们就会派人去。
        你只要给我们打个电话，我们就会派人去。

(2) 后一分句如果有主语，放在副词"就"前面。
    If there is a subject in the second clause, it is placed before the adverb 就.
    Eg. ✓ 只要你给我们打个电话，我们就会派人去。
        ✗ 只要你给我们打个电话，就我们会派人去。

322

⼆ "只有……，才……"

"只有……，才……" 连接的是一个条件复句，"只有" 后面是唯一的条件，"才" 后面是在这个条件下才会出现的结果。只有……，才…… links the two clauses in a conditional complex sentence. 只有 is followed by the only condition, and 才 is followed by the result in such a condition.

| 格式 | 只有……，才…… |

只有通过这次考试，
Zhǐyǒu tōng guò zhè cì kǎo shì,

（你）才能上三年级。
(nǐ) cái néng shàng sān niánjí.

只有从 "a、o、e" 开始学，
Zhǐyǒu cóng "a, o, e" kāishǐ xué,

（你）才能学好汉语语音。
(nǐ) cái néng xué hǎo Hānyǔ yǔyīn.

Attention

(1) "只有" 后面的部分可以是动词短语，也可以是名词短语、介词短语或者小句。
只有 can be followed by a verb phrase, noun phrase, prepositional phrase or clause.
Eg. 只有在下课以后，同学们才可以使用手机。
只有你去请他，他才会来。

(2) "只要……，就……" 表示 "只要" 后面的这个条件具备就可以引起结果，但还可以有别的条件引起同样的结果；"只有……，才……" 表示 "只有" 后面的条件是唯一的，其他的条件不能引起同样的结果。
只要……，就…… *indicates that the result comes if the condition after* 只有 *is fulfilled but other conditions can also cause it.* 只有……，才…… *indicates that the result comes only if the condition after* 只有 *is fulfilled and other conditions cannot cause it.*
Eg. 只要吃了这种药，你的病就好了。（别的药也能治好 "你的病"）
只有吃了这种药，你的病才能好。（别的药不能治好 "你的病"）

练 习 Exercises

1. 画线连句子。Match sentences.

〔1〕 你们只要好好练习   A. 我们就一定会赢

〔2〕 只要我们常常写信   B. 发音就会越来越好

〔3〕 只要他不反对   C. 这次节目就一定能表演好

〔4〕 只要多听多说   D. 就不会失去联系

〔5〕 只要他参加我们的小组   E. 身体就会暖和的

〔6〕 只要你喝了这碗热汤   F. 我们就可以开始了

〔7〕 只有坚持下去   G. 你才可以不参加这次考试

〔8〕 只有你去请   H. 才能继续学下去

〔9〕 只有贴够邮票   I. 才能成功

〔10〕 我只有拿到奖学金   J. 才能治好你的感冒

〔11〕 只有吃这种药   K. 才能把这封信寄出去

〔12〕 只有老师同意   L. 才能把他叫过来

2. 看图，用"只要……，就……"或"只有……，才……"完成句子。
Complete the sentences with 只要……，就…… or 只有……，才…… according to the pictures.

〔1〕

只要你努力学习，＿＿＿＿＿＿＿＿。

〔2〕

＿＿＿＿＿＿＿＿，就可以把电脑修好。

〔3〕

只有拿到深水证，_____。

〔4〕

_____，才能看电视。

97

不是……，就是……

Búshì……, jiùshì……

"不是……，就是……"连接的是一个表示选择关系的复句，说话人选择的两项之中一定有一个是事实。

不是……，就是…… links a complex sentence indicating an alternating relation and one of the two options given by the speaker must be true.

一 不是……，就是……

"不是……，就是……"的连接项可以是同类的名词短语、动词短语或形容词短语，也可以是小句。Words used between 不是……，就是…… are of the same category, including noun phrases, verb phrases, adjective phrases or clauses.

格式 不是……，就是……

玛丽没来上课，她不是
Mǎlì méi lái shàng kè, tā búshì
有事，就是生病了。
yǒu shì, jiùshì shēngbìng le.

周末，他不是去打球，
Zhōumò, tā búshì qù dǎ qiú,
就是去游泳。
jiùshì qù yóu yǒng.

二 "不是……，就是……"与"不是……，而是……"的区别
The difference between "不是……，就是……" and "不是……，而是……"

〔1〕 "不是……，而是……"是一个表示并列关系的复句，在这个复句中，说话人肯定一个否定一个。不是……，而是…… is a complex sentence indicating parataxis relation. In this sentence the speaker support one option but reject the other.

玛丽今天没来上课，不是有事，而是生病了。

Mǎlì jīntiān méi lái shàng kè, búshì yǒu shì, érshì shēng bìng le.

周末，他不是去打球，而是去游泳。

Zhōumò, tā búshì qù dǎ qiú, érshì qù yóu yǒng.

〔2〕复句"不是……而是……"已经表明了说话人的判断，而"不是……就是……"表达的是说话人的猜测或者对可能发生的情况的列举，是说话人借两个例子来说明某种情况。The sentence containing 不是……而是……shows the speaker's judgment, while 不是……就是…… indicates the speaker's assumption or a list of potential occurrences and the two examples are used to explain a situation.

玛丽没有来上课，不是有事，就是生病了。（不知道玛丽

Mǎlì méiyǒu lái shàng kè, búshì yǒu shì, jiùshì shēng bìng le. (Bù zhīdào Mǎlì

没有来上课的原因，而原因可能有两个。）

méiyǒu lái shàng kè de yuányīn, ér yuányīn kěnéng yǒu liǎng ge.

玛丽没有来上课，不是有事，而是生病了。（已经确定知道

Mǎlì méiyǒu lái shàng kè, búshì yǒu shì, érshì shēng bìng le. (Yǐjīng quèdìng zhīdào

是哪一个原因。）

shì nǎ yí ge yuányīn.)

练习 Exercises

1. 用"不是……，就是……"回答问题。Answer the questions with 不是……，就是…….

〔1〕A：你们班的同学都是哪里人？

　　B：＿＿＿＿＿＿＿＿＿＿。

〔2〕A：你打算哪天回国？

　　B：＿＿＿＿＿＿＿＿＿＿。

〔3〕A：你们怎么去机场？

　　B：＿＿＿＿＿＿＿＿＿＿。

〔4〕A：晚饭后，你一般做什么？

　　B：＿＿＿＿＿＿＿＿＿＿。

〔5〕A：这两天天气怎么样？

　　B：＿＿＿＿＿＿＿＿＿＿。

〔6〕A：这件事到底派谁去？

　　B：＿＿＿＿＿＿＿＿＿＿。

2. 看图，用"不是……，就是……"或"不是……，而是……"完成句子。
Complete the sentences with 不是……，就是…… or 不是……，而是…… according to the pictures.

〔1〕

A：安妮，你打算什么时候回国啊？

B：＿＿＿＿＿＿＿＿＿＿。

A：好的，你确定时间以后告诉妈妈。

〔2〕

AIR CHINA 机票
7月15日

A：安妮，回国的日期是7月16号吗？

B：＿＿＿＿＿＿＿＿＿＿。

A：好的，到时候我们去接你。

〔3〕

A：妈妈，谁去机场接我啊？

B：＿＿＿＿＿＿＿＿＿＿。

A：好的，我知道了，那我就在机场等爸爸
或者哥哥。

〔4〕

飞机终于落地了，终于见到了家人，来
接我的＿＿＿＿＿，＿＿＿＿＿＿＿＿。
哥哥的工作太忙了。

98

要么°°°°°°，要么°°°°°°
Yàome ......, yàome ......

"要么……，要么……"指在可选择的项目中选择任何一个。

要么……，要么…… indicates to chose one option from the optional items.

（格式）要么……，要么……

选择题
1.xxxxxx?( )
A xx
B xxx

这道题要么选A，要么选B。
Zhè dào tí yàome xuǎn A, yàome xuǎn B.

要么走这条路，要么走那条路。
Yàome zǒu zhè tiáo lù, yàome zǒu nà tiáo lù.

Attention

(1) "要么"可以增加，如果有三个选择，就用三个"要么"。
要么 can be added. If there are three options, 要么 appears three times.

Eg. 要么今天去，要么明天去，要么下周去。

(2) 动词一样时，在"要么"后面，要重复。
When the same verb is used several times, it is repeated and placed after 要么.

Eg. ✓要么明天去，要么下周去。
✓要么学英语，要么学汉语。
✗学要么英语，要么汉语。

练习 Exercises

1. 用"要么……，要么……"完成句子。Complete the sentences with 要么……，要么…….

[1] 大卫和尼克是玛丽最好的朋友，遇到麻烦，玛丽＿＿＿＿＿＿＿＿＿＿。

〔2〕A：你想去哪儿旅行？

B：我就喜欢上海和香港，＿＿＿＿＿＿＿＿＿＿＿。

〔3〕A：遇到不认识的汉字你怎么办？

B：＿＿＿＿＿＿＿＿＿＿＿。

〔4〕A：毕业以后你有什么打算？

B：＿＿＿＿＿＿＿＿＿，还没决定呢。

〔5〕A：以后我怎么跟你联系呢？

B：＿＿＿＿＿＿＿＿＿，都可以。

〔6〕A：周末你一般怎么过？

B：＿＿＿＿＿＿＿＿＿。

2. 看图，用"要么……，要么……"说明遇到这样的情况怎么办。 Describe what would you do in the situations with 要么……，要么…… according to the pictures.

〔1〕

医 ✚ 院

你突然肚子疼，怎么办？

＿＿＿＿＿＿＿＿＿＿＿。

〔2〕

你的钱包丢了，怎么办？

＿＿＿＿＿＿＿＿＿＿＿。

〔3〕

书店

水洒在课本上了，你怎么办？

＿＿＿＿＿＿＿＿＿＿＿。

99

无论⋯⋯，都⋯⋯

Wúlùn ⋯⋯,　　　　dōu ⋯⋯

"无论⋯⋯都⋯⋯" 表示在任何条件下，结论或者结果都不会改变。"无论" 后面常常有带疑问代词的小句或者有选择关系的并列成分。

无论⋯⋯都⋯⋯ indicates that the conclusion or result will not change in any conditions. 无论 is often followed by a clause that carries an interrogative pronoun or a parallel structure of choosing relation.

格式 〔1〕无论+⋯⋯疑问代词（谁、哪儿、什么等等）⋯⋯，都⋯⋯

〔2〕无论+A+还是+B，都⋯⋯

〔3〕无论+A 不/没 A，都⋯⋯

〔1〕

无论玛丽在哪儿，都会给
Wúlùn Mǎlì zài nǎr, dōu huì gěi
大卫写信。
Dàwèi xiě xìn.

当你遇到了麻烦，无论什么
Dāng nǐ yù dào le máfan, wúlùn shénme
时候，你都可以给110打电话。
shíhou, nǐ dōu kěyǐ gěi yāo yāo líng dǎ diànhuà.

〔2〕

无论晴天还是雨天，
Wúlùn qíng tiān háishi yǔ tiān,
他都坚持六点起床。
tā dōu jiānchí liù diǎn qǐ chuáng.

〔3〕

生病的时候，无论你想不
Shēng bìng de shíhou, wúlùn nǐ xiǎng bu
想吃，都要吃一点儿。
xiǎng chī, dōu yào chī yì diǎnr.

Attention

(1) "无论"可以换为"不论""不管"。

无论 *can be substituted with* 不论 *or* 不管.

> Eg. 无论你怎么劝她,都没有用。
> 不论你怎么劝她,都没有用。
> 不管你怎么劝她,都没有用。

(2) "无论……,都……"句中的疑问代词可以是"谁""哪儿""什么""怎么""多么"等等。

The interrogative pronoun used in 无论……都…… *can be* 谁,哪儿,什么,怎么,多么, *etc.*

> Eg. 无论谁不能来上课,都要跟老师说一声。
> 无论你去哪儿,我都要跟着你。
> 无论你学习什么,我都会支持你。
> 无论我怎么训练,都没办法跑得那么快。

(3) "无论"也可以放在主语后面。

无论 *can also be placed after the subject.*

> Eg. 你无论去不去,都要告诉我。
> 无论你去不去,都要告诉我。

练习 Exercises

1. 用"无论……,都……"把下列句子补充完整。Complete the sentences with 无论……,都…….

〔1〕无论_____,都要首先注意自己的发音。

〔2〕无论_____,都不要忘记自己的故乡。

〔3〕无论_____,他都决定不了。

〔4〕无论你遇到什么困难,_____。

〔5〕无论多晚回家,_____。

〔6〕无论你哪天来北京,_____。

2. 看图,用"无论……,都……"完成句子。Complete the sentences with 无论……,都…… according to the pictures.

〔1〕

无论是冬天还是夏天,_____。

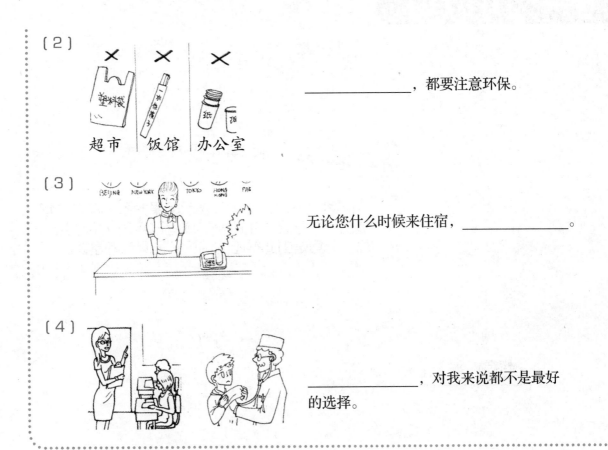

〔2〕 ＿＿＿＿＿＿＿＿＿＿，都要注意环保。

〔3〕 无论您什么时候来住宿，＿＿＿＿＿＿＿＿。

〔4〕 ＿＿＿＿＿＿＿＿＿，对我来说都不是最好的选择。

100

既然⋯⋯，就⋯⋯

Jìrán⋯⋯, jiù⋯⋯

"既然……，就……" 表示因果关系，前一分句提出一个已经发生的事实或者已经确认的想法，后一分句是由此得出的结论、推测或者建议。

既然……，就…… indicates a cause-effect relation. In the first clause, a fact that has happened or an idea that has been confirmed is mentioned; in the second clause, the conclusion, prediction or suggestion is provided.

格式 既然……，就……

妈妈： 既然你累了，
Māma: Jìrán nǐ lèi le,

我们就休息一会儿吧。
wǒmen jiù xiūxi yí huìr ba.

老师： 既然大家都想去，
Lǎoshī: Jìrán dàjiā dōu xiǎng qù,

我们就决定了。
wǒmen jiù juédìng le.

Attention

前一分句的主语在 "既然" 前面或者后面都可以，后一分句的主语要在副词 "就" 的前面。

The subject can be placed before or after 既然 in the first clause, while the subject should be placed before the adverb 就 in the second clause.

Eg. ✓既然你不喜欢，（你）就别买了。

　　✓你既然不喜欢，（你）就别买了。

　　✗既然不喜欢，就你别买了。

练习 Exercises

1. 用"既然……，就……"完成对话。Complete the dialogues with 既然……，就…….

〔1〕A：最近我常常咳嗽。

B：既然不舒服，＿＿＿＿＿＿＿＿。

〔2〕A：老师，我觉得汉语很有意思。

B：既然你喜欢汉语，＿＿＿＿＿＿＿＿。

〔3〕A：啊，终于写完作业了。

B：既然你现在有空，＿＿＿＿＿＿＿＿。

〔4〕A：啊，热死了！

B：＿＿＿＿＿＿＿＿，就打开空调吧。

〔5〕A：老师说的太多了，我记不住。

B：＿＿＿＿＿＿＿＿，就应该记在本子上啊。

〔6〕A：我想家。

B：＿＿＿＿＿＿＿＿，就给妈妈打个电话吧。

2. 看图，完成句子。Complete the sentences with 既然……，就…… according to the pictures.

〔1〕

最近这个小孩的生活中有一些问题，你想对他的
爸爸妈妈说什么？

既然孩子不喜欢＿＿＿＿＿＿，＿＿＿＿＿＿（钢琴）。

既然孩子喜欢＿＿＿＿＿＿，＿＿＿＿＿＿（泥人）。

〔2〕

最近尼克的生活中有些问题，你想对他说什么？

既然玛丽＿＿＿＿＿＿，＿＿＿＿＿＿＿＿。

附 录 1

语法术语中英文对照表
Grammatical Terms in Chinese-English

● 本表所列语法术语仅限在本书内出现过的术语。

  The grammatical terms listed here are limited to the range of *Chinese Grammar with Illustrative Pictures.*

一、句式 types of sentence

陈述句 declarative sentence
　肯定句 affirmative sentence
　否定句 negative sentence
疑问句 interrogative sentence
　一般疑问句 general question
　　是非疑问句 yes-no question
　　　带疑问语气的疑问句 question carrying the interrogative tone
　　特指疑问句 wh-question
　　选择疑问句 alternative question
　　正反疑问句（正反问句）affirmative-negative question
　　反问句 rhetorical sentence
"是"字句 是 sentence
"有"字句 有 sentence
"把"字句 把 sentence
被动句 passive sentence
　"被"字句 被 sentence
　意义上的被动句 notional passive sentence
连动句 serial-verb sentence
兼语句 pivotal sentence
双宾语句 double-object sentence
存现句 the sentence indicating existence or emergence

比较句 comparative sentence
　"比"字句 比 sentence
形容词谓语句 adjective-predicated sentence
名词谓语句 noun-predicated sentence
主谓谓语句 subject-predicate sentence
分句/小句 clause

二、句子成分 components of sentence

主语 subject
谓语 predicate
宾语 object
　直接宾语 direct object
　间接宾语 indirect object
　处所宾语 location object
　非处所宾语 non-location object
定语 attributive
状语 adverbial
补语 complement
　程度补语 degree complement
　结果补语 result complement
　数量补语 quantity complement
　　时量补语 time-measure complement
　　动量补语 action-measure complement
　趋向补语 directional complement
　　简单趋向短语 simple directional complement

复合趋向短语 compound directional comple-
ment
可能补语 potential complement
中心语 headword

三、词类 **types of word**
名词 noun
方位词 noun of locality
代词 pronoun
人称代词 personal pronoun
疑问代词 interrogative pronoun
动词 verb
动词重叠 the reduplication of verb
谓语动词 predicate verb
心理动词 psychological verb
能愿动词 optative verb
离合词 separate disyllabic verb
形容词 adjective
形容词的重叠 the reduplication of adjective
量词 measure word
量词重叠 the reduplication of measure word
名量词 nominal measure word
动量词 action measure word
数量词 numeral-measure word

数词 numeral
基数 cardinal number
序数 ordinal number
小数 fraction number
概数 approximate number
副词 adverb
时间副词 time adverb
范围副词 adverb of range
程度副词 degree adverb
助词 particle
动态助词 aspect particle
结构助词 structural particle
介词 preposition
连词 conjunction

四、短语 **phrases**
名词短语 noun phrase
动词短语 verb phrase
形容词短语 adjective phrase
数量短语 numeral-measure phrase
数量短语重叠 the reduplication of numeral-
measure phrase
主谓短语 subject-predicate phrase
介词短语 prepositional phrase

附 录 2

索 引
Index

- 索引内容到语法项目号。
  References are to the number of the grammatical points.
- 语法术语、关键词和短语摘自各级标题和"格式"。
  Grammatical terms, key words and phrases are chosen from the title of grammatical points, headlines and *Patterns*.
- 语法术语、关键词和短语按拼音顺序排列。
  Grammatical terms, key words and phrases appear in *pinyin* order.
- 语法术语和关键词、短语用不同字体区分，如语法术语：疑问句，关键词：什么的。
  Grammatical terms and key words and phrases are entered in different styles, for example, the grammatical terms are in style like 疑问句, the key words are in style like 什么的

郑 重 声 明